ATENÇÃO PLENA

ATENÇÃO PLENA

Orientações para praticar, sintonizar-se com o momento presente e viver com plenitude

Consultor **Dr. Ken A. Verni**

PubliFolha

Título original: Practical Mindfulness

Publicado originalmente no Reino Unido em 2015 pela Dorling Kindersley Limited, uma empresa da Penguin Random House, 80 Strand, WC2R 0RL, Londres, Inglaterra.

Copyright © 2015 Dorling Kindersley Limited
Copyright © 2017 Publifolha Editora Ltda.

Todos os direitos reservados. Nenhuma parte desta obra pode ser reproduzida, arquivada ou transmitida de nenhuma forma ou por nenhum meio sem a permissão expressa e por escrito da Publifolha Editora Ltda.

Proibida a comercialização fora do território brasileiro.

Coordenação do projeto: Publifolha
Editora-assistente: Fabiana Grazioli Medina
Produtora gráfica: Samantha R. Monteiro

Produção editorial: Página Viva
Tradução: Luis Reyes Gil
Edição: Carlos Tranjan
Consultoria: Angela Fessel
Revisão: Janaina Souza, Laura Victal
Editoração eletrônica: Yara Penteado Anderi

Edição original: Dorling Kindersley
Editora de arte sênior: Anne Fisher
Gerentes editoriais: Dawn Henderson, Stephanie Farrow
Gerente de arte: Christine Keilty
Editora de arte da capa: Harriet Yeomans
Produtora sênior: Stephanie McConnell
Produtor sênior, pré-produção: Tony Phipps
Publisher: Peggy Vance
Diretora de arte: Maxine Pedliham

Produzido para a DK pela Cobalt ID
Editores de arte: Paul Reid, Rebecca Johns
Editor: Marek Walisiewicz
Redator: Mike Annesley
Consultor: Dr. Ken A. Verni

Dados Internacionais de Catalogação na Publicação (CIP)
(Câmara Brasileira do Livro, SP, Brasil)

Atenção plena / consultor Ken A. Verni ; tradução Luis Reyes Gil. -- São Paulo : Publifolha, 2017

Título original: Practical mindfulness
ISBN: 978-85-68684-95-5

1. Atenção plena 2. Autorrealização (Psicologia) 3. Emoções 4. Saúde mental I. Verni, Ken A.

17-06870   CDD-158.12

Índices para catálogo sistemático:
1. Atenção plena : Meditação : Psicologia aplicada   158.12

Este livro segue as regras do Acordo Ortográfico da Língua Portuguesa (1990), em vigor desde 1º de janeiro de 2009.

Impresso em Hong Kong.

PubliFolha
Divisão de Publicações do Grupo Folha
Al. Barão de Limeira, 401, 6º andar
CEP 01202-900, São Paulo, SP
www.publifolha.com.br

UM MUNDO DE IDEIAS
www.dk.com

SUMÁRIO

Introdução 6

ATENÇÃO PLENA

Guia do iniciante para o aqui e agora 10
Novo momento, novo você 12
Pensamentos em excesso 14
Ver em silêncio 16
O piloto automático 18
Varrer mil folhas 22
Viva o sonho 24
Cada vez mais você 26
A atenção plena e a tradição 28
Para o bem-estar e a saúde 30
A popularização 32
Sinal dos tempos 34

COMO CHEGAR À ATENÇÃO PLENA

Como você se imagina? 38
Predisposição para o momento 40
Timão e bússola 42
Viver no presente 44
Dobra do tempo 46
Questionário: Viajar no tempo 48
Levante a tampa 52
É difícil evitar! 54
Atenue a força do hábito 56
Questionário: Autenticidade 58
Mente dispersa 60
Aprender sempre 62
Questionário: Concentração 64
Expressar-se bem 66
Questionário: Conexão 68
Quem sou eu? 70
Ver o verdadeiro eu 72
Questionário: Como eu sou? 74
Círculo interno 76
O que está ao seu alcance 78
O quadro mais amplo 82

MEDITAÇÕES DE ATENÇÃO PLENA

Primeiros passos	86
Personalize a prática	88
Programas de meditação	90
Sem tensão	92
Corpo pronto	94
Respire fácil	96
Nuvens internas	100
Ventos internos	102
O que é não gostar?	104
Eu vivo aqui	106
O que acontece no cérebro?	110
Olá, folha; olá, moeda	114
Scan do corpo – nível básico	120
Sensacional!	126
A montanha-russa interna	130
Caminhe no seu ritmo	132
Ondas de compaixão	138
Imaginação plena	144
O hábito do agora	148
Experimente a ioga	150

PLENA PRESENÇA O DIA INTEIRO

Desemaranhar	156
Calma interior	158
Evitar a evasão	160
Mente agitada	162
Fique estável	164
Temporal à vista	166
Mudanças	168
Não ao piloto automático!	172
Posso e mereço	174
Em sete respirações	176
Pensar direito	178
Empatia	180
Conexões mais plenas	182
Atenção plena a dois	186

ATENÇÃO PLENA SEMPRE QUE NECESSÁRIO

Crescer e aprender	190
Mostre o que sabe	192
O emprego é seu	194
Pago por um objetivo	196
Olá, plateia!	198
Atenção plena em movimento	202
Jogar e ganhar	204
Negócio fechado!	206
Seja honesto	208
A vez deles	210
Em crise	212
Cuidar com atenção plena	214
Amanhãs com atenção plena	216
Índice	218
Agradecimentos / Sobre o autor	224

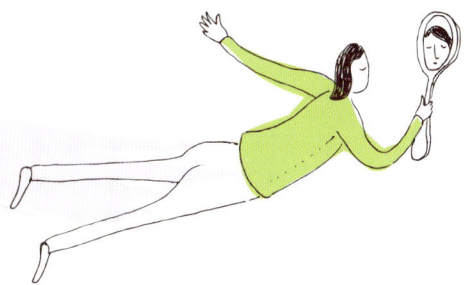

INTRODUÇÃO

A atenção plena pode ser descrita de vários modos. É a prática de prestar atenção concentrada ao momento presente e buscar uma visão das coisas sem julgamentos, compassiva. É um modo de ser, de se relacionar com as próprias experiências interiores e exteriores, um "cair em si", no sentido literal e figurado. Ao mesmo tempo, nada mais é do que redescobrir e relembrar nossa capacidade natural e inata de nos mantermos totalmente despertos na nossa vida, em contato direto com as coisas, sem os filtros de conceitos, experiências passadas ou gostos e aversões.

Essa maneira de enxergar as coisas está disponível a todos nós instantaneamente, a qualquer hora. Experimente fazer isso: depois de ler este parágrafo, deixe seus olhos se afastarem da página e seu olhar pousar em algo próximo. Encare o objeto com uma atenção despojada, como se o visse pela primeira vez, sem rótulos ou associações. Note sua forma, cor, textura, o espaço que ocupa. Vá adiante e observe também os pensamentos que cruzam sua mente, de que modo sua atenção passeia por outras coisas, ou os sentimentos que surgem como reação ao seu contato sensorial com o objeto. Simplesmente retorne várias vezes à experiência direta do objeto que você escolheu. Depois, releia as instruções acima e tente de novo, com o mesmo objeto ou com outro.

Isso que você acaba de fazer é uma prática de atenção plena. Você escolheu um "objeto de atenção" para ajudá-lo a ancorar sua consciência na experiência do momento presente e observou o que ocorreu na sua mente, corpo e coração. É quase certo que a maior parte do que observou reflita elementos da sua experiência no dia a dia, como dispersão, desejo, aversão, inquietação, dúvida ou tédio. Mas deve ter

havido também momentos em que você apenas "viu". É nisso que consiste a "prática" da atenção plena. Tem esse nome porque, ao se dedicar a ela com constância, você tem muitas oportunidades de praticar com "a substância da vida". Assim, sutilmente você irá mudar sua relação com essa "substância" e aprenderá de modo seguro, gradual, no seu ritmo, a ter uma ação – e não apenas reagir – diante dos hábitos e "clientes habituais" da mente. Aprenderá a cultivar a escolha, com maior eficácia e equilíbrio na sua vida.

Com isso, aos poucos recuperamos uma relação saudável e amistosa conosco, passamos a nos sentir menos alienados e isolados (de nós mesmos e dos outros) e nos reconectamos com nossa profunda sabedoria e criatividade intuitivas. Essa prática é uma viagem interior, talvez a mais importante da nossa vida – um pensamento que foi captado com elegância pelo monge e escritor americano Thomas Merton: "De que adianta viajarmos até a Lua, se não conseguimos cruzar o abismo que nos separa de nós mesmos?".

Este livro pode servir como um guia e uma introdução a essa viagem de cultivar maior consciência na sua vida. Em linguagem clara, descreve a essência e a prática da atenção plena e sugere planos de ação para introduzi-la na sua vida. Mas, como em qualquer viagem, é importante que você siga a própria sabedoria e que também preste particular atenção àquilo que sente que de fato pode lhe ser útil.

Também é importante atentar para a maneira pela qual a natureza julgadora da mente pode sutilmente transformar sua prática de atenção plena em mais um mero esforço de "autoaprimoramento". A atenção plena oferece bem mais: é um modo de você se conhecer e de conhecer as coisas do jeito que são, momento a momento, e de se abrir para a sabedoria que surge naturalmente ao cultivar uma curiosidade compassiva em relação à experiência humana.

Uma descrição final da atenção plena pode ser útil aqui. Ela é, acima de tudo, um caminho do coração – uma prática de consciência amorosa – que permite acolher toda e qualquer experiência num abraço compassivo, amplo. Por isso, deixe o coração guiá-lo nas práticas e reflexões que este livro sugere, e em cada um de seus momentos. A começar aqui... agora.

Ken A. Verni

ATENÇÃO PLENA

É UMA MANEIRA UNIVERSAL E MODERNA DE EXPANDIR E APRIMORAR A VIDA. PRATICÁ-LA PODE NOS TORNAR MAIS CALMOS E CENTRADOS, ALÉM DE MELHORAR O BEM-ESTAR FÍSICO.

GUIA DO INICIANTE PARA O AQUI E AGORA

COMO A ATENÇÃO PLENA PODE ENRIQUECER A VIDA

O caminho da atenção plena muda a sua vida. Para trilhá-lo, é preciso seguir uma rotina de meditações curtas de atenção plena e, além disso, tornar-se consciente dos hábitos mentais arraigados que têm impedido você, até aqui, de viver plenamente.

A ideia da atenção plena é simples: prestar muita atenção a uma experiência no momento presente permite que você fique de coração aberto e "arejado". Esta última palavra exige uma explicação. Nosso estado mental puro é arejado, mas com o tempo, conforme acumulamos experiências de vida, alguns hábitos de pensamento se cristalizam. A meditação de atenção plena, praticada por algumas semanas, pode quebrar essas estruturas internas e devolver-nos a abertura original. É por isso que a prática da atenção plena tem se mostrado eficaz como antídoto para todo tipo de estados mentais negativos, como baixa autoestima, ansiedade e pouca vitalidade e envolvimento, além de depressão, de leve a moderada.

A atenção plena muda sua noção de quem você é em relação à própria vida e às outras pessoas. Também lhe dá melhor acesso ao seu potencial, em

> *A atenção plena muda a sua noção de quem você é, em relação à própria vida e às outras pessoas.*

VERDADES E MITOS SOBRE A ATENÇÃO PLENA

A atenção plena é uma prática moderna de prestar total atenção às suas experiências, boas ou ruins – não é um estado de felicidade mística ou transcendência espiritual. Não tem conotação religiosa.

ATENÇÃO PLENA É
- Reconhecer sentimentos sem ficar preso a eles.
- Identificar-se com quem você é – em vez de se identificar com suas emoções ou seus erros.
- Viver mais no momento e menos no passado ou no futuro.
- Um modo de cultivar a felicidade, adequado a todos.

ATENÇÃO PLENA NÃO É
- Esvaziar a mente ou parar de pensar.
- Uma técnica de relaxamento, embora, como consequência, ela torne você mais relaxado.
- Uma fuga da sua personalidade – ela *revela* a sua personalidade.
- Um alvará para viver sem planejar – você pode planejar com atenção plena, assim como aprender com o passado com atenção plena.

SEUS PRIMEIROS MOMENTOS DE ATENÇÃO PLENA: INTRODUÇÃO À PRÁTICA

"Prática" é uma palavra essencial em atenção plena, como em qualquer forma de meditação ou treino mental. Implica repetição (bem como um modo de ser), o que faz sentido, pois você só muda a postura mental exercitando-se regularmente, ou todos os dias. Mas a prática inicial mostrada a seguir tem objetivo mais restrito: trata-se de uma introdução básica ao que a atenção plena requer. Se, ao segui-la, algum pensamento ou emoção entrar na sua mente, tenha consciência deles, mas não dê bola – volte ao seu foco e deixe que passem.

1 Sente-se à mesa com um pequeno objeto à sua frente – uma xícara, caneca ou copo, ou um saleiro, por exemplo.

2 Olhe bem para o objeto por alguns minutos, captando tudo o que vê nele – sem tocá-lo ou movê-lo do lugar. Capte apenas sua aparência, sem julgar beleza ou utilidade.

3 Ponha foco em suas sensações. Permaneça quieto e, de olhos fechados, tome consciência de quaisquer sensações físicas – os lugares em que seu corpo toca suas roupas, e onde você sente a pressão da cadeira ou do chão.

4 Gaste alguns minutos focando sua mente no que é capaz de ouvir – pode ser apenas os sons de sua respiração ou o rádio do vizinho ou o barulho de um avião.

5 Examine agora o que acabou de vivenciar. Ao focar algum objeto, sensações e depois sons, você está dando a si mesmo um respiro das suas preocupações. Com o tempo, isso pode ser uma grande fonte de alívio mental.

especial nas suas relações e metas pessoais. Viver mais com atenção plena é ter uma vida mais rica, com maior habilidade, facilidade e flexibilidade. Sua autocompreensão aumenta, e você pode usar isso como alicerce para uma vida mais feliz. Quando surgirem desafios ou ameaças na vida, irá achá-los menos opressivos; e será capaz de identificar e acolher as oportunidades com alegria. Seus hábitos mentais continuarão, mas com menos força, e você será mais livre para cultivar modos de pensar mais saudáveis.

Introduzir o presente

O principal ingrediente da atenção plena é o momento presente. Você não precisa se concentrar no momento em si, pois um momento é impossível de isolar: precisa colocar a atenção na sua experiência no presente e esquecer passado e futuro, ou o próprio tempo passando – assim como quaisquer pensamentos ou emoções que entrem em sua mente. Você pode focar em algo que esteja fazendo, ou vendo, ou ouvindo, ou numa sensação, como a da respiração: você tem atenção plena quando se concentra nisso de modo relaxado, mas determinado. As práticas formais de atenção plena, como as deste livro, escolhem como pontos focais o corpo, as ações, como respirar ou caminhar, ou os objetos.

NOVO MOMENTO, NOVO VOCÊ
OS BENEFÍCIOS DA ATENÇÃO PLENA

Pensamento
Melhor memória
Tempo de reação mais rápido
Melhor vigor mental
Intuição mais aguçada
Processamento mental mais rápido
Função cerebral aprimorada
Melhor concentração
Melhor tomada de decisões

Listar os benefícios da atenção plena é de certo modo como quantificar o valor do amor: ela vale por si mesma, por isso tentar dividi-la em partes não faz muito sentido. No entanto, a atenção plena tem sido bastante pesquisada, e é útil listar seus benefícios comprovados para nos motivar a experimentá-la.

O pioneiro da moderna atenção plena, Jon Kabat-Zinn, escreveu que você não precisa gostar dessa prática, basta se dedicar a ela. Ele sabia que algumas pessoas acham a atenção plena uma chatice, mas também era consciente de seus benefícios tangíveis. Seu primeiro trabalho tem hoje apoio de numerosos estudos científicos, que mostram que a prática da atenção plena melhora o bem-estar mental e físico. A pesquisa destaca seu sucesso em reduzir o estresse e a ansiedade e atribui isso à redução nos níveis de cortisol – às vezes chamado de "hormônio do estresse" – no corpo. E como o estresse tende a minar a eficácia do sistema imunológico, a atenção plena pode também ser associada à melhora da imunidade.

Os benefícios da atenção plena para a saúde são inegáveis, do alívio do estresse e da dor a um sono reparador e à maior chance de vencer a depressão ou a dependência de drogas. Além da província da saúde, porém, há o vasto reino do bem-estar, no qual as vantagens da atenção plena se multiplicam muito. Quando nos tornamos mais atentos, assentados, autoconscientes, confiantes, decididos e menos presos a hábitos mentais automáticos, a atenção plena abre para nós uma nova maneira de viver. Aprendemos a lidar de modo mais eficiente com os problemas da vida, e a extrair maior satisfação e alegria dos prazeres que ela nos oferece. Não mais refreados por padrões de pensamento negativos a respeito de nós mesmos, começamos a liberar todo o nosso potencial.

> Os benefícios da atenção plena para a saúde vão do alívio do estresse e da dor a um sono reparador e à maior chance de vencer a depressão e a dependência de drogas.

Saúde e bem-estar

Níveis reduzidos de ansiedade
Resistência à fadiga
Redução do estresse
Alívio da depressão
Redução dos níveis de dor
Melhor controle da dependência ou de comportamentos destrutivos
Fortalecimento do sistema imunológico
Melhora na saúde do coração e da circulação
Melhora no sono

COMO A ATENÇÃO PLENA MINIMIZA A DOR

Alguns dos benefícios da atenção plena são fruto da maneira pela qual ela nos treina a ser menos reativos – por exemplo, às próprias emoções. A dor, como emoção, tende a nos atrair para dentro dela a fim de enfrentá-la. Ao tentar bloquear uma dor, às vezes tensionamos os músculos na parte do corpo afetada; ou passamos a lutar contra a dor, às vezes com raiva. Essas reações drenam nossa energia, mas não aliviam nosso desconforto. Por meio de atenção plena, aceitamos a dor e isolamos a reação emocional que ela cria. Ao não ser mais reforçada pela emoção, a dor fica atenuada.

CÍRCULOS DE BEM-ESTAR

Os benefícios da atenção plena vão desde ficar mais saudável, calmo e apto fisicamente (contanto que você concentre a atenção nessa aptidão) até ter um conjunto de habilidades altamente eficientes em seu estilo de vida, que tornem seu cotidiano mais gratificante.

Autoconsciência e habilidades na vida

Melhor autoconhecimento
Libertação das reações habituais
Melhor controle das emoções
Melhor comunicação
Maior eficácia ao falar em público
Melhor capacidade de ouvir os outros
Aumento da empatia
Maior confiança em si mesmo
Mais inteligência emocional
Maior flexibilidade diante das adversidades

Felicidade e satisfação

Autoestima mais elevada
Maior autoconfiança
Maior prazer nas atividades de lazer
Melhora nos relacionamentos
Maior satisfação no trabalho
Melhor foco nas metas
Liberação de todo o seu potencial

PENSAMENTOS EM EXCESSO
ATENÇÃO E DISPERSÃO

A atenção plena consiste em voltar a atenção para dentro, para o momento presente, e ver quais são as sensações, pensamentos e emoções que nos ocupam. Se surgirem dispersões – um passarinho cantando, uma memória –, deixe que venham e vão embora.

A mente é um instrumento, mas também é um cenário interior, que os pensamentos percorrem como nuvens ao vento. Por mais que você se esforce em concentrar a mente em uma tarefa, de vez em quando alguns pensamentos irão vagar perdidos pelo seu campo de visão interior, dispersando seu foco. Você tem então uma escolha: pode reagir a eles, ou tomar um caminho mais atento – isto é, apenas perceber que estão ali, sem julgar, e, ao fazer isso, permanecer no momento presente.

Nossos pensamentos e experiências diretas, apesar de separados, ficam sempre interagindo. Embora a mente humana pareça ser o que há de melhor em multitarefa, na realidade só abriga um pensamento por vez. Ela dá a impressão de fazer várias coisas por meio de um número de malabarismo incrível: de um instante para outro, alguns pensamentos surgem e outros somem, para ressurgirem depois. Mas, no meio dessa confusão, algumas linhas de pensamento identificáveis, ou sequências de sensações e pensamentos, estão operando e costumam derivar da experiência direta. Esse talvez pareça um conceito estranho, mas pode ser explicado melhor por meio de um exemplo.

Rádio, batata, lenha, jantar

Em casa, você está descascando batatas, com o rádio ligado, e ouve um barulho estranho no jardim interferindo na voz do apresentador do noticiário. No instante seguinte, reconhece que são os golpes do seu parceiro cortando lenha. E isso faz você tirar a mente das notícias e começar a pensar na pessoa, e talvez imaginar se ela já acendeu ou não a churrasqueira. É comum a gente sobrepor um pensamento a outro, e embora o apresentador continue lendo as notícias, não estamos mais ligados no

PENSAMENTOS EM EXCESSO

> Podemos reagir a pensamentos; ou então – e é isso o que fazemos em nossa prática de atenção plena – simplesmente observá-los, sem julgamentos.

que diz. Quem sabe você até parou de descascar batatas e ficou imaginando que já é muito tarde para jantar. O que houve aqui é que a sua atenção não está mais no presente – você passou a pensar no futuro. Por meio da atenção plena, é possível controlar a atenção em tais situações: você pode decidir ir lá falar com seu parceiro, ou continuar dando atenção ao rádio, ou manter o foco nas batatas. Pode optar por excluir o corte de lenha da mente (em poucos minutos, talvez nem ouça mais esses sons) e deixar para pensar no jantar depois.

Escolha o seu foco

Ao praticar a atenção plena, você escolhe em que colocar seu foco. Dirige a atenção para isso e não se preocupa se pensamentos ou emoções dispersivos, ou sensações inesperadas (como um despertador ou um telefone tocando), cruzarem seu cenário interior. Você percebe essas experiências espontâneas, mas exercita sua escolha de não se envolver com elas. Ao contrário, redirige sua atenção para a questão à mão – o foco escolhido –, seja ele a sua respiração, uma sensação corporal ou qualquer outra coisa.

ONDAS DE PENSAMENTO

A maneira pela qual nossa mente processa sensações, pensamentos e emoções pode ser comparada a uma gota d'água caindo numa poça. A experiência direta – nossas sensações ou emoções – é onde a gota cai na poça. O círculo interno das ondas são os pensamentos iniciais, e os outros círculos são os pensamentos que nascem daí. Pensamentos tendem a seguir adiante e gerar outros, a não ser que você dirija a atenção para outra coisa. A prática da atenção plena nos dá os meios de fazer isso na vida diária.

GOTAS DE ATENÇÃO PLENA
A superfície calma da água, agitada por uma gota de experiência que caiu nela, tornou-se um símbolo comum da atenção plena.

EXPERIÊNCIA DIRETA
SENSAÇÕES CORPORAIS E EMOÇÕES

PENSAMENTOS SIMPLES
RECONHECER CATEGORIZAR

PENSAMENTOS SOBRE PENSAMENTOS
INTERPRETAR FAZER CONEXÕES RELEMBRAR IMAGINAR PROJETAR

VER EM SILÊNCIO
FOCO SEM JULGAMENTO

A atenção plena envolve prestar atenção com a mente focada no presente momento, sem julgar. Mas o que isso significa de fato? E como entra em jogo a questão do julgamento quando estamos com foco, por exemplo, na respiração ou em sensações físicas?

Imagine que você está meditando com atenção plena, concentrando a atenção na sua inspiração e expiração. Sentado, você agora dirige seus pensamentos para a pressão que a beirada da cadeira faz debaixo de sua coxa. Essa pressão está ali toda vez que você senta para comer ou escrever uma carta, mas normalmente você nem repara nela, ou nem sequer percebe que existe. Jogar a luz da consciência sobre essas sensações – e mantê-las ali – é um exemplo de prestar atenção com a mente focada no momento presente.

Pensamentos e emoções divagantes

Poucos de nós são capazes de controlar totalmente os pensamentos. Em outras palavras, nossa mente tende a divagar. Assim, quando você senta, atento às sensações da sua coxa, é provável que comece a divagar. Algumas divagações serão causadas por eventos externos, como uma buzina na rua ou o som da campainha; outros serão gerados por suas preocupações.

Fragmentos de pensamentos e

PARE DE FAZER JULGAMENTOS

Como é na prática não fazer julgamentos? Imagine o seguinte cenário: seu irmão problemático vem visitá-lo este fim de semana. Você sabe que precisa falar com ele para que comece a se comportar melhor. Antes de ele chegar, você inicia uma meditação de atenção plena, mas seu foco é dispersado por pensamentos, os quais disparam emoções, e essas, por sua vez, geram reações – julgamentos. Na prática da atenção plena, você apenas registra esses pensamentos e emoções: não reage a eles, nem fica enrolado nos próprios julgamentos.

PENSAMENTO	EMOÇÃO	JULGAMENTO
"Fico imaginando como é que vou começar essa conversa."	Ansiedade diante de uma tarefa difícil.	Pensar em restringir um pouco a conversa.
"Ele está dificultando até mesmo iniciar a conversa."	Impaciência.	Talvez fosse melhor adiar a conversa.
"O que será que ele vai dizer?"	Apreensão.	Pensar que não devo deixar que ele me irrite.
"Da última vez que a gente conversou, eu não fui honesto."	Incomodado comigo por não ter dito o que eu queria dizer.	Pensar que eu não deveria ser tão crítico comigo mesmo.
"Ele está se sentindo muito mal nesse exato momento."	Preocupação com o bem-estar do irmão.	Imaginar que talvez ele precise de uma terapia.

PONHA OS JULGAMENTOS NA LATA DE LIXO

Na sua prática de atenção plena, as sensações – parte da sua experiência presente – surgem inevitavelmente na consciência. É bom reconhecer esses visitantes (destacados em negrito na corrente de pensamentos abaixo). Resista à tentação de fazer julgamentos a respeito deles (em cinza). Esses julgamentos irão atrapalhar sua meditação e levá-lo a outros pensamentos inoportunos.

> **Sinto um cheiro de flores.** Devo ter deixado a janela da sala aberta.

> **Estou com uma dor no pescoço e nas costas.** Acho que eu deveria ir à massagista.

> **Tem um vaso de vidro verde em cima da mesa.** Parece caro.

> **Ouvi o gato miando.** Será que alguém deu comida para ele?

emoções irão emergir de modo espontâneo do caleidoscópio de seu inconsciente. Muitas vezes, são coisas triviais – pensar onde foi que você deixou sua tesoura, ou se já é hora de pegar o filho na escola; outras vezes são vagas ansiedades que você nem consegue identificar; e podem ainda ser emoções mais perturbadoras, como raiva ou medo. Às vezes são apenas pensamentos, mas com frequência eles vêm junto com emoções. Se você diz a si mesmo "Eu não quero esse pensamento ou emoção na minha cabeça agora, está atrapalhando minha prática de atenção plena", estará fazendo um julgamento – um comentário não falado. Na atenção plena, não cabem julgamentos sobre os pensamentos ou emoções que surgem de repente; mas então o que fazer com eles? A resposta é: você registra que tomou consciência de sua aparição, percebe como foi a experiência deles, mas volta conscientemente a focalizar a atenção nas suas sensações físicas – sua respiração ou a sensação de pressão debaixo da coxa. Você não se envolve com os pensamentos ou emoções, deixa que percam força e vão embora. Isso é a atenção plena em ação.

METADE DO TEMPO
Pesquisas indicam que a nossa mente fica fora de foco, divagando, cerca de metade das nossas horas de vigília.

O PILOTO AUTOMÁTICO
PADRÕES DE PENSAMENTO, EMOÇÃO E COMPORTAMENTO

O piloto automático é o oposto da atenção plena: é um estado mental desvinculado do presente e preso a hábitos formados há muito tempo. Livrar-se de automatismos permite escapar da pressão do passado e oferece maiores chances de obter felicidade.

O piloto automático nos permite realizar funções básicas da vida – pôr a roupa, andar, subir escadas – sem que isso exija toda a nossa atenção. Ele ajuda a dominar habilidades complexas, como dirigir carro ou digitar textos. Depois que aprendemos essas coisas, elas ficam automáticas – você por exemplo vai até um certo lugar e não lembra quase nada do trajeto. Isso em parte é bom, pois libera a mente para outras coisas que requerem atenção mais consciente. Só que o piloto automático também pode ser danoso, em particular no modo de processar a vida emocional. É comum você refletir sobre como se sentiu em alguma experiência passada e usar suas conclusões para obter melhores resultados no futuro. O problema é que então você repete automaticamente suas reações emocionais em situações similares, mesmo que o resultado da última vez tenha ficado longe do ideal.

Dissolver padrões negativos
No piloto automático, a mente rouba as reações do passado; não vemos que há muitas opções de reação a nosso dispor. Por exemplo, só porque ficou

CINCO MODOS DE SAIR DO AUTOMÁTICO

Dissolver as reações habituais da sua vida emocional por meio de atenção plena exige muita prática, mas, por ora, as cinco dicas a seguir podem renovar suas rotinas cotidianas:

1

DEIXE O CELULAR EM CASA
Você pode ficar desconcertado, pois nos habituamos à sensação de estarmos sempre conectados. Com o celular, você nunca se sente sozinho de verdade. Ficar um pouco sem ele ajuda a redescobrir essa sensação.

2

FALE COM UM ESTRANHO
Passe uns minutos batendo papo com alguém que você conheceu nas compras ou no metrô. O piloto automático às vezes faz a gente perder a conexão, a não ser com amigos, família e colegas. É bom perceber que os outros podem ter algo a oferecer.

magoado com uma coisa antes, você não precisa ficar magoado com ela numa situação similar posterior.

Decidir romper um padrão adotando com determinação outro tipo de ação nem sempre é a melhor maneira de superar esse padrão; é um paradoxo, mas os padrões podem até se fortalecer quando há uma resistência ativa. O que é preciso é uma nova maneira de pensar, atenta. O treino de viver no momento presente e de se relacionar com a própria experiência com aceitação mais do que com julgamento nos torna mais assentados e ágeis em nossas reações. O piloto automático se dissolve quando a atenção plena assume o comando das coisas.

> A mente no piloto automático rouba as reações do passado. Nesse estado, não percebemos que há muitas opções de reação a nosso dispor.

AUTOMÁTICO *VERSUS* ENVOLVIDO: ESTILOS CONTRASTANTES

Se vivemos nossa vida interior no piloto automático, acabamos repetindo nossos erros, atravessando as mesmas crises e sem sair do lugar. A atenção plena nos conscientiza do nosso padrão emocional e nos equipa melhor para realizar todo o nosso potencial.

PILOTO AUTOMÁTICO	ATENÇÃO PLENA
Reagimos com o hábito.	Reagimos com consciência.
Revivemos um passado vazio.	Vivemos plenamente o presente.
Deixamos de encarar realidades.	Aceitamos as realidades.
Deixamos de ver os detalhes.	Percebemos melhor os detalhes.
Repetimos padrões estabelecidos.	Enxergamos o quadro geral das coisas.
Temos escolhas limitadas.	Temos várias escolhas à disposição.
Repetimos emoções do passado.	Temos emoções novas.
Negligenciamos nosso potencial.	Realizamos nosso potencial.
Desfrutamos menos os prazeres da vida.	Desfrutamos mais os prazeres da vida.

3
FAÇA ALGO NOVO COM SEU PARCEIRO

Leve o seu amor a um evento que vocês nunca tenham experimentado juntos – qualquer coisa, de uma trilha a assistir a um jogo de futebol. Os casais às vezes empacam na rotina. Novidades assim podem tirá-los dos hábitos e reavivar o vínculo.

4
MUDE UM TRAJETO ROTINEIRO

Pare em algum ponto do trajeto e explore uma nova área antes de prosseguir. Saia mais cedo se preciso. Ande, observe as coisas. Tente extrair algo de útil da experiência: uma loja que depois você poderá visitar de novo ou as cores de uma casa.

5
ENFRENTE AQUELA TAREFA CHATA

É o piloto automático que faz a gente adiar as coisas, evitando experiências chatas o máximo possível. Já que precisa ser feito, agende uma hora o quanto antes. Não deixe que isso paire sobre você como uma ameaça. Faça com total atenção.

VARRER MIL FOLHAS
ISOLE O MOMENTO NAS TAREFAS REPETITIVAS

Qualquer tarefa repetitiva – desde pintar uma parede até lavar os pratos – oferece oportunidades para a atenção plena. Varrer folhas tem um lado zen: num jardim de templo japonês, remover as folhas dos padrões ornamentais desenhados na areia era uma atividade essencial. Experimente isso como introdução à atenção plena.

A escritora britânica Agatha Christie declarou que a melhor hora para planejar um livro era enquanto ela lavava os pratos. É fácil ver de onde tirou isso. Fazer uma coisa "sem pensar nela" é bem próprio das tarefas diárias, afinal, se você se desliga de uma tarefa chata e repetitiva e consegue fazê-la muito bem no piloto automático, por que não? Você lava os pratos e ao mesmo tempo lida com problemas que requerem sua atenção consciente.

Mas, então, por que fazer uma tarefa chata com atenção plena? Já é penoso o suficiente precisar varrer o quintal, ainda mais tendo que vivenciar cada momento da tarefa como se fosse precioso. E você pode argumentar que o tempo é de fato precioso, mas para outras coisas, e que não quer perdê-lo varrendo folhas e tentando achar isso prazeroso.

Várias e várias vezes

Vale a pena levar a sério essa paródia de uma visão popular desinformada, pois levanta várias questões. Será que você perde mesmo uma oportunidade valiosa quando pensa em outras coisas enquanto varre folhas? Será que não faria isso melhor e mais depressa simplesmente indo em frente, sem atenção plena nenhuma? E depois de varrer mil folhas, será que varrer mais cem enriquece mesmo a experiência?

Quem já experimentou o valor da atenção plena é capaz de lidar bem com essas questões, pois sua intuição irá sintonizar-se com o modo como a atenção plena funciona. Primeiro, saberá que a atenção plena não é uma receita. Se você precisa resolver o que fazer para o almoço ou preparar um discurso, não há motivo para não pensar nisso enquanto varre as folhas – especialmente se achar que pensa

> Varrer folhas com atenção plena não é apenas descobrir como elas são na realidade, nem se submeter a uma sessão de austeridade mental – sua mente vai divagar com certeza, mas você pode aprender muito observando essas divagações não autorizadas.

melhor em situações como essa. Ter algum sentimento de culpa em relação a essa escolha seria despropositado. A atenção plena não lhe impõe escolhas do jeito que a sua mente lógica e implicante costuma fazer.

Pensamento e dispersão

Mas há uma grande diferença entre aproveitar conscientemente o tempo de varrer folhas para ficar pensando e fazer isso sem outra intenção a não ser cumprir a tarefa. Quem faz atividades rotineiras costuma divagar, pensar em planos e repetir sempre os mesmos pensamentos inutilmente – até que pensar fica tão automático quanto varrer. Além disso, é provável que sua mente fique se preocupando à toa. De qualquer modo, se você tirar a atenção de uma tarefa repetitiva, é provável que demore mais e não a faça tão bem.

Ninguém consegue se concentrar cem por cento em varrer folhas, mas se você opta por varrer naquela hora, dando atenção a isso e sem julgar (sem pensar "Ah, que coisa chata!" ou "Adoraria deitar um pouco na rede agora"), irá criar um lugar estável para os pensamentos se assentarem. Se ficarem à deriva e você começar a se preocupar com algo, a atenção plena sugere que você observe essas preocupações sem ficar absorvido nelas, e então, com delicadeza, se optar por isso, foque de novo na varrição. No final, terá obtido um benefício duplo – cumprir a tarefa e dedicar um tempo à cura no agora (é de fato uma cura, embora você ainda não saiba disso).

Colocar atenção plena numa tarefa rotineira dá a você a oportunidade de estar presente no momento, de uma maneira que, com o tempo, irá ajudá-lo a reequilibrar sua mente, trazendo os benefícios descritos nas páginas 18-9 deste livro. A longo prazo, a atenção plena irá promover aos poucos uma reforma no seu cérebro.

MEDITAÇÃO NO JARDIM

Pensamentos e emoções irão entrar na sua mente enquanto estiver varrendo. Opte por observá-los, sem deixar que assumam o controle, e então continue varrendo.

VIVA O SONHO
ATENÇÃO PLENA E FELICIDADE

A felicidade já foi vista como traço de personalidade: alguns teriam um perfil feliz, radiante, outros, um perfil triste, sombrio. Estudos recentes de psicólogos comportamentais mostram, porém, que isso está longe de ser fixo e pode ser associado à atenção plena.

É lugar-comum dizer que dinheiro não compra felicidade. O mesmo poderia ser dito do prazer. Muitas pessoas que têm como meta principal a riqueza e a excitação física, sensual, acabam ficando cansadas e apáticas. Quando você está na trilha hedonista, aquilo que você acha que irá fazê-lo feliz nunca chega a ser totalmente satisfatório; logo você se vê atrás de outra coisa, e mais outras, numa busca infrutífera por satisfação.

A atenção plena, apesar do alto valor que coloca no momento, não é parente dessa busca de prazer do tipo "viva o dia e esqueça o amanhã". A sua contribuição é estabelecer uma relação particular com o momento presente; e isso pode trazer felicidade.

Amor e amizade

Se materialismo e prazer nos distanciam da felicidade em vez de aproximar, que caminho dará mais esperanças? Muitas pessoas dizem que o amor é sua maior satisfação – não um novo amor, do tipo romântico, cuja química inclui paixão e ansiedade, mas o tipo de sentimento mais estável que curtimos com um

VIRE À ESQUERDA E SEJA MAIS FELIZ

No início do século XXI, o doutor Richard Davidson, da Universidade de Wisconsin, EUA, correlacionou a atividade elétrica de partes do cérebro com sentimentos de felicidade. Ele descobriu que as emoções positivas aumentam a atividade do córtex pré-frontal esquerdo, e as negativas estimulam o córtex pré-frontal direito. A proporção entre as duas medidas foi chamada de "índice do ânimo". Trabalhos posteriores dos doutores Davidson e Jon Kabat-Zinn, da Escola de Medicina da Universidade de Massachusetts, EUA, mostram que nas pessoas treinadas em atenção plena as leituras tendem à esquerda. Assim, em linguagem leiga, a atenção plena "massageia" o cérebro para que tenha uma atitude positiva em relação à vida.

UMA NOVA DIREÇÃO
A meditação pode ajudar a "reprogramar" o cérebro para aumentar as sensações de felicidade.

parceiro fixo, a família ou os amigos. A atenção plena abre nossa consciência para as pessoas que nos são mais queridas e, ao incentivar a compreender e expressar nossos sentimentos por elas, cria um campo fértil para que o amor dê frutos. Oferece também uma forma de meditação com atenção plena chamada prática da bondade amorosa (pp. 138-41), que amplia o escopo da vibração do coração para além do círculo restrito de nossos entes mais íntimos para as pessoas em geral, a partir da ideia de que dar é algo que traz recompensas para todos.

Propósito e gratidão

As pessoas, questionadas sobre a felicidade, falam em propósito – a satisfação que vem de saber que estão fazendo ou pelo menos tentando fazer algo que vale a pena. A prática da atenção plena nos ajuda a identificar nosso verdadeiro propósito como parte da ampliação da autocompreensão; também ajuda a alcançar nossas metas, ao aumentar a concentração e tomada de decisões, e reforça a autoconfiança.

Gratidão pelo que temos é algo que também conduz à felicidade, e a atenção plena incentiva isso ao explodir o apelo das prioridades ilusórias, como o status, e nos tornar mais conscientes de dádivas como amizade, beleza e demais riquezas da vida. Aceitar o que não pode ser mudado é outra qualidade da atenção plena que aumenta nossa sensação de bem-estar.

Felicidade sob pressão

Todos acham que a sua resiliência é testada de tempos em tempos por infortúnios ou por consequências dos próprios erros. Mas a atenção plena promove a resiliência, pois a felicidade que ela nutre não é facilmente comprometida. Em geral, há um núcleo de satisfação sob a superfície agitada dos desafios da vida: a atenção plena nos ajuda a descobrir isso.

FELICIDADE EXTROVERTIDA

Essas palavras – sem qualquer ordem particular – compõem uma lista de maneiras ativas de você introduzir felicidade em sua vida, ao fazer com que se envolva com os outros de maneira generosa e com atenção plena.

CADA VEZ MAIS VOCÊ
A ATENÇÃO PLENA E O SEU POTENCIAL

As pessoas ficam felizes quando percebem que têm o potencial de viver do modo mais pleno e satisfatório que as circunstâncias permitem. Já vimos que a atenção plena ajuda nisso: a seguir, algumas sugestões para derrubar os muros que bloqueiam seu potencial, para que você escolha seu caminho para a realização.

Vários programas de autoajuda dão a você ferramentas para realizar seu potencial. Podem, por exemplo, incentivá-lo a testar novos interesses ou proferir afirmações sobre suas boas qualidades. A atenção plena não se opõe a tais técnicas, mas tem uma abordagem mais coerente para a autorrealização. Com a atenção plena, você usa a meditação para eliminar os aspectos negativos de sua autoimagem e põe em seu lugar maior consciência e compaixão por si mesmo; então, segue adiante fazendo escolhas conscientes, segundo suas prioridades.

Vozes interiores
Às vezes não conseguimos perceber todo o nosso potencial por excesso de crença em nós mesmos; ser otimista demais em relação ao sucesso em uma área competitiva quase sempre traz decepções. No entanto, somos muito mais inclinados a sofrer da ilusão oposta – não acreditar o suficiente em nós mesmos. Vozes negativas dentro

"DEIXAS" ARTIFICIAIS PARA O FRACASSO OU O SUCESSO

Geralmente julgamos nós mesmos e definimos atitudes e expectativas reagindo a "deixas" externas, positivas ou negativas. Exemplos dessas "deixas" são dados abaixo. Pare e reflita sobre o papel que têm para definir seu estado de ânimo. A atenção plena ajuda a ver essas "deixas" de modo mais claro e enxergar a vida em seu todo.

POSITIVA	NEGATIVA
Elogios dos outros.	Críticas dos outros.
Bons resultados.	Maus resultados.
O dia começa bem.	O dia começa mal.
O dia termina bem.	O dia termina mal.
Boas notícias sobre o andamento das coisas.	Más notícias sobre o andamento das coisas.
Ter feito mais do que você esperava.	Ter feito menos do que você esperava.

da nossa cabeça repetem: "Não vou conseguir, não vou conseguir". Com a atenção plena podemos ter consciência desses padrões habituais de pensamento e escolher, em vez deles, focar a mente na autêntica realidade da experiência presente. A autocrítica só irá nos puxar para trás, portanto devemos aprender a ignorar essas vozes internas, a não ser que motivem afirmações deliberadas.

Potencial cotidiano

É fácil ficar confuso a respeito do que a autorrealização significa de fato. Ela difere daquelas conquistas que fazem você causar boa impressão – ser aclamado ou respeitado por seus pares. Há, por exemplo, mulheres que, ao pesarem se vale a pena sacrificar a carreira para ter filhos, imaginam que a esfera doméstica é inferior à profissional. Na realidade, é claro, isso depende das prioridades de cada um: a mulher que escolhe ser mãe em tempo integral é porque valoriza mais essa opção.

Se você não tem clareza do sentido da autorrealização, a atenção plena pode esclarecer quais são suas reais prioridades e evitar que sinta culpa por rejeitar outras opções. Também pode ajudar a manter distância das opiniões dos outros, que costumam ser ou muito negativas ou elogiosas demais.

Visão abrangente

Uma das questões que surgem quando avaliamos como realizar nosso potencial é onde devemos concentrar esforços. Devemos buscar aprimorar nossos pontos fortes ou corrigir nossas fraquezas? A resposta precisa vir da autocompreensão: será que nossa comunicação é tão ruim como imaginamos? Temos a aptidão e a persistência necessárias para encarar uma nova profissão? Intuição e consciência são fatores-chave, pois nos afastam do "efeito funil": a ideia de que, se progredimos em uma área, não precisamos reservar energia para as outras questões. Evite o foco único: a auto-observação com atenção plena deve abranger todo o campo visual.

> Ao praticar a atenção plena, você usa a meditação para eliminar a negatividade de sua autoimagem.

PRÉVIA DA AUTORREALIZAÇÃO

Para liberar seu verdadeiro potencial, o melhor é seguir um roteiro de meditações de atenção plena. As ideias a seguir, expressas como declarações na "primeira pessoa", dão uma prévia do que você pode esperar conforme seu treinamento evoluir:

- Sou totalmente eu mesmo, e não a soma daquilo que os outros pensam a meu respeito.
- Escolho minhas prioridades segundo os fatores envolvidos.
- Escolho minhas metas e meus critérios de sucesso para alcançar tais metas.
- Tenho cuidado com minhas expectativas, mas estou muito firme nas minhas intenções.
- Conheço minhas emoções e escolho a partir de quais delas devo atuar.
- Mudo minhas prioridades e minhas metas quando vejo que as circunstâncias mudam.
- Aceito o que acontece comigo, sem me sentir frustrado.

Será que consigo fazer um curso de inglês pela internet e ir até o fim?

DIÁLOGOS CONSTRUTIVOS

A maneira pela qual você expressa seus diálogos interiores pode erguer barreiras que o impeçam de perceber seu potencial.

Cuidado com este "Será que eu consigo...?". É um pensamento muito limitante, porque em geral temos uma visão distorcida de nós mesmos.

A ATENÇÃO PLENA E A TRADIÇÃO
RAÍZES BUDISTAS

> Somos moldados por nossos pensamentos; tornamo-nos aquilo que pensamos. Quando a mente é pura, a alegria a persegue como uma sombra.
> — Buda

A atenção plena tem origem no budismo – sistema de crenças que surgiu há mais de 2 mil anos. Os ensinamentos do Buda estão reunidos em escrituras antigas, o *Dhammapada*. Um de seus versos diz: "A atenção plena é o caminho para a Iluminação".

Sidharta Gautama, o Buda, passou a maior parte da vida divulgando seus ensinamentos no norte da Índia, entre os séculos VI e V a.C.

O Buda nunca afirmou ser um profeta ou ser divino, embora tenha alcançado a iluminação por meio da meditação (Buda significa "o Desperto") e vislumbrado o sentido da vida e as causas do sofrimento. Pouco antes de morrer, fez um apelo à humanidade para que tivesse atenção plena e (algo talvez menos relevante para a maioria de nós hoje) tentasse fugir do infindável ciclo de reencarnações. Ele sabia que por meio da atenção plena poderíamos todos nos iluminar – não por meio de ideias, mas por experiência direta.

Livrar-se dos apegos

O Buda não se interessou por doutrinas, e o budismo não é de fato uma religião. Buda quis ensinar à humanidade uma maneira prática de lidar com o sofrimento. Isso envolvia ensinar as pessoas a se livrarem de seus "apegos", as coisas ilusórias às quais todos nos apegamos, como o prazer, o desejo, o conforto e o passado – "ilusórias" porque cedo ou tarde se esvaem na vacuidade. Agarrar-se a apegos que irão sumir necessariamente causa todo o nosso sofrimento: ao se desapegar ou "libertar o coração", é possível livrar a mente das ilusões que causam a infelicidade. No processo de nos tornarmos mais conscientes e realistas a respeito de nós mesmos e da vida em geral, alcançamos a paz.

Para nos libertarmos do desejo e encontrar a paz conforme Buda ensinou, precisamos conhecer nossa mente. Daí a importância da meditação no budismo; é nela que encontramos a quietude e, desprendidos das exigências

OS QUATRO PILARES DA ATENÇÃO PLENA

As Quatro Nobres Verdades são a formulação mais básica dos ensinamentos do Buda:

1. Toda existência é *dukkha* – "sofrimento".
2. A causa de *dukkha* é o desejo.
3. A cessação de *dukkha* vem com a cessação do desejo.
4. O caminho óctuplo (acima, à direita) leva à cessação do sofrimento.

Podemos traduzir essas verdades nos Quatro Pilares da Atenção Plena: um conjunto de proposições para evitar o erro e a infelicidade.

> A vida moderna tem seus desafios, como querer sempre mais ou sentir ciúmes, o que pode minar o seu bem-estar.

materiais e do clamor das emoções, tornamos nossa mente clara. O Buda ensinou diferentes formas de meditação destinadas a acalmar e proporcionar visão clara, e incentivar os atributos da compaixão, do amor e da amizade. Essas meditações estão na essência da atenção plena praticada hoje.

A atenção plena budista

O Buda deu instruções sobre como viver o Nobre Caminho Óctuplo (ver quadro à direita), que segundo ele era o único caminho para despertar e escapar do sofrimento. É chamado de óctuplo porque requer aprimorar oito qualidades, entre elas o Esforço Correto e a Concentração Correta (ambos referências à meditação), assim como a Atenção Plena Correta, a fim de nos desenvolvermos mentalmente de modo a contribuir para a nossa libertação. O Buda também falou das quatro distintas formas de atenção plena: do corpo; das emoções ou sensações; da mente ou dos processos mentais; e dos objetos ou qualidades mentais. Colocou a atenção plena no centro de seus ensinamentos.

A RODA DA VERDADE

No budismo, o Nobre Caminho Óctuplo costuma ser representado como a Roda do Darma, cujas oito barras correspondem aos oito elementos do caminho. "Darma" é o termo que descreve os ensinamentos do Buda, simbolizados pela Roda.

Essa perda do bem-estar resulta num inútil desejo de que as coisas sejam diferentes – o apego àquilo que não podemos ter.

A atenção plena permite centrar o bem-estar em nós, e então ele é bem menos suscetível às mudanças nas circunstâncias externas.

Fazemos nossas escolhas sobre os caminhos na vida, e quando há mudanças, as enfrentamos com maior consciência.

PARA O BEM-ESTAR E A SAÚDE
TERAPIAS MODERNAS

No fim do século XX, a atenção plena de base budista transformou-se em várias novas abordagens de cura baseadas na meditação. Elas se assentam na crença de que as pessoas podem alcançar algum alívio da dor e das aflições transformando a sua maneira de pensar por meio da meditação de atenção plena.

A atenção plena moderna data da década de 1970 e do trabalho de Jon Kabat-Zinn, cientista molecular e praticante de meditação. Kabat-Zinn criou um programa de redução do estresse para pessoas com problemas médicos e psicológicos crônicos, de doenças cardíacas a síndrome do pânico. Seu curso de oito semanas no Centro Médico da Universidade de Massachusetts, EUA, aliava meditação e consciência corporal a posturas de ioga. Relançada em 1990 como Redução de Estresse Baseada em Atenção Plena (em inglês, Mindfulness-Based Stress Reduction, MBSR), a abordagem tinha caráter laico, apesar da raiz budista.

O que está bem em você?
Kabat-Zinn estudou o que nos motiva e quais são nossas fontes de estresse. Nelas incluiu os desafios da vida moderna, assim como problemas antigos, como baixa autoestima. Mas deu ênfase a "O que está bem em você?", e não só a "O que há de errado com você?". Mostrou que, mudando nosso foco do negativo para o positivo, podemos nos libertar de alguns pensamentos e emoções debilitantes associados à má saúde.

Trabalhar a depressão
Grupos de terapeutas e pesquisadores logo acrescentaram a MBSR às terapias habituais, como a Terapia Comportamental Cognitiva (Cognitive Behavioural Therapy, CBT). Essa terapia trata de pessoas com depressão aguda e parte da ideia de que emoções, pensamentos, sensações e ações estão interconectados. Pensamentos e emoções negativos criam um ciclo vicioso, que o terapeuta ajuda a romper dividindo grandes problemas em segmentos menores e mostrando como

> "É ótimo ver alguém que em oito semanas se transforma, de uma pessoa melancólica e reservada, em alguém receptivo e animado, capaz de extrair prazer do momento."
>
> Profissional da área da saúde

SUCESSO CLÍNICO
A Terapia Cognitiva Baseada em Atenção Plena reduz à metade a recorrência da depressão em pacientes que tiveram três ou mais episódios depressivos.

O LIVRO DA CATÁSTROFE

Jon Kabat-Zinn escreveu um livro de muitas páginas sobre seu método de redução do estresse baseado na atenção plena e nas experiências decorrentes desse método. O curioso título, *Full Catastrophe Living: Using the Wisdom of Your Body and Mind to Face Stress, Pain and Illness* [Vida catastrófica: usando a sabedoria do seu corpo e mente para vencer o estresse, a dor e a doença, em tradução livre] (1990), foi tirado de uma fala do filme *Zorba, o Grego*, quando Zorba define a vida familiar como uma "catástrofe completa" (ver à direita). O reconhecimento do estresse e da doença no título deu o tom para muitos dos autores que escreveram depois sobre atenção plena. O prefácio do livro é de Thich Nhat Hanh, o monge zen-budista vietnamita com quem Kabat-Zinn havia estudado budismo.

"Você é casado?"
Basil, um escritor inglês trabalhando num texto sobre Buda

"Não sou um homem? E o homem não é um estúpido? Sou homem, portanto sou casado. Mulher, filhos, casa, tudo. A catástrofe completa."
Alexis Zorba

mudar esses padrões negativos e se sentir melhor. A junção da CBT com a MBSR, chamada de Terapia Cognitiva Baseada em Atenção Plena (Mindfulness-Based Cognitive Therapy, MBCT), se mostrou eficaz para reduzir a recorrência da depressão.

A MBCT ajuda a pessoa a entender a depressão – o que a deixa suscetível a oscilações de humor e às razões que a prendem ao fundo dessa espiral. Dá ao paciente maior consciência do corpo, para que capte os sinais de uma depressão a caminho. Com a atenção plena, ela pode sentir seu ânimo decair e se opor a essa tendência, recuperando a autoestima.

Muitos defensores da MBCT aplicam a terapia não só a doentes, mas a qualquer pessoa com dificuldades para lidar com as exigências infindáveis da vida moderna. Ela tem grande potencial de ajudar a pessoa a ter maior resiliência em períodos-chave da vida, como ao ter um bebê, ao tentar equilibrar vida e trabalho ou ao lidar com a velhice.

A flexibilidade da ACT

Enquanto a MBSR e a MBCT usam a meditação para fomentar a atenção plena, uma nova terapia – Terapia de Aceitação e Compromisso (Acceptance and Commitment Therapy, ACT) – põe foco em três habilidades mentais: desativação, aceitação e contato com o aqui e agora. Introduzida pelo psicólogo americano Steven C. Hayes, a ACT promove a flexibilidade psicológica – a capacidade de estar no momento presente, com consciência e abertura, e de agir guiado pelos próprios valores.

> Ao mudar nosso foco do negativo para o positivo podemos nos libertar de alguns pensamentos e emoções debilitantes associados à má saúde.

A POPULARIZAÇÃO
A REVOLUÇÃO DA ATENÇÃO PLENA

A atenção plena difundiu-se rapidamente. A facilidade com que pode ser praticada, aliada a seus benefícios comprovados e amplos para a eficácia pessoal e o bem-estar, colocaram-na no mainstream nas duas primeiras décadas do século XXI.

Qualquer disciplina de autoajuda que prometa aumentar sua probabilidade de ser feliz tem boa chance de prosperar – ainda mais se pesquisas baseadas em evidências mostrarem que também pode fazer você se sentir melhor em relação à saúde precária e menos propenso à depressão. Some-se a isso o aspecto de eficácia pessoal – melhor concentração, memória, comunicação e controle das emoções – e você entenderá por que a atenção plena é um movimento florescente. Jon Kabat-Zinn disse que a prática da atenção plena é benéfica justamente por não exigir esforço em direção a metas específicas: você "faz amizade com você mesmo do jeito que é", convive com você de modo consciente. Mas são os ganhos particulares da atenção plena que atraem líderes dos negócios e da vida pública. O programa do Google "Search Inside Yourself", iniciado em 2007, apresentou a atenção plena a mais de mil funcionários da empresa, e houve iniciativas similares de empresários do Vale do Silício, nomes da Fortune 500, chefes do Pentágono e muitos outros.

Atenção plena em ação
Essa mistura de felicidade e aumento da eficácia pessoal mostrou-se muito atrativa para empregadores, que perceberam que oferecer treinamento em atenção plena no local de trabalho trazia benefícios aos empregados e a eles também. O ganho do empregador se dá em duas frentes. A atenção plena aprimora a competência das pessoas, tornando-as mais focadas e capazes de definir prioridades, resolver problemas, cooperar em equipe, liderar e ser criativo. Há ganhos também em inovação e eficiência. Mas, além disso, um trabalhador mais feliz é mais produtivo, e é mais provável que fique na empresa e mostre lealdade a ela. Escolas de negócios também adotaram

> "A redução do estresse e a atenção plena não só nos tornam mais felizes e saudáveis; são uma vantagem competitiva comprovada nos negócios."
>
> Arianna Huffington, fundadora do *Huffington Post*

MUNDO EM ATENÇÃO PLENA
A atenção plena expandiu-se de suas origens budistas para ambientes terapêuticos e para as esferas dos negócios, da educação e do esporte, nas quais sua aplicação mostra benefícios mensuráveis.

a prática. Bill George, ex-chefe da Medtronic, gigante global de tecnologia médica e membro do conselho do banco Goldman Sachs, introduziu a atenção plena na Escola de Negócios de Harvard a fim de criar líderes "autoconscientes e autocompassivos".

A conexão entre a prática da atenção plena e o treinamento para liderança fortaleceu-se com a publicação, em 2011, de *The Three Levels of Leadership* [Os três níveis da liderança, em tradução livre], novo modelo de desenvolvimento profissional do instrutor de negócios britânico James Scouller. Esse sistema, que enfatiza o autocontrole psicológico, inclui a meditação de atenção plena como uma de suas principais ferramentas de autodesenvolvimento.

A atenção plena levou sua mensagem ao mundo dos negócios e também ao governo e ao serviço público. James Scouller apresentou seus métodos aos cadetes de Sandhurst, onde o Exército Britânico forma oficiais, e ao pessoal das Forças Armadas dos EUA, que aplica o treinamento em atenção plena em seu programa "Coping Strategies".

Em prisões, a atenção plena é usada para reduzir a agressividade e melhorar as relações entre os detentos e sua autoestima. E, nas escolas, professores e alunos colhem os benefícios da prática: alguns diretores acham que o declínio nas atividades religiosas abriu um vácuo na vida escolar — falta uma oportunidade diária de reflexão tranquila, que as sessões de atenção plena podem preencher.

Desempenho esportivo

A atenção plena também foi adotada em círculos esportivos. Pesquisa com golfistas, corredores e arqueiros relata melhora no desempenho e uma ascensão no ranking entre alguns praticantes. Usando meditações de atenção plena como o escaneamento do corpo (pp. 118-23), atletas disseram se sentir "viajando" — totalmente absorvidos em suas ações e experiências. Os benefícios são: melhor concentração, sensação de fazer "sem esforço", redução da inibição e percepção de dominar bem o que se faz.

STEVE JOBS E A ILUMINAÇÃO NOS NEGÓCIOS

A prática da atenção plena nos negócios não é uma ideia maluca surgida do nada. O misticismo oriental inspirou vários líderes de negócios que se importavam com o bem-estar de suas empresas e funcionários e queriam criar uma cultura corporativa mais esclarecida. Steve Jobs, fundador da Apple e seu antigo executivo-chefe, era zen-budista e afirmou que suas crenças nutriam o design dos produtos da Apple. Jobs relatou ao seu biógrafo, Walter Isaacson, a importância de simplesmente sentar e observar e os benefícios de aquietar a mente agitada. Ao se alcançar a calma, vem uma intuição mais refinada. Quando a mente desacelera, você vê, como ele mesmo diz, "uma ampliação do momento".

SINAL DOS TEMPOS
O PODER DE MUDAR A SOCIEDADE

A atenção plena já é eficaz em nível individual e organizacional, mas alguns influentes analistas de negócios veem nela um potencial maior. Para eles, a atenção plena pode mudar o funcionamento da sociedade em vários níveis.

Imagine um mundo onde a atenção plena fizesse parte do dia a dia e estivesse integrada à sociedade. Quais seriam os benefícios? Menores despesas com saúde? Índices de aprendizagem mais altos nas escolas? Uma economia mais produtiva? Difícil dizer, mas os tomadores de decisões estão levando essas ideias a sério. Em 2014, por exemplo, foi criado um grupo parlamentar no Reino Unido para estudar a inclusão da atenção plena nas políticas públicas. Ainda em 2014 ela foi citada em relatório da J. Walter Thompson (JWT) – uma das maiores agências de comunicação do mundo – como uma das dez tendências que iriam moldar o ânimo, as atitudes e o comportamento social. A atenção plena seria importante não apenas por si, mas teria forte influência nas tendências que moldam nossa vida.

> "Estamos tentando ter mais atenção plena... e conseguir maior equilíbrio."
> Ann Mack, J. Walter Thompson (JWT)

1 EXPERIÊNCIAS ENVOLVENTES
Estão em alta as diversões com imersão total – narrativas ou experiências de marca que atuem em vários níveis, usando várias mídias. Um exemplo seriam filmes projetados em ambientes especiais, com envolvimento interativo da plateia. Sobrecarregar os sentidos desse modo pode ser visto como algo que degrada o lado intelectual: implica que a maioria de nós não seja mais capaz de ter prazer em formas de entretenimento menos exuberantes, mais tradicionais.

2 IMPERFECCIONISMO
Frustrados com a ênfase comercial e as superfícies reluzentes tão prezadas pelo setor varejista, e pelos consumidores ricos, muitos estão se refugiando no que é francamente imperfeito. Vemos isso na volta do artesanato doméstico e na reutilização de materiais antigos – o que também tem uma dimensão ecológica, é claro. Como a atenção plena valoriza a autenticidade do eu, seus praticantes podem levar isso para o seu ambiente e apoiar o imperfeccionismo. Somos todos imperfeitos, e aceitar nossas falhas é parte do projeto da atenção plena.

3 O NOVO TECNOCETICISMO
Vendo os filhos dependentes de dispositivos digitais, e sofrendo nós mesmos de excesso de informação, muitos de nós sentem-se atraídos para uma contrarrevolução baseada em priorizar valores humanos. Nos negócios, defendem-se reuniões presenciais. Como a atenção plena favorece a experiência direta, mais que a de segunda mão, muitos dos que se convertem a ela começam a ter sérias reservas em relação à revolução digital.

AS DEZ TENDÊNCIAS QUE IRÃO MOLDAR O MUNDO SEGUNDO A JWT

4 — SATISFAÇÃO INSTANTÂNEA
Fica cada vez mais curto o tempo entre pedir e receber, e entre pedir e desfrutar, e aumenta a economia on-demand, a impaciência com a demora do download e assim por diante. A internet acelera o processo de escolha, assim como a entrega do que você escolheu – esperar é coisa do passado! Mas a atenção plena treina sermos pacientes e ensina a encontrar prazer em experiências simples desvinculadas da gratificação de nossos desejos.

5 — VIVER COM ATENÇÃO PLENA
A JWT notou que a atenção plena, antes associada a quem busca realização espiritual, se insinua agora nas tendências dominantes, e mais gente se sente atraída pela ideia de bloquear suas dispersões e se ligar ao momento presente. Claro, as pessoas seguem tendências por diferentes razões. Alguns acham a atenção plena "legal" e aderem a ela por vaidade. Mas há quem esteja à procura de maneiras genuínas de introduzir bem-estar e felicidade na vida; ou de aliviar o estresse, a ansiedade e as tensões da vida moderna.

6 — O PODER DOS CELULARES
Os celulares ampliam seu domínio e oferecem acesso a sistemas financeiros, monitoramento da saúde pessoal... e até a meditações de atenção plena. Não há nada de errado com esses avanços, mas vincular demais nosso prazer à última tecnologia de smartphones, e acabar criando dependência emocional disso, é um exemplo de prioridades fora de lugar – e, em termos budistas, do tipo de "apego" que nunca trará verdadeira satisfação, apenas a ilusão disso.

7 — O FIM DA PRIVACIDADE
Novas tecnologias tornam mais difícil evitar ser objeto de supervisão por parte de organizações públicas e privadas. Para alguns, é uma batalha moral: individualistas odeiam ser espionados, e libertários não querem perder o direito à privacidade mesmo que, em princípio, sejam a favor de sua segurança. Adeptos da atenção plena farão seu próprio julgamento disso: alguns irão se incomodar mais, outros menos.

8 — O MERCADO LÊ A SUA MENTE
Com o aprimoramento das interfaces cérebro-computador e da tecnologia de reconhecimento de emoções, as marcas ficarão mais inteligentes e compreenderão como os consumidores pensam e se comportam, realizando ações de marketing altamente personalizadas. Muitos acharão isso desconfortável e ficarão furiosos ao ver suas necessidades interpretadas com base em seu comportamento passado: o que é bem o oposto da atenção plena.

9 — IMAGEM *VERSUS* PALAVRA
A linguagem visual, na forma de gráficos, emoticons e coisas do tipo, parece estar erodindo o tradicional poder da palavra. Isso tem a ver em parte com a globalização, porque oferece uma maneira de alcançar um mercado mundial sem o fardo da tradução. No entanto, para comunicar sentidos mais sutis, que a atenção plena nos ensina a apreciar, a imagem é uma ferramenta mais tosca do que a palavra.

10 — MISCELÂNEA CULTURAL
A fusão cultural dentro das sociedades ocidentais e a cultura do "escolha à vontade" fomentada pela internet estimulam as pessoas a criarem o próprio mix de crenças e práticas, misturando elementos tradicionais com outros mais recentes, ou mesmo com ideias totalmente inventadas. Como a moderna atenção plena funde o velho e o novo e usa elementos de diferentes ciências com boa dose de experimentação, é difícil imaginar que os adeptos da atenção plena não adotem tais tendências.

COMO CHEGAR À ATENÇÃO PLENA

AO ENTENDER DE QUE MANEIRA PENSAMENTOS E EMOÇÕES INTERAGEM, E COMO MUITAS VEZES ELES TÊM ORIGEM NO PASSADO, PODEMOS ENRIQUECER IMENSAMENTE NOSSO POTENCIAL.

COMO VOCÊ SE IMAGINA?
ATENÇÃO PLENA E PERSONALIDADE

Todos temos características únicas, a nossa própria personalidade. Encarar esses traços de personalidade como tendências, em vez de padrões, diminui nossa sujeição a eles. Com atenção plena, ficamos mais conscientes e podemos fazer escolhas melhores.

Psicólogos adoram classificar, e no passado os estudos de personalidade tendiam a enquadrar as pessoas em "tipos". Isso perdeu força hoje, embora ainda possa ser visto de várias maneiras, como no mundo dos negócios, quando se avalia como cada um contribui para a equipe de trabalho.

Tons de cinza
Hoje os psicólogos falam mais em traços do que em tipos – uma abordagem mais útil e menos redutiva. Por exemplo, podemos identificar nossa posição em uma escala entre introversão e extroversão – termos que datam de um livro do psicólogo suíço Carl Gustav Jung, publicado em 1921. Jung concebia essas qualidades em termos absolutos: você era uma coisa ou outra. Na realidade, ninguém é totalmente extrovertido ou introvertido, e estudos do psicólogo alemão Hans Eysenck e outros mostram que a maioria de nós é uma mistura equilibrada dos dois, apesar de termos preferência por um dos polos. Outra escala de avaliação comum, derivada do contraste que Jung fazia entre pensamento e sentimento, vai de algo como "inflexível" a "compreensivo".

Explorar a personalidade
A atenção plena visa perceber seu potencial e revelar suas verdadeiras opções. O verdadeiro eu da atenção plena está no desenrolar de pensamentos, emoções e ações; assim, se você se vê como um tipo fixo de personalidade, como um introvertido ou compreensivo, então está vivendo no passado, não no presente, e limita seu âmbito para mudanças positivas.

Mas é possível usar os traços de personalidade como ferramenta para uma descoberta via atenção plena. Pense nos adjetivos associados aos traços de personalidade e veja se você – no passado – pode ter exibido essas características em seu comportamento em relação aos outros. Alguma dessas palavras tem a ver com o jeito como você às vezes descreve a si mesmo? Pense nessas visões que tem de você mesmo usando a atenção plena; esse processo ajudará a examinar seus pontos fortes e fracos. A atenção plena irá facilitar uma autoavaliação honesta e cuidadosa. Ao evitar julgar, encarando as questões no momento presente, você tem mais chance de ter reações úteis que sejam fiéis à sua experiência.

Os Big Five
Um ponto de partida interessante para a autoexploração pode ser o conhecido conjunto de cinco grandes traços de personalidade, os Big Five (à direita). Use o diagrama para pensar a respeito de sua posição nessas cinco escalas: abertura, conscienciosidade, extroversão, amabilidade e suscetibilidade (ou neuroticismo).

> Os tipos de personalidade, que nunca devem ser uma desculpa, ajudam a entender e perdoar nossas atitudes. Mas cuidado: não faça uso deles como um estereótipo seu.

AS PALAVRAS-CHAVE DO BIG FIVE

Os traços de personalidade do Big Five sintetizam a tentativa dos psicólogos de nomear a gama de atitudes e comportamentos humanos. Apesar das limitações dessa lista, você pode usá-la como dica para a autodescoberta. Examine as palavras de cada categoria; se as dos extremos de cada par não forem aptas a descrevê-lo, tente achar alguma outra palavra que se aproxime mais. Você também pode procurar outros termos fora dessas escalas, com sentidos similares e que descrevam você com maior precisão.

ABERTURA
- Curioso ⟷ Convencido
- Experimental ⟷ Seletivo
- Criativo ⟷ Consolidador
- Imaginativo ⟷ Lógico
- Independente ⟷ Consistente

CONSCIENCIALIDADE
- Responsável ⟷ Relaxado
- Obediente ⟷ Automotivado
- Prudente ⟷ Espontâneo
- Meticuloso ⟷ Decidido
- Perfeccionista ⟷ Autotolerante

SUSCETIBILIDADE
- Otimista ⟷ Questionador
- Resiliente ⟷ Empático
- Confiante ⟷ Instigante
- Inspirador ⟷ Impressionável
- Confiante ⟷ Observador

EXTROVERSÃO
- Assertivo ⟷ Flexível
- Enérgico ⟷ Calmo
- Sociável ⟷ Reprimido
- Falante ⟷ Contemplativo
- Expressivo ⟷ Reticente

AMABILIDADE
- Compassivo ⟷ Implacável
- Cooperativo ⟷ Cético
- Conciliador ⟷ Determinado
- Tratável ⟷ Resoluto
- Reativo ⟷ Contido

PREDISPOSIÇÃO PARA O MOMENTO
VOCÊ É NATURALMENTE ATENTO?

Você gosta de ouvir o que os outros têm a dizer? Reserva um tempo especial para curtir seu parceiro ou o seu filho? Então talvez seja alguém "predisposto à atenção plena", e talvez seu perfil psicológico já inclua isso em certo grau. Nesse caso, é provável que se sinta bem à vontade em relação à meditação de atenção plena.

A atenção plena é uma técnica, mas também é um traço de personalidade (apesar de não constar dos Big Five da p. 39). Se você já tende para a autoconsciência e para inspecionar regularmente seus pensamentos, sensações e emoções, então é predisposto à atenção plena. Estudos científicos mostram que quem tem essa predisposição tende a reagir melhor ao estresse, é menos suscetível a estados de ânimo negativos e possui também melhor saúde cardiovascular e algumas funções cognitivas (não todas) acentuadas. Outra pesquisa indicou que a predisposição à atenção plena pode ser estimulada por exercícios aeróbicos, embora ainda faltem mais estudos para se poder afirmar isso com maior certeza.

Quer você tenha ou não um grau

PREDISPOSIÇÃO NATURAL
Se você prefere prazeres simples, talvez tenha predisposição natural à atenção plena.

> A atenção plena é um farol interno que você pode dirigir a si mesmo a qualquer hora, com o propósito da autodescoberta.

inato de atenção plena, praticá-la por meio da meditação melhora suas capacidades preexistentes. Se você encarar a atenção plena como um farol interior que pode dirigir a si mesmo a qualquer hora com o propósito de autodescoberta, então a meditação ajudará a tornar esse farol mais potente e com melhor foco.

É importante a essa altura distinguir autoconsciência de autoabsorção. Muitas pessoas pensam e falam sobre sua vida interior e, particularmente, de suas emoções. A inteligência emocional é muito valorizada hoje, e os que buscam aprimorá-la consideram que ela deve estar ancorada na empatia – isto é, na capacidade de se colocar no lugar de outra pessoa e se identificar com o que ela sente. Isso por sua vez requer que você tenha uma boa noção das próprias emoções. Infelizmente, muitas pessoas introspectivas, que poderiam alegar ter boa inteligência emocional, às vezes fazem avaliações muito incorretas sobre as próprias emoções: ou seja, focalizam o farol na direção certa, mas sem a suficiente intensidade de iluminação.

Linguagem corporal

Tem sido dito que a única coisa que não sabemos a respeito de nós mesmos é o que as outras pessoas já estão cansadas de saber. É possível que você se ache muito confiante, por exemplo, quando na verdade é extremamente ansioso. Talvez não detecte as mensagens que sua linguagem corporal envia, enquanto as pessoas na mesma sala percebem sua ansiedade pelo tom agudo da sua voz, ou pelo jeito com que você lança rápidos olhares em volta, ou fica pegando na mochila. Os mais predispostos à atenção plena raramente deixam de perceber tais sintomas. São mais conscientes de si e capazes de identificar as situações que tendem a deixá-los pouco à vontade. E podem até ser capazes de manter certa distância do próprio desconforto, pelo menos em certas ocasiões.

LISTA DE PONTOS DO TEMPERAMENTO ATENTO

Para ajudar você a avaliar seu nível de predisposição à atenção plena, veja quais das afirmações a seguir se aplicam melhor a você. Quanto mais afirmações você ticar, mais provável é que tenha um temperamento atento, embora a lista não tenha nada de sistemático: para um teste mais rigoroso, veja os questionários dados mais adiante.

✓ É raro você se surpreender quando as pessoas fazem comentários sobre seus pontos fortes ou fracos.

✓ Ao se sentir ansioso, sua primeira reação é tentar se distanciar um pouco da própria ansiedade e olhar para ela de fora.

✓ Ao sentir raiva, a primeira coisa que você faz é esperar alguns segundos até clarear sua cabeça, antes de dizer ou fazer alguma coisa.

✓ Se alguém lhe perguntar, você será capaz de listar alguns padrões de reação habituais que tende a experimentar em certas situações.

✓ Quando pensa em eventos passados ou futuros, você às vezes para e volta conscientemente para o presente.

✓ Em geral você reage com gratidão e prazer ou se interessa por eventos positivos que observa à sua volta.

✓ Você aceita quando coisas boas na sua vida chegam ao fim, pois sabe que isso está além do seu controle.

INDICADORES
Analisar seu comportamento, reações emocionais e atitudes em relação aos outros ajuda a medir seu nível de predisposição à atenção plena.

TIMÃO E BÚSSOLA
MENTES QUE FAZEM, MENTES QUE SÃO

A mente é um instrumento muito versátil para nos guiar ao longo do dia. Pode também ser uma bússola, fornecendo leituras que nos ajudam a navegar. Mas com frequência ela perde o rumo, tornando nossa viagem turbulenta.

Enquanto toma o café da manhã, em meio a conversas em família, você pensa no que tem para fazer aquele dia. Imagina os eventos e como deverão transcorrer. Talvez se sinta esperançoso em relação a algum, ansioso em relação a outros, ou neutro, e fica lembrando que tem que reservar um tempo para tal compromisso ou para continuar algo no trabalho. Enquanto isso, conversa com o filho ou com o parceiro. No meio do papo, vai lembrando mais coisas que tem a resolver. Para muitos, em especial jovens famílias, esse cenário é comum.

Café da manhã agitado
Durante o café da manhã, você ficou fazendo e pensando coisas ao mesmo tempo, mas a maior parte do pensar foi agitado. Sua mente estava no modo "fazer", movida por uma sucessão de pensamentos, lembranças e problemas. Agora imagine outro cenário. Sua família está fora, e você curte uma espécie de miniférias em casa. Com

INDICAÇÕES DO MODO "FAZER"

Operamos no modo "fazer" sempre que não estamos apenas sendo. Essa lista de pontos – com exemplos – identifica alguns tipos do modo "fazer".

Pensar se você disse ou fez a coisa certa.

JULGAMENTO
Pensar no que acontece ou aconteceu em relação ao que "deveria" ter acontecido.

Pensar que você deveria ter sido mais tolerante, mais assertivo ou mais produtivo.

AUTOCRÍTICA
Assumir uma postura crítica em relação a você mesmo no seu diálogo interno – censurando-se por seus erros.

Decidir se vai para casa ou se passa na loja, ou como fazer para animar um amigo.

TOMAR DECISÕES E RESOLVER PROBLEMAS
Decidir que atitude tomar e ficar pensando nas possíveis consequências disso.

tempo para você mesmo, você curte seu café da manhã tranquilo, lendo o jornal. Mais tarde vai cuidar um pouco do jardim. No meio do artigo, sua mente, sem mais nem menos, pensa no trabalho. Como será que vão se virar sem você? Será que você fez bem em contar à sua gerente que está insatisfeito na empresa? Será que ela comentou com alguém? Então você conclui que já pensou demais no trabalho – afinal, você devia estar relaxando. Pena que são só três dias. Ou são quatro? Então decide ir até a loja de jardinagem, comprar plantas para o canteiro do fundo. O que será que iria bem ali?

Relaxado, mas desatento
Apesar da situação mais calma e da sua expectativa de curtir um "tempo seu" nessas miniférias, sua mente continua no modo "fazer", com um pensamento levando a outro. Pior, você vai sendo levado junto. Alguns pensamentos são reflexivos, outros são decisões de fazer alguma coisa, mas não há atenção plena nisso. O seu piloto automático está todo feliz, a mil por hora, e você até se diverte um pouco com isso, mas quem comanda é ele.

Consciência sem escolha
A alternativa para o modo "fazer" é o modo "ser". Você se preocupou com o trabalho durante o café da manhã inteiro, mas não se castigue por isso nem passe sua atenção para o futuro ("São quatro dias ou três?"). Em vez disso, mude para o modo "ser". Dirija a atenção para o momento presente e observe pensamentos e preocupações sem ser atraído para o seu conteúdo. Com isso, surgirá uma consciência tranquila, e seus sentimentos verdadeiros irão aflorar. É assim que você pode abrir mão do modo "fazer" e passar para o modo "ser" – a bússola –, no qual pode se tornar mais consciente de sua verdadeira direção.

E se eu não tivesse deixado aquela árvore ficar tão alta? Será que eu não teria bem mais plantas de sol?

É uma conjetura ou você se arrependeu? "E se eu" costuma ser "Se pelo menos eu".

O TIMÃO GIRA
Autocrítica e análise constante de suas decisões indicam uma mente ligada no "fazer".

Sentir raiva do vizinho e ficar pensando "como é possível que ele seja tão estúpido".

ENVOLVIDO EM EMOÇÕES
Ficar tomado por emoções e reviver a narrativa por trás delas.

Lembrar de um dia em que você se achou o máximo, ou rememorar uma noite romântica.

RELEMBRAR
Fazer a mente voltar ao passado, seja com ansiedade, arrependimento, prazer ou qualquer outra emoção.

Pensar se comprou bebidas para uma festa, ou se o seguro da casa oferece cobertura caso você quebre os óculos.

ESPECULAR
Levar a mente para o futuro, seja com ansiedade, esperança ou uma antecipação do prazer.

Protestar quando ouve alguém contar uma mentira, ou abraçar alguém que começou a chorar.

REAGIR
Ter reações involuntárias a experiências em vez de parar e considerar qual seria a melhor atitude a tomar.

VIVER NO PRESENTE
EM DIREÇÃO A SER

Conseguir que nossa mente evite o "fazer" e buscar um estado de puro ser, no presente, é um passo crucial da atenção plena. Cuidar de sensações, pensamentos e emoções faz com que as energias negativas em nossa mente percam muito de sua influência.

O modo "fazer" da mente é o modo da eficiência – do qual damos andamento às coisas no mundo físico. Vimos que esse modo tem aspectos negativos – é nele que reagimos automaticamente, nos preocupamos com o futuro e nos arrependemos do passado –, mas ele oferece muitas possibilidades para avançar na obtenção de metas pessoais. Já o modo "ser" pode parecer bastante sem graça: afinal, que sentido faz você ficar apenas sentado, com a mente quieta, a não ser que seja um místico ou um budista em profundo estado de concentração?

Mergulhar no ser

O modo "ser" não é só para quem tem inclinação espiritual: a consciência básica, não julgadora (ou sem escolhas), que prevalece ao mergulhar no modo "ser" é um recurso interior vital desde o início de nossa vida consciente e está disponível a qualquer hora. Pode nos nutrir e acalmar no meio da vida agitada, onde nunca paramos de fazer. O que se ganha com isso não é sabedoria espiritual, mas uma maneira prática de habitar a vida cotidiana de modo mais gratificante.

O desafio de ser

Ao combinar o modo "ser" com o fato de notar suas sensações, pensamentos ou emoções, você entra num estado de atenção plena, com todos os seus benefícios físicos e psicológicos. Para alcançar esse estado é preciso praticar; se você apenas tentar "ser" por alguns segundos, não será fácil. Você está no meio de uma corrente de pensamentos, que a mente não vai querer abandonar.

Então como é esse "ser"? O seguinte experimento com o pensamento dá uma ideia. Imagine que você está sentado num parque, olhando para uma rosa. Você tira tudo da sua mente, exceto a sensação da rosa; nos seus pensamentos não entra o passado, nem o futuro, nem a ansiedade ou qualquer outra emoção. Se um pensamento surge, você apenas deixa que vá embora do mesmo jeito que entrou. Você não luta contra ele, se não isso o levará de volta ao modo "fazer". Pronto, você optou pela atenção plena.

> O que eu faço se de repente surge na minha mente uma emoção ou pensamento dispersivo?

> Simplesmente observe-o, sem se envolver com ele, sem julgar, sem fazer absolutamente nada com ele.

LIDANDO COM INTRUSOS
Num estado de atenção plena, pensamentos e emoções não são nem bem-vindos nem indesejados.

INDICAÇÕES DO MODO "SER"

Conheça as características do modo "ser" usando essa lista de pontos; compare-as com as do modo "fazer" (p. 42). Note que é na natureza do modo "ser" que muitas características do modo "fazer" se expressam de modo negativo. Use esta lista ao revisar suas primeiras tentativas de apenas ser, para ver se seu modo de pensar alcançou algumas dessas qualidades, ou não qualidades.

NÃO JULGAMENTO
Não medir o que acontece ou aconteceu em relação ao que está acontecendo ou deveria ter acontecido. Pensar em termos de "deveria" é algo que não cabe aqui.

VIVER NO MOMENTO
"Estar aqui e agora" e não se envolver com pensamentos do passado ou do futuro que vierem a entrar em sua mente.

ACEITAÇÃO
Não se envolver em diálogos críticos ou desapontados em relação a si mesmo, e ter autocompaixão toda vez que você, sem querer, pensar em algum tipo de erro que tenha cometido.

ATENÇÃO
Coloque a mente na experiência dela no momento e, se ela se dispersar, faça com que, delicadamente, volte a focar o objeto de sua atenção.

PASSIVIDADE
Não tomar decisões, não planejar nem resolver problemas: tudo isso pertence ao modo "fazer".

REATIVIDADE
Não reagir a nenhuma dispersão indesejada, interior ou exterior (pensamentos ou sensações), apenas notá-los e deixá-los ir embora.

NÃO ENVOLVIMENTO
Não se deixar absorver por uma emoção ou pensamento indesejado que surgir em sua mente; permanecer distanciado da história que está por trás de uma emoção.

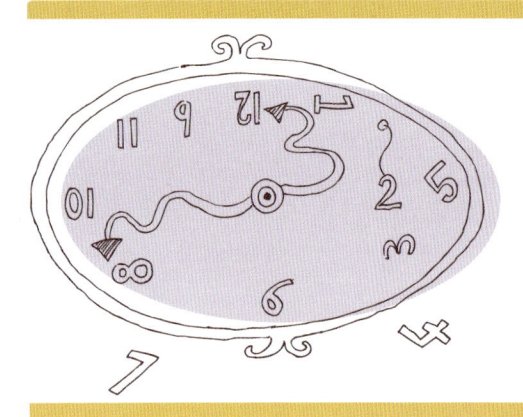

DOBRA DO TEMPO
EMPACADO NO PASSADO? ANSIOSO EM RELAÇÃO AO FUTURO?

Nosso verdadeiro lar é o presente. É o único lugar onde nossa vida realmente ocorre. Aprender a viver com atenção plena no aqui e agora nos deixará mais assentados, mais equilibrados e mais felizes.

Aprendemos com o passado – nosso tesouro de memórias e fonte de apoio emocional –, e pensar no futuro pode estimular o otimismo, a determinação e a ambição. Mas não é bom ficarmos muito tempo nesses lugares: a atenção plena pode voltar a assentar nossa atenção no presente.

O poder do passado
Nosso passado é feito de nossas experiências, e algumas delas podem ter sido ruins. Alguém nos magoou e nos tornou desconfiados no presente, ou podemos ter feito algo de que agora nos arrependemos. Muitas das atuais ansiedades têm raízes no passado, mesmo que não saibamos mais localizá-las.

Não dá para mudar o passado, então tentamos compensar nossos erros negando prazer a nós mesmos ou querendo fazer agora o que não fizemos antes. Esses esforços podem ser sinceros, mas ofuscam nossa vida com culpa ou arrependimento, arrastando os pensamentos para o passado e dificultando a felicidade no presente.

Tem alguém em casa?

Bem, nem sempre; e, na verdade, não com a suficiente frequência.

ESTAR NO MOMENTO
Ficamos muito no passado e no futuro e assim deixamos de cuidar do presente.

> O passado, se não for bem resolvido, pode alimentar sentimentos de culpa ou ressentimentos, e o futuro é uma perspectiva imaginada que às vezes nos enche de ansiedade.

Se a culpa é uma queixa contra nós mesmos, o passado muitas vezes é a causa de queixas contra os outros. A raiva é facilmente revivida por memórias e erros passados e se manifesta como agressão; e o ressentimento "ferve lento", como hostilidade sutil.

Por meio da atenção plena você pode utilizar o poder positivo do presente para mudar sua relação com o passado. Não é preciso uma batalha campal. O presente simplesmente tem que ser atendido, e assim o poder dos eventos passados irá enfraquecer e sumir.

FUJA DA PRISÃO!

Aprisionados por culpa ou vergonha, precisamos da atenção plena para planejar nossa grande fuga. A chave é parar de julgar a nós mesmos (p. 16). É apenas nossa percepção distorcida, mais especificamente nossa falta de autocompaixão, que torna o passado uma prisão. A cela onde estamos, fomos nós mesmos que a criamos, e a meditação de atenção plena nos dá a chave. Ao atentarmos para o momento presente, o passado nos liberta do cativeiro. Com a chave em mãos, abrimos a porta com atenção plena e saímos livres.

- Ser um mau filho, filha, pai ou mãe.
- Ser um mau parceiro.
- Ser incapaz de enfrentar as coisas.
- Não conseguir sucesso.
- Ser egoísta.

- Não ser excelente.
- Não controlar as emoções.
- Não ser responsável.
- Falhar em ser normal.
- Ser inadaptado.

ENCONTRAR A CHAVE
Já possuímos a chave para escapar da prisão do nosso passado.

QUESTIONÁRIO: VIAJAR NO TEMPO

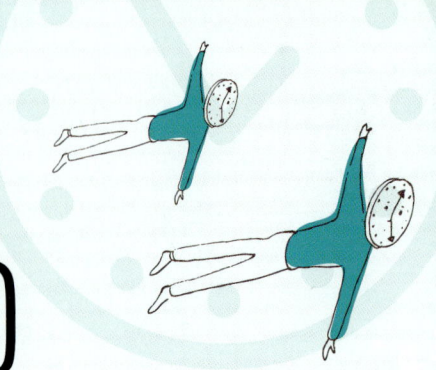

VOCÊ CONHECE BEM O PRESENTE?

As perguntas a seguir são estímulos para uma autoexploração. Considerando os perigos de viver demais no passado ou no futuro, e os benefícios de habitar o presente, suas respostas devem estimulá-lo a pensar em quais tendências você precisa trabalhar para aprimorar sua prática de atenção plena.

Q Mente no passado?

- É comum você revisitar eventos do passado na mente?
- Há eventos específicos no seu passado que ainda perturbam você hoje?
- Quanto você fica ansioso quando pensa nos piores erros que cometeu?
- Quanto você fica com raiva quando pensa nas piores coisas que as pessoas disseram ou fizeram com você?

Q Mente no futuro?

- Com que frequência você fica ansiando por futuros prazeres, imaginando como deverão ser?
- Quantos eventos específicos do futuro deixam você ansioso quando pensa neles?
- Quanto você se sente animado ao pensar na experiência mais prazerosa que o futuro imediato está lhe reservando?
- Quanto você se sente negativo quando pensa na experiência mais difícil que o futuro imediato lhe reserva?

Q Mente no presente?

- Quanto você acha que é observador quando passeia pelo seu bairro?
- Quão intensa é a sua capacidade de concentração?
- Com que frequência sua mente sai divagando quando você para e se concentra em ouvir música?
- Com que frequência você dá mais valor a um passeio pelo campo, curtindo a vista e os sons da natureza, do que à oportunidade de conversar com um companheiro ou de ficar pensando nas suas coisas?

QUESTIONÁRIO: VIAJAR NO TEMPO   49

VOCÊ CONHECE A SUA VIZINHANÇA?

É comum ouvir a expressão "Ele/ela anda por aí desligado". De fato, a maioria de nós, dentro de casa e fora, fica viajando nos próprios pensamentos e não percebe os detalhes ao redor. Mesmo andando, usando algum equipamento, falando e fazendo nossas coisas, damos pouca atenção ao ambiente físico. Você percebe as coisas? É bom olhar em volta de vez em quando: você pode notar algo útil ou interessante.

- Pense em algum local complexo que você visita com frequência e que poderia dizer que conhece bem – um shopping center ou um escritório, ou um bairro da cidade. Esboce um mapa do lugar numa folha grande de papel, com o máximo de detalhes.
- Escreva quaisquer nomes que consiga lembrar – nomes de lojas, ambientes ou ruas.
- Faça uma lista de alguma sequência que você lembre – as portas de um corredor, as lojas de uma determinada rua.
- Da próxima vez que visitar o lugar, ande por ali com maior atenção que a usual – com mais atenção plena – e repita o teste mais tarde, pode ser no mesmo dia ou dias depois. Você se saiu melhor dessa vez?
- Você pode também aplicar esse exercício a partes de sua casa – por exemplo, ao conteúdo da sua geladeira ou do armário da despensa. Pode descobrir que nem a mobília nem os enfeites são tão familiares a você como imaginava. Procure se esforçar para ter maior familiaridade com o seu ambiente imediato e gradualmente vá progredindo para abranger outros espaços a partir desse.

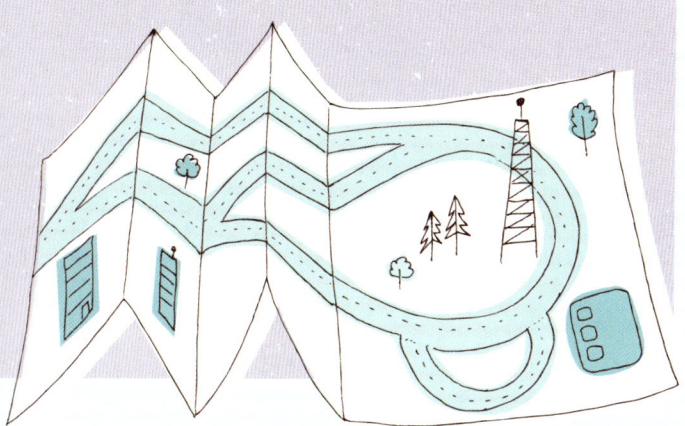

Q Você costuma visitar o agora?

- Com que frequência você sente estar "concentrado" – isto é, tão absorvido no que está fazendo que nem percebe o tempo passar?
- Com que frequência você percebe mudanças nos lugares que costuma frequentar – como uma nova loja inaugurada ou uma casa recém-pintada?
- Quando ouve uma fala interessante ou alguém falando na TV ou no rádio, que porcentagem das palavras você acredita que consegue absorver?

EXPLORE MAIS A FUNDO

Se esse questionário pouco sistematizado, mas abrangente, fez você refletir sobre sua atitude em relação a eventos passados, presentes e futuros, terá cumprido seu objetivo. Verifique suas respostas e veja se detecta inclinações ou hábitos que gostaria de mudar – talvez sinta que podem estar afetando seu nível de satisfação. Procure atentar para os momentos em que estiver pensando em eventos passados ou tentando prever o futuro. Qual seu estado de ânimo nessas horas? Tente conhecer bem sua relação com o tempo.

"Estar em harmonia
com a totalidade das coisas
é não ficar ansioso
em relação às
próprias imperfeições."

Dogen Zenji (1200-1253)

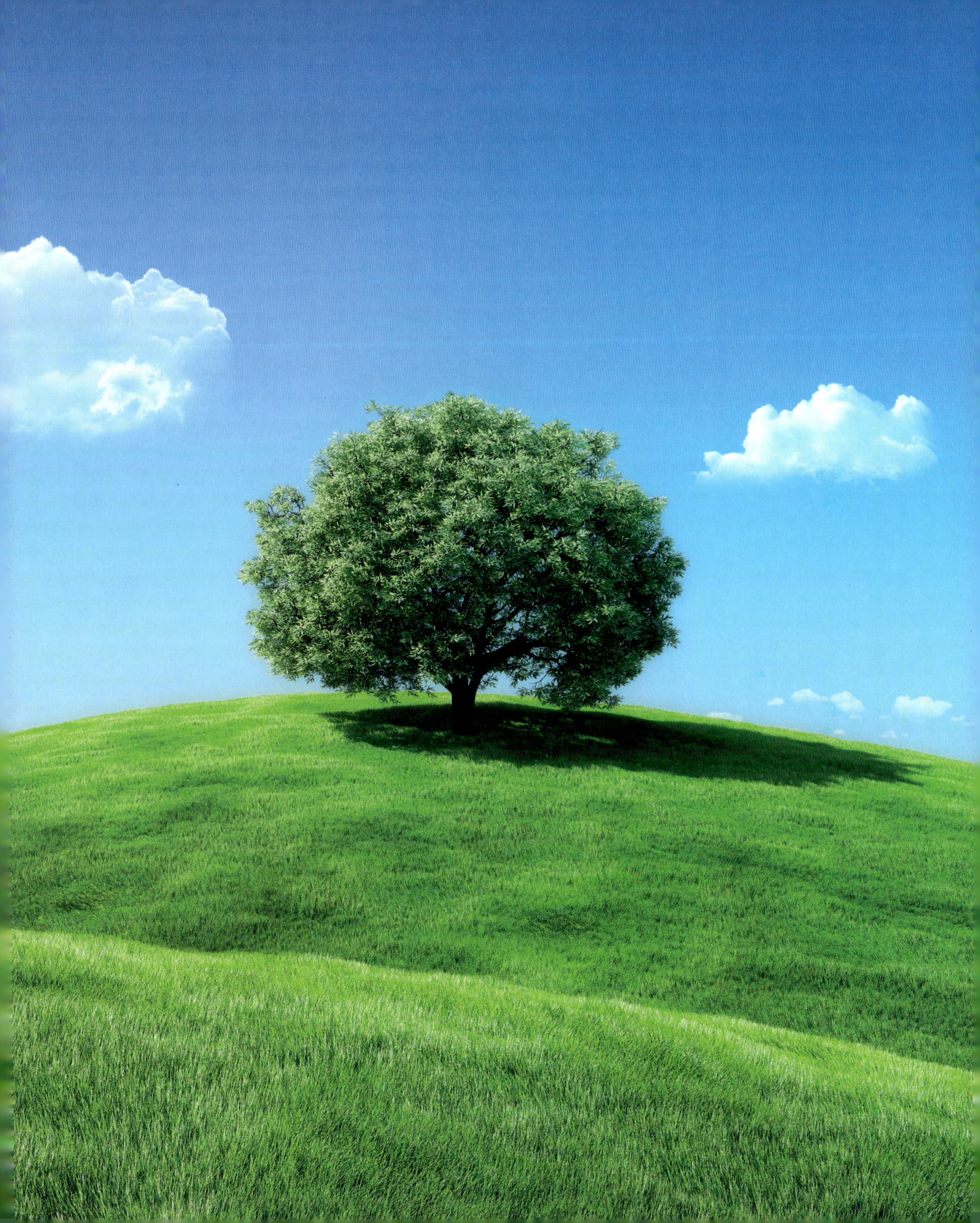

LEVANTE A TAMPA
DESAPEGAR-SE DE EMOÇÕES E PENSAMENTOS NEGATIVOS

Todos somos capazes de pensar positivamente. O que nos impede às vezes são nossos velhos hábitos de pensamento e de reação emocional, alguns herdados de um passado muito distante. Entender o que sustenta esses maus hábitos e o que pode enfraquecê-los é parte importante de nossa jornada de atenção plena.

A maioria de nós conhece pessoas espontâneas, inseridas no mundo, que esbanjam energia. Na presença delas, podemos até sentir uma espécie de despertar, um chamado para a ação, e achar que nossa reação ao mundo é mais morosa que a delas.

Essas pessoas parecem bem mais engajadas porque conseguiram desligar seu piloto automático. Já vimos como o piloto automático pode embotar nosso potencial para novas experiências e para o crescimento interior, deixando-nos com uma vaga sensação de insatisfação ou de uma vida sem graça.

Autopensamentos
Se você alimenta pensamentos negativos a seu respeito, como "Isso está além da minha capacidade", "Por que achei que poderia ser melhor dessa vez?" ou "Ninguém vai me agradecer por isso", as emoções negativas irão se instalar de modo inevitável. Esse par pensamento-mais-emoção logo ficará entranhado na sua mente como um padrão – um reflexo que impacta seu ânimo em situações recorrentes.

O resultado é um ciclo que se realimenta: você acredita na sua voz interior que diz que você é inútil, pois é assim que você se sente; e se sente assim por causa de sua voz interior. São padrões arraigados de pensamento e emoção que exaurem seu bem-estar, de modo sutil, nem sempre perceptível, até deixar você triste, irritável ou fatigado. Isso tudo é tão automático que você nem percebe que existe outra escolha.

Não precisa ser assim. Todos temos o direito de rejeitar os pensamentos negativos: não precisamos acreditar

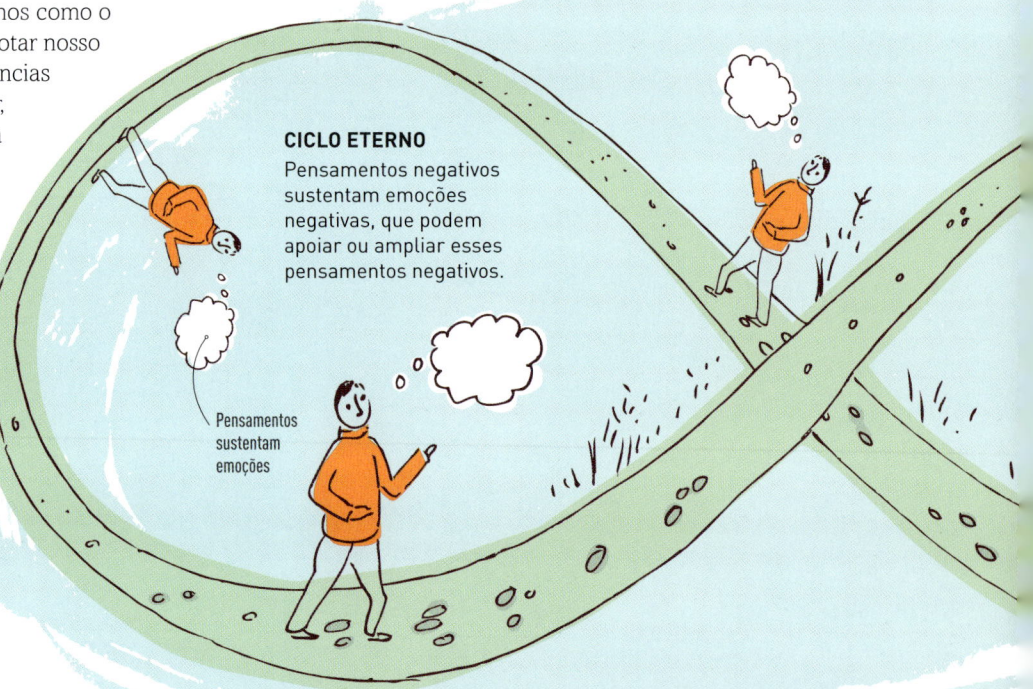

CICLO ETERNO
Pensamentos negativos sustentam emoções negativas, que podem apoiar ou ampliar esses pensamentos negativos.

Pensamentos sustentam emoções

neles, mesmo que de início seja impossível tirá-los da cabeça, bem como as emoções que vêm junto. Para desligar o mecanismo interior de negatividade, recorremos à meditação de atenção plena. Podemos não nos livrar de pensamentos negativos, mas aprendemos a tratá-los com uma aceitação curiosa e mudar a relação com eles, levando-os menos a sério.

Não tente controlar

Se você quer se livrar de padrões negativos de pensamento e emoção, dificilmente terá sucesso se tentar controlá-los. Decidir que vai resistir a pensamentos e emoções envolvidos na complexa química da baixa-estima, desânimo e decepção só cria maior tensão. Você não elimina esses problemas pondo uma tampa em cima deles, e essa contenção só faz aumentar a pressão – ideia expressa de modo sucinto por Carl Gustav Jung: "Aquilo a que se resiste persiste".

Se você não pode conter uma explosão, a solução óbvia é ficar longe dela. A atenção plena faz isso, mas sem qualquer sensação de estar fugindo.

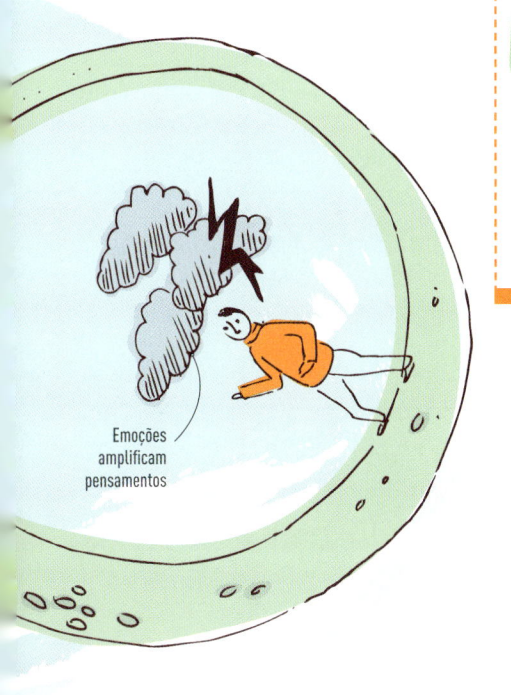

Emoções amplificam pensamentos

FAÇA UM DIÁRIO DA ATENÇÃO PLENA

Praticar a atenção plena é uma experiência altamente subjetiva. Os pensamentos que você tem, as coisas que aprende a respeito de você e os hábitos mentais inconscientes que descobre são todos intensamente pessoais e com frequência fugazes. Para algumas pessoas, registrar suas experiências em um diário é um exercício muito útil, porque ajuda a objetivar seus pensamentos, sensações e emoções, a fim de que possam ser usados para aprimorar sua meditação no futuro. Um diário pode registrar quando você praticou, por quanto tempo e que tipo de meditação fez, fornecendo indicações do seu progresso.

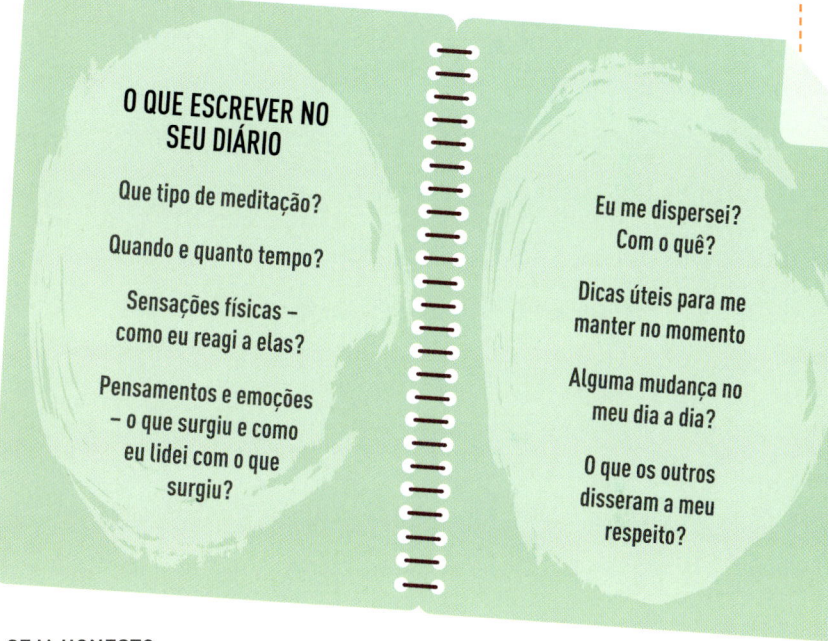

O QUE ESCREVER NO SEU DIÁRIO

Que tipo de meditação?

Quando e quanto tempo?

Sensações físicas – como eu reagi a elas?

Pensamentos e emoções – o que surgiu e como eu lidei com o que surgiu?

Eu me dispersei? Com o quê?

Dicas úteis para me manter no momento

Alguma mudança no meu dia a dia?

O que os outros disseram a meu respeito?

SEJA HONESTO
Tente escrever no seu diário todo dia. Registre toda informação ou observação que achar útil. Não há certo ou errado no que você escrever no diário, a não ser a necessidade de ser absolutamente honesto.

> Podemos não ser capazes de nos livrar de vez de pensamentos negativos, mas podemos tratá-los com aceitação e curiosidade.

É DIFÍCIL EVITAR!
POR QUE OS HÁBITOS LEVAM TEMPO PARA SAIR DE CENA?

Hábitos arraigados podem ser um obstáculo à felicidade. Praticar a atenção plena é o modo mais efetivo de dissolver a força do hábito, mas é possível começar observando nossos hábitos com atenção compassiva e aumentando a autocompreensão.

Às vezes temos a sensação de que, em vez de vivermos a vida, é ela que nos vive. O piloto automático, como vimos, tira as escolhas da nossa mão, sem nosso consentimento.

Os maus hábitos são reações a situações, gravadas em seu corpo e mente como anéis no tronco de uma árvore. Ser reativo é pensar, agir ou sentir instantaneamente, sem se permitir um momento para deixar a situação se assentar. Com o tempo, desenvolve-se um reflexo, que se torna como os anéis do tronco da árvore e é repetido sem que você tenha mais voz ativa. Toda vez que isso se dá, o padrão é reforçado; os hábitos se fortalecem ao longo do tempo.

A atenção plena nos dá ferramentas para reconhecer pensamentos e reações habituais e deixar que passem pela consciência sem ter efeito. Com a meditação de atenção plena, você retoma suas escolhas, mas é preciso persistir com a prática, pois o hábito sempre tenta se reafirmar.

QUANDO O HÁBITO PREDOMINA

Eis alguns exemplos de reações habituais, no piloto automático – vão lhe parecer familiares. Tente achar outros exemplos da sua própria vida.

- Você encontra um ex-colega que não gostava de você e acha que será incapaz de reagir às demonstrações de amizade.

- Você se acha incapaz de falar em público e se apavora pois pediram que fale na despedida de um colega de trabalho.

- Você se sente intimidado ao falar com a professora de sua filha, porque, por saber que ela é uma pessoa muito brilhante, se sente inferior.

A química cerebral é alterada por nossos comportamentos repetitivos, mas não precisamos ser escravos dos hábitos. A atenção plena pode nos libertar deles.

Não dá pra vencer um hábito só dizendo "não"? Preciso de um programa de meditação de atenção plena?

PAUSE, DEPOIS PLAY
A atenção plena ajuda a aumentar o tempo entre o estímulo e a resposta, o que nos dá maior controle.

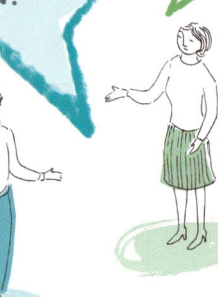

A atenção plena permite que você pare e perceba seus impulsos.

MAPEIE SEUS HÁBITOS

Para melhorar sua consciência de como o piloto automático e os hábitos involuntários afetam sua vida, tente mapear seus hábitos – os bons e os maus. Anote quais dos hábitos negativos estão mais entranhados e quais os hábitos que você considera positivos – e que deseja manter. Use a tabela abaixo como estímulo e anote seus pensamentos e emoções no seu diário de atenção plena (p. 53). Você pode consultar esse registro à medida que progride em sua prática de meditação de atenção plena para medir seu avanço.

FAZER
O que eu faço com frequência e me deixa infeliz?
- Comigo
- Com minha família
- Com os amigos
- Nos relacionamentos
- No trabalho

Alguma dessas coisas ocorre em todas as cinco áreas da vida listadas acima?

PENSAR
Que pensamentos meus me fazem sentir infeliz?
- Comigo
- Com minha família
- Com os amigos
- Nos relacionamentos
- No trabalho

Algum desses pensamentos está presente em todas as cinco áreas da vida listadas acima?

EMOÇÃO
Que emoções eu tenho com frequência e me deixam infeliz?
- No âmbito pessoal
- No âmbito da família
- No círculo dos amigos
- No dos relacionamentos
- Na esfera do trabalho

Alguma dessas emoções se manifesta em todas as cinco áreas da vida listadas acima?

Use a lista de emoções a seguir para ajudá-lo a identificar o que sente da maneira mais precisa possível.

- Confusão
- Frustração
- Irritação
- Desapontamento
- Raiva
- Inveja
- Ciúme
- Opressão
- Impaciência
- Ofensa
- Desamparo
- Desânimo
- Claustrofobia
- Perplexidade
- Tédio

FAZER
Que coisas eu faço com frequência e me deixam bem?
- Comigo
- Com minha família
- Com os amigos
- Nos relacionamentos
- No trabalho

Alguma dessas coisas ocorre em todas as cinco áreas da vida listadas acima?

PENSAR
Que pensamentos meus me fazem me sentir feliz?
- Comigo
- Com minha família
- Com os amigos
- Nos relacionamentos
- No trabalho

Algum desses pensamentos está presente em todas as cinco áreas da vida listadas acima?

EMOÇÃO
Que emoções eu tenho com frequência e me deixam feliz?
- No âmbito pessoal
- No âmbito da família
- No círculo de amigos
- No dos relacionamentos
- Na esfera do trabalho

Alguma dessas emoções se manifesta em todas as cinco áreas da vida listadas acima?

Use a lista de emoções a seguir para ajudá-lo a identificar o que sente da maneira mais precisa possível.

- Satisfação
- Gratidão
- Amor
- Paciência
- Admiração
- Orgulho
- Excitação
- Inspiração
- Prazer
- Felicidade
- Calma

ATENUE A FORÇA DO HÁBITO
RUMO A UM EU MAIS AUTÊNTICO

Só com o tempo – e com a ajuda da atenção plena – é possível remover hábitos de pensamento e emoção arraigados. Prepare o caminho mudando alguns de seus hábitos *exteriores* improdutivos – coisas que você faz de modo rotineiro, sem questionar.

Todo dia somos expostos a um incontável fluxo de fenômenos – coisas que ouvimos, lemos, vemos ou percebemos. Várias dessas informações talvez fossem úteis, sugerindo opções ou novos caminhos – caso nos dispuséssemos a considerá-las. Por um processo de "percepção seletiva", filtramos os estímulos que não se encaixam na imagem que fazemos da própria vida. Mas é bom de vez em quando parar e olhar o mundo de um ângulo mais amplo. Isso nos permite ver que há opções mais satisfatórias, que podem nos ajudar a ter uma vida mais plena. Perceber nosso potencial exige, em parte, abandonar falsas identidades e viver de modo mais autêntico, a partir do verdadeiro eu.

Sempre ocupados

Um dos hábitos mais comuns é ficar sempre ocupado, mergulhando na ação para evitar ter tempo para contemplar. Trata-se de um medo inconsciente de que a introspecção nos obrigue a encarar verdades incômodas sobre nós mesmos. O trabalho, em particular, oferece uma dispersão irrefutável. Você fica no escritório até tarde, dizendo a si mesmo que precisa disso para competir com os colegas ou impressionar o chefe, mas a realidade é que muito de nossa identidade está ligada ao trabalho e nos sentiríamos perdidos sem ele.

> Ignorar as coisas que não lhe agradam pode se tornar um hábito limitante. Seja mais flexível em sua vida – sua mente ficará mais aberta, e suas experiências, mais interessantes.

FLEXIBILIZE SEUS HÁBITOS

A seguir, cinco dicas simples para chegar a um eu mais autêntico. A autenticidade não tem a ver só com você: tem a ver com a qualidade de seus relacionamentos. Acostumar-se a fazer mudanças como essas no seu estilo de vida prepara o caminho para trabalhar mais a fundo as suas reações automáticas, por meio da meditação de atenção plena.

1 Elogie a bondade quando as pessoas a demonstrarem. Faça-as saber que a bondade delas é importante para você.

2 Ouça as histórias das pessoas com toda a sua atenção – não só por educação, mas porque você realmente se importa com elas.

Ficar atulhado de tarefas pode também ser conveniente, inconscientemente, pois dá uma desculpa para ser seletivo. Por exemplo, você pode ter problemas com um membro da família e sabe que precisa resolvê-los com uma conversa franca, mas tem medo das emoções represadas que tal conversa traria do passado. Então diz a si mesmo que não consegue achar tempo para conversar.

Conseguir se conhecer

Outro padrão de pensamento habitual é a tendência de julgar de modo precipitado pessoas que acabamos de conhecer e então ficar preso a esses julgamentos, mesmo que tenham por base evidências muito frágeis. Na verdade, dar às pessoas a chance de serem quem realmente são naquele momento é uma atitude que decorre naturalmente da atenção plena.

Para compensar essa tendência, tente ver as pessoas com novos olhos. Faça perguntas que não faria normalmente; peça a opinião delas; e ouça com atenção o que têm a dizer. Com certeza suas percepções irão além daquela visão inicial feita num piscar de olhos. Dadas as limitações da nossa compreensão, não será surpresa nenhuma se as pessoas se revelarem melhores do que imaginamos de início.

CONHEÇA MELHOR SUAS TEMPESTADES MENTAIS

Em épocas de estresse, o pensamento acelera e corremos em pânico de um mau pensamento ou emoção a outro, buscando a solução. Você pode usar essas experiências de tempestade mental para uma autoanálise cuidadosa. Faça a você mesmo essas perguntas e escreva as respostas em seu diário de atenção plena (p. 53):

- Que tipo de situação costuma desencadear suas tempestades mentais?
- Você tem pensamentos recorrentes em suas tempestades mentais? Alguns deles são obviamente verdadeiros ou falsos?
- Você tem memórias que sempre surgem em suas tempestades mentais? Nesse caso, por que acha que elas aparecem?
- Existem emoções recorrentes em suas tempestades mentais? Qual o efeito dessas emoções no seu pensamento e no seu comportamento?

3 Pergunte a um colega a opinião dele sobre algo – não uma questão de trabalho, mas algo além dos assuntos normais de conversa naquele ambiente.

4 Converse com quem o abordar na rua – quer esteja pedindo dinheiro, tentando vender algo ou fazendo uma enquete.

5 Não atenda ligações de celular quando estiver com alguém: concentre-se totalmente em estar com a pessoa.

QUESTIONÁRIO: AUTENTICIDADE
QUANTO VOCÊ É FIEL A SI MESMO?

O seu verdadeiro eu não é o dos seus pensamentos e emoções do dia a dia. Problemas e emoções arraigados podem estar evitando que o seu verdadeiro eu se expresse, mesmo para o seu "dono". As questões a seguir ajudarão você a fazer um autoexame e identificar as situações que vem enfrentando e o efeito que podem estar tendo em você.

Q Você tem problemas?

- Com que intensidade você sente que há diferença entre a pessoa que poderia ter sido, se não tivesse cometido erros, e a pessoa que você é?
- Com que frequência, depois de conhecer novas pessoas, você sai sentindo que não causou boa impressão, ou que elas não gostaram de você?
- Com que frequência, durante uma conversação, você sente emoções que não estão diretamente ligadas ao assunto da sua conversa?
- Quanto você acha provável que as outras pessoas vejam você de um jeito diferente de como você se vê?

Q Qual é a gravidade de seus problemas?

- Quanto você acredita que é uma pessoa estressada, interiormente?
- Com que frequência você acha que exibe ansiedade em sua linguagem corporal ou no seu tom de voz?
- Com que frequência você acha que eventuais ansiedades interferem em seu contato com as pessoas?
- Com que frequência seus pensamentos e emoções invadem de modo incontrolável sua cabeça enquanto você está sentado quieto, por sua conta?

Q Você desempenha um papel?

- Com que frequência você diz coisas para atender às expectativas dos outros, em vez de dizer o que realmente acha?
- Com que frequência você tenta dar aos outros a impressão de ter conhecimentos ou aptidões que na realidade não tem?
- Com que frequência você finge estar interessado numa conversa e faz perguntas só para manter as coisas andando?
- Com que intensidade você acredita que pessoas diferentes têm ideias diferentes a respeito de como você é na realidade?

Q Você está lidando com os seus problemas?

- Com que intensidade você acredita que a resposta aos seus problemas está dentro de você e não com os outros?
- Com que frequência você expõe suas dificuldades emocionais a amigos, família ou ao seu parceiro?
- Com que frequência você consegue reduzir o dano causado por seus problemas ao vê-los em sua devida perspectiva?
- Com que frequência tenta lidar com seus problemas criando um ambiente mais calmo?

EXPLORE MAIS A FUNDO
Use essa autoanálise para avaliar que problemas estão impedindo a manifestação de seu autêntico eu. Primeiro, faça o exercício de respiração das pp. 96-9 para ficar mais assentado e ganhar maior clareza. Você pode usar a meditação da atenção plena para enfrentar esses problemas, colocá-los em uma dimensão mais verdadeira e trabalhá-los. Mas o simples fato de compreendê-los melhor já será um grande avanço.

VOCÊ PODE MUDAR O EU QUE MOSTRA

Com a atenção plena você descobre e vive seu verdadeiro eu. Mas primeiro tente essas maneiras diretas de aproximar o eu que você mostra aos outros do eu íntimo que você conhece.

- Inicie uma conversa sobre algo que você de fato ache importante e expresse suas verdadeiras opiniões. Veja se no final você e a outra pessoa terminam tendo uma ideia clara do ponto de vista um do outro.
- Corrija uma falsa ideia que alguém tenha a seu respeito. Concentre-se nos fatos. Se alguém subestima você, esclareça isso com tato e sensibilidade assim que tiver a oportunidade.
- Admita a ignorância em vez de deixar que alguém pense que você sabe mais do que sabe de fato. Se não entender algo, pergunte o que é.

MENTE DISPERSA
COMO SE CONCENTRAR MELHOR

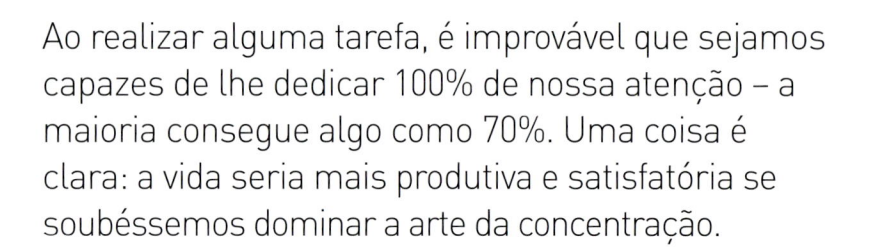

Ao realizar alguma tarefa, é improvável que sejamos capazes de lhe dedicar 100% de nossa atenção – a maioria consegue algo como 70%. Uma coisa é clara: a vida seria mais produtiva e satisfatória se soubéssemos dominar a arte da concentração.

Pense em você escrevendo um e-mail a um amigo ou preparando uma nova receita de um livro de culinária. Você consegue dar toda a atenção ao assunto, ou sua mente viaja de vez em quando? É mais provável que ela viaje. De repente, você se vê numa via paralela – um desvio de pensamento que partiu do assunto em questão, mas logo tomou uma tangente. Ou então podem emergir pensamentos que não tenham nada a ver com o que você está fazendo – talvez a retomada de algo em que você estava pensando antes.

Em geral, emergem preocupações. Antes de iniciar uma nova tarefa, a gente empurra quaisquer preocupações para o fundo da mente. Mas elas têm o péssimo hábito de voltar e reclamar atenção. E você pode concordar ou não, dependendo do grau de atenção plena que tiver alcançado.

Perdido em pensamentos

Gastamos parte significativa da vida "divagando" – devaneando ou desligados do momento presente. Isso às vezes é parte de um processo útil: refletimos sobre um problema, em seguida damos um tempo e depois voltamos a ele. É importante entender que é da natureza da mente divagar e que isso pode facilitar a aprendizagem.

A dispersão mental, porém, também pode ser prejudicial. Se pensamentos inoportunos nos tiram da leitura de um livro, por exemplo, não só vamos gastar mais tempo na tarefa, como podemos

> A mente é um lugar surreal, onde ocorre algo estranho: o fundo fica o tempo todo passando para o primeiro plano.

FOCO ÚNICO

Meditadores chamam a concentração de "foco único" da mente. Você mantém seu foco no objeto escolhido, com esforço consciente. A outra qualidade exercitada em meditação é a atenção plena, que permite perceber quando a concentração se perde. As duas coisas devem atuar juntas. Se uma delas agir de modo ineficaz, a meditação não trará tantos benefícios.

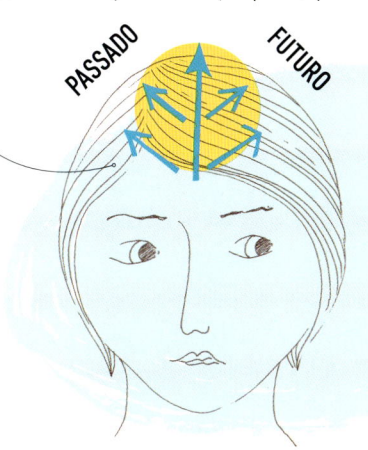

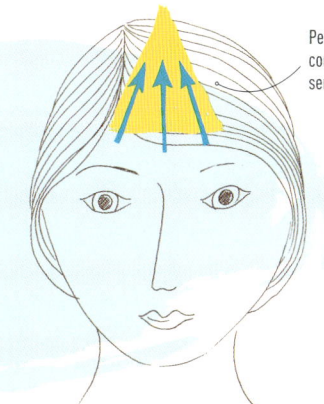

PASSADO / FUTURO

Pensamentos desordenados oscilam entre passado, presente e futuro.

ATENÇÃO DISPERSA
Durante uma tarefa, a mente dispersa desvia a energia para nossa agenda inconsciente de problemas e ansiedades, que são alheios ao momento presente.

Pensamentos focados conferem clareza e uma sensação de realização.

ATENÇÃO DE FOCO ÚNICO
Durante uma tarefa, a mente focada direciona a energia para um ponto único, localizado no momento presente, e extrai satisfação de sua própria eficácia.

---

descobrir que não assimilamos tão bem. No trabalho ou em eventos sociais, a dispersão mental pode afetar nossa compreensão em reuniões e reduzir nossa eficiência. Foi também demonstrado que ela torna nossa memória menos eficiente.

Mas para onde vai nossa mente quando viaja? Com muita frequência, para as nossas ansiedades de fundo mais prementes. É um mito achar que nossos pensamentos divagantes são aleatórios, pois eles seguem com frequência nossa agenda interior.

Um foco feliz

Outro mito é que o cérebro curte seus períodos de lazer ocioso. O problema é que esse "lazer", ou tempo ocioso, se não houve atenção plena, pode dar lugar a pensamentos e emoções negativos. Isso porque o cérebro está "estruturado" para lembrar de coisas dolorosas ou perigosas, a fim de poder evitá-las no futuro.

Um programa de meditação de atenção plena pode reduzir a dispersão mental e com isso aumentar a eficácia pessoal como aprendiz, comunicador e resolvedor de problemas. Ao mesmo tempo, ao reduzir a dispersão mental, pode melhorar um importante aspecto do bem-estar geral.

O QUE É A LIBERDADE?
Dispersões não libertam seus pensamentos – elas os escravizam. Só quando sua mente consegue ter foco é que você de fato liberta seus pensamentos.

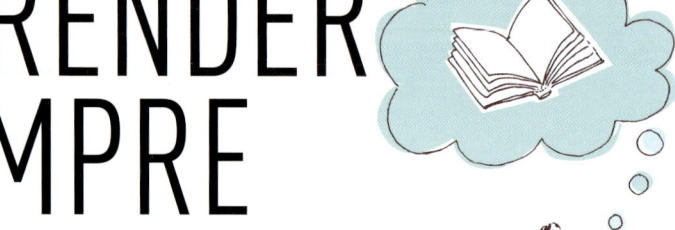

APRENDER SEMPRE
COMO AUMENTAR SUA COMPREENSÃO

Que alguém lhe diga como são as coisas ou como você deve se comportar nos faz lembrar dos dias na escola. Aprender na vida adulta é mais um processo do que uma prescrição e requer abertura a novas ideias e disposição de experimentar. A atenção plena nos dá flexibilidade mental para aprender.

Quando adultos, a maior parte do que aprendemos sobre a vida e o mundo externo chega a nós de modo indireto. Por exemplo, assistimos a um programa de TV que fala de uma técnica que melhora a aptidão física; depois, no noticiário, ficamos sabendo que uma celebridade teve um infarto ao praticar essa técnica. Isso cria um debate interior: será que os riscos desse exercício à saúde são maiores que seus benefícios? Não temos como achar a verdade diretamente: só resta empreender a própria pesquisa, ouvir os argumentos dos dois lados e tirar conclusões, mesmo que provisórias. Nesses casos, costuma haver uma opinião segura: as pessoas em geral evitam os riscos, por isso a escolha segura é aquela que a maioria faz.

Aprender com a experiência
Na nossa vida interior – na busca de felicidade – temos maior probabilidade de aprender com a observação direta e a experiência pessoal do que com

APRENDIZAGEM TRADICIONAL *VERSUS* APRENDIZAGEM COM ATENÇÃO PLENA

Segundo a professora de psicologia Ellen J. Langer, de Harvard, os padrões tradicionais de aprendizagem têm falsas concepções muito arraigadas – por exemplo, a de que há apenas uma maneira de abordar uma tarefa. A aprendizagem com atenção plena evita padrões de pensamento rígidos, como partir de como as coisas costumam ser feitas. A seguir, mostramos como a atenção plena pode modificar três aspectos do estilo dogmático de aprender.

APRENDIZAGEM DOGMÁTICA	COM ATENÇÃO PLENA
Concentrar-se em uma coisa por vez.	Criar sempre novas categorias.
Decorar informações.	Estar aberto a novas ideias e informações.
Achar que existe apenas uma resposta certa a uma questão.	Ampliar a consciência para incluir mais de um ponto de vista.

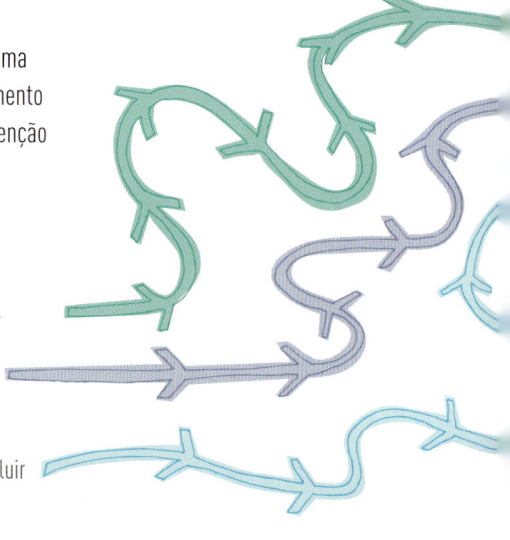

APRENDER SEMPRE   63

> Sou um pensador impetuoso. Tenho esses impulsos. O que posso fazer para não ter conclusões precipitadas?

> Examine seus pensamentos um pouco mais. Assegure-se de que sua adesão a eles é intencional, e não impulsiva.

aquilo que os outros nos ensinam. Mas nossa aprendizagem inclui, é claro, contatar pessoas e compartilhar experiências. Ao abrir canais de atenção plena para partilhar, ampliamos a compreensão intuitiva do que é ser humano, ou do que isso pode ser.

Nossa aprendizagem é mais efetiva quando somos adaptáveis a novas maneiras de pensar, e nisso a atenção plena é uma ferramenta útil. Encarar a verdade de nossas experiências, por mais desconfortáveis que sejam, nos dá meios de transformá-las. Aprendemos melhor quando estamos livres – livres de modos rígidos de pensar, da pressão dos outros, de nos preocuparmos com o que possam pensar, de ansiedades a respeito de nossa inteligência ou capacidade e do peso das expectativas que temos a respeito de nós mesmos.

O risco faz parte

A escolha do menor risco – que a maioria faz, por exemplo, ao avaliar os riscos de um treinamento físico – pode ser muito limitante se aplicada às escolhas de vida. Assumir um relacionamento, decidir ter filhos, mudar de carreira ou tirar férias do trabalho, tudo isso envolve riscos. A atenção plena permite filtrar os medos inúteis e restritivos que estejam agregados a uma decisão arriscada e facilitar o caminho para uma decisão corajosa, se o coração, consultado com atenção plena, nos conduzir a ela.

Mantenha-se flexível

O ideal de aprender a vida inteira tem mostrado seu valor com o advento das modernas tecnologias. Você não precisa ser maníaco por computador, mas se tiver um esquema mental adaptável, dificilmente irá se apegar a dispositivos fora de moda, como se fossem cintos de segurança nos agitados mares da mudança. Darwin disse que não são as espécies mais fortes nem as mais espertas que sobrevivem, mas as mais adaptáveis à mudança. A lição é que o aprendizado mais crucial é qual é a melhor maneira de aprender.

EVITE MAL-ENTENDIDOS
A atenção plena lhe dá espaço para suspender julgamentos e refletir sabiamente sobre os fatos.

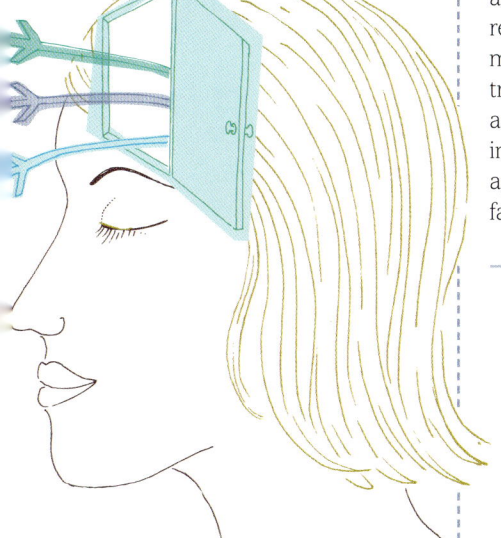

> "O mais valioso que podemos aprender na nossa vida é desaprender o que é falso."
> Antístenes (*c.* 445-*c.* 365 a.C.)

QUESTIONÁRIO: CONCENTRAÇÃO

VOCÊ TEM UM FOCO NÍTIDO?

Uma tarefa que exija total concentração pode nos deixar com má vontade, pois resistimos a interromper nosso fluxo de pensamentos, que identificamos equivocadamente como a essência de nosso eu. As questões a seguir ajudarão a testar sua capacidade de se concentrar e vão permitir que você melhore por meio da atenção plena.

Q Quanto você coloca de atenção em suas atividades?

- Com que intensidade você sente que, se conseguir se concentrar melhor, irá extrair mais da vida?
- Com que frequência, depois de decidir fazer uma tarefa, você descobre que desperdiçou um tempo precioso pensando em alguma outra coisa?
- Com que frequência você decide, enquanto está fazendo alguma tarefa, interrompê-la para dar um telefonema, fazer um chá ou café, ou arrumar outro pretexto para introduzir uma pequena pausa naquilo que está fazendo?

Q Você se dispõe a ouvir?

- Quando está tentando ouvir alguém com total concentração, na vida real ou no rádio, com que frequência é capaz de absorver mais de 70% das frases que são ditas?
- Na mesma situação, com que frequência é capaz de absorver mais de 80% do que é dito?
- Na mesma situação, com que frequência é capaz de absorver mais de 90% do que é dito?
- Quantos dos pontos principais você consegue lembrar de um programa de meia hora no rádio, depois de 5 minutos?

QUESTIONÁRIO: CONCENTRAÇÃO   **65**

Q Com que atenção você lê?

- Quando lê um romance, com que confiabilidade você lembra dos nomes dos personagens que aparecem no livro?
- Ao ler uma informação interessante, com que frequência você lê com total atenção, sem deixar escapar nada?
- Ao ler, com que frequência você detecta que o autor tocou no mesmo assunto duas vezes ou que escreveu uma coisa que contradiz algo que foi dito antes?
- Com que frequência você se vê relendo o mesmo parágrafo, por ter se dispersado e esquecido o que acabou de ler?

Q Você encara suas tarefas com uma atitude saudável?

- Com que frequência a natureza monótona de uma tarefa faz você ter dificuldade em se concentrar?
- Com que frequência você descobre que ficar pensando em outra tarefa que tenha que cumprir dificulta você terminar aquela que está fazendo?
- Com que frequência você acha que, se for preciso, será capaz de se concentrar tão bem num bar movimentado quanto em uma biblioteca?
- Quanto você ficaria intimidado com a ideia de ter que ficar quieto e concentrado em alguma coisa por 50 minutos?

VOCÊ ACHA QUE TEM BOA CONCENTRAÇÃO?

Pessoas que dão importância a ter uma boa concentração, e a concluir um trabalho no prazo estipulado, sem perder muito tempo em dispersões, tendem a se preparar de modo consciente para as suas tarefas. Veja as estratégias listadas abaixo e verifique se você costuma aplicá-las. Se não, procure experimentá-las da próxima vez que for estudar, ler, escrever ou fazer alguma outra coisa absorvente, em casa ou no trabalho.

- Você consegue se proteger contra interrupções – por exemplo, avisando as pessoas que precisa ficar sozinho, ou colocando um sinal do tipo "Não perturbe" ou fechando a porta?
- Você define objetivos para o que quer alcançar e para de trabalhar quando alcança esses objetivos?
- Você define um planejamento, a fim de poder trabalhar nas coisas que exigem mais concentração nas horas mais produtivas do dia – de manhã cedo, quando está mais alerta, e não depois de um almoço com cerveja, por exemplo?
- Você lança mão de técnicas motivacionais – por exemplo, recompensar-se de algum modo ao terminar uma tarefa, ou simplesmente imaginar de antemão a satisfação de terminar o que está decidindo fazer?

EXPLORE MAIS A FUNDO

Reflita sobre suas respostas para ver se é capaz de se concentrar de fato nas tarefas ou de ouvir os outros, ou se sua mente desperdiça energia desviando-se a toda hora do foco. Se a sua autoanálise sugerir essa última opção, tente descobrir se há alguma razão para isso – por exemplo, algum tipo de ansiedade que esteja afetando seu foco. Depois de concluir um programa inteiro de oito semanas de meditações de atenção plena, e de introduzir a atenção plena em seu estilo de vida, refaça esse questionário e verifique se sua concentração melhorou.

EXPRESSAR-SE BEM
BOA COMUNICAÇÃO

Em uma boa conversação, ambas as partes seguem um ritmo ideal de troca. Nossa mente divagante às vezes contribui com uma memória ou associação que facilita a comunicação. Mas se ela divagar demais e cair na dispersão ou na ansiedade, a conexão entre as pessoas pode ficar comprometida.

Uma boa conversa entre duas pessoas é como uma partida de tênis, onde os dois lados se alternam. Cada participante passa do modo ouvir para o modo falar e vice-versa, e isso cria uma continuidade. Um lapso de atenção em um deles pode fazer oscilar essa continuidade ou romper a conexão. A ansiedade em um dos participantes ou nos dois também pode interromper o fluxo, fazendo um deles dirigir a atenção para dúvidas internas em vez de manter a atenção fora, em seu parceiro de conversação.

Habilidade e empatia

Costuma-se achar que a conversação é uma habilidade, e sob certos aspectos ela é. Sem dúvida, ela melhora com a prática, que faz com que as frases que você usa para concatenar as ideias venham mais fácil. Basta ouvir um político maduro sendo entrevistado na TV: seu fluxo ininterrupto de palavras vem da autoconfiança, talvez de um certo treino para falar bem em público, mas acima de tudo da prática.

Porém encarar a conversa como um mero exercício de habilidade é subestimar uma das coisas mais preciosas que temos – a conexão com os outros. Em conversas animadas, nós de fato damos e recebemos, num

CONVERSAÇÃO COM QUALIDADE

Numa boa conversação, você está presente com atenção plena, tanto ao relacionamento quanto ao que está sendo dito.

Não prepare o que vai dizer a seguir enquanto ouve seu parceiro: apenas ouça, absorva e atente para suas reações internas.

Não faça nenhum julgamento: foque no que está sendo dito, ignorando tudo o que não faça parte da mensagem. Atente para a linguagem corporal de seu parceiro, mas não para suas roupas ou penteado.

Não fale por cima do outro: se achar que é útil interromper, peça licença para isso.

intercâmbio cujo ponto de partida é estarmos juntos no momento (o "con" de "con-versa" vem do latim e significa "junto"). Se nos ausentamos do encontro, deixando a mente vagar, não estamos de fato ali – portanto, não estamos conversando, apenas falando.

Pensar e falar

É comum escolhermos diferentes estilos e ritmos de fala, conforme a situação – do papo rápido, espontâneo, no café da manhã a uma conversa mais lenta e pensada quando queremos transmitir pensamentos e fatos com precisão. É mais provável que tenhamos dificuldades nas conversas mais ponderadas, pois nelas são tratados assuntos mais importantes. Falar com estranhos, com quem mal conhecemos ou autoridades pode gerar vários tipos de ansiedade, como sentir-se inferior, em desvantagem, inseguro a respeito de como alguém mais "especializado" poderá nos julgar, ou simplesmente sem saber o que dizer, quando fora de nossa zona de conforto. No outro extremo, em conversas com amigos, família ou nosso parceiro, velhos padrões de ressentimento e culpa podem aflorar e atrapalhar.

Em conversas mais complicadas, gaste o tempo que for preciso para definir o que quer dizer e então molde a sua linguagem de acordo. Procure criar um espaço no qual você e a outra pessoa possam trocar experiências e percepções. Se você tem muita coisa a dizer, não tente compactar tudo isso num discurso proferido de uma vez, se não o conteúdo ficará confuso ao ser expresso com esse tipo de pressão.

> Demonstre empatia: a sua intenção consciente de compreender o outro a partir do ponto de vista dele será sentida e correspondida.

Curta e aprenda: exercitar sua faculdade de se comunicar é algo natural e saudável. Curta o encontro, desfrute o clima de abertura e procure aprender e descobrir coisas novas.

A MESMA PESSOA: DOIS TIPOS DE CONVERSA

Conversar com alguém e estar absolutamente presente é uma experiência vital e enriquecedora. Mas mesmo pessoas confiantes e extrovertidas veem-se às vezes incapazes de dar total atenção. A seguir, temos duas listas de estados mentais. Uma descreve alguém em uma conversa que flui bem; a outra aplica-se a essa mesma pessoa em uma situação diferente, quando por alguma razão ela é incapaz de agir com naturalidade.

COM ATENÇÃO PLENA	SEM ATENÇÃO PLENA
Calma, relaxada	Ansiosa
Clareza de pensamentos	Confusa
Sem se render às emoções	À mercê das emoções
Atenta	Dispersa

POSSÍVEIS RAZÕES	
Com alguém de quem ela gosta	Com estranho ou alguém de quem não gosta
Com alguém com quem seja agradável conversar	Com alguém visto como desafiador
Teve um dia feliz	Teve um mau dia
Sente-se bem disposta	Sente-se cansada
Sente-se satisfeita	Sente-se infeliz
Assunto fácil, prazeroso	Assunto difícil, desconfortável

QUESTIONÁRIO: CONEXÃO
VOCÊ SE COMUNICA BEM?

A boa comunicação permite partilhar e desfrutar a nossa humanidade comum e lidar com emoções negativas quando as coisas vão mal. Por meio dessas questões, examine seu estilo de comunicação e depois use a atenção plena para injetar nova energia nos seus relacionamentos.

Q Você tem boa comunicação com as pessoas mais próximas a você?

- Com que frequência você se vê tendo as mesmas conversas de sempre, expressando as mesmas opiniões, sem sair disso?
- Com que frequência suas conversas mais sérias terminam em desavença, com ressentimento de ambos os lados?
- Em suas conversas tranquilas, casuais, com que frequência a outra pessoa mostra novos aspectos dela que pegam você de surpresa?
- Quanto você acha que, em suas conversas com essas pessoas/essa pessoa, o seu verdadeiro eu se mostra, sem esconder nada e sem reservas?

Q Você tem boa comunicação com pessoas do seu círculo de conhecidos?

- Quanto você acha que tende a conhecer melhor as pessoas de seu círculo de amizades a cada novo encontro que tem com elas?
- Quanto você acha que seus conhecidos tendem a conhecê-lo melhor a cada novo encontro?
- Quanto você acha que tende a lembrar o que seus conhecidos lhe disseram nos dois ou três últimos encontros que tiveram com você?
- Quanto você acha que realmente põe foco no momento presente, ao ter papos amigáveis com pessoas que encontra por acaso?

Q Você tem boa comunicação com estranhos?

- Com que frequência você de fato desfruta e se sente enriquecido ao ter contato com estranhos?
- Quanto você imagina que, em suas conversas com estranhos, seu verdadeiro eu se manifesta, sem esconder nada e sem reservas?
- Com que frequência, ao conversar com um estranho, você no final pensa: "Que bom, estou livre de novo para continuar com minhas coisas"?
- Com que frequência, ao ter uma conversa curta e amistosa com um estranho, você sorri ou ri de alguma coisa que ele tenha dito?

Q Você se comunica bem em situações estressantes?

- Quando as coisas vão mal num relacionamento, com que frequência você tende a aceitar parte da responsabilidade pelos problemas?
- Com que frequência você evita dizer o que pensa realmente, por medo da reação que a outra pessoa possa ter?
- Em conversas tensas, com que frequência você se vê exagerando suas emoções para causar impacto?
- Quando se sente ansioso ou exaltado na conversa, quanto você acha que esses sentimentos diminuem sua capacidade de se expressar?

VOCÊ SE SAI BEM EM CONVERSAS DIFÍCEIS?

Existem conversas delicadas, que a maior parte das pessoas acha difícil ter, porque envolvem um choque entre pontos de vista diferentes. Conforme o caso, o sucesso depende de características distintas: às vezes, é necessário ser determinado ou ter uma autoestima boa, outras vezes a empatia e o tato fazem a diferença. Veja o quanto você tem se saído bem na lista de situações a seguir:

- Dizer não a um pedido persuasivo.
- Expressar um ponto de vista que não é o da maioria.
- Pedir um favor a alguém que talvez se recuse a fazer.
- Recusar um pedido de ajuda.
- Expor, de modo claro e calmo, que está com raiva.
- Reagir a um insulto ou comentário sarcástico.
- Contar uma história a um grupo grande de amigos.
- Dar sua opinião diante de alguém de autoridade.
- Dizer a alguém que nunca mais irá repetir seu comportamento inaceitável.

EXPLORE MAIS A FUNDO

Usando suas respostas como base, avalie se, em situações diferentes, você tende a estar bem consciente e envolvido no fluxo da conversa, ou se em algumas circunstâncias é mais provável que você se disperse em vez de ter atenção plena. Isso não é uma questão apenas de habilidade em conversar: vai ao cerne da maneira como você se relaciona, no momento presente, com os outros. Tente repetir partes do questionário pensando em relacionamentos específicos. A atenção plena tornará suas conexões mais abertas e generosas. De momento, basta saber quais tipos de interação você deve buscar aprimorar.

QUEM SOU EU?
A QUESTÃO DA IDENTIDADE

Em geral não ficamos muito tempo pensando na questão filosófica de quem somos. Mas em certas épocas essa questão é crucial e causa confusão e estresse. A atenção plena permite ter maior clareza ao diferenciar a verdade pessoal do mito pessoal.

Quando você se pergunta "Quem sou eu?", é provável que não surja um pensamento único, verdadeiro, que você possa sustentar na mente como resposta. Sua cabeça certamente será inundada por vários pensamentos, cada um querendo desbancar os outros conforme a mente vai lançando luz sobre todas as opções.

Alguns desses pensamentos são rótulos dados aos seus papéis na vida (mãe, pai, filha, amigo, profissional e outros) e à sua persona – a imagem que você quer projetar aos outros. Alguns estão associados aos seus valores, sejam morais, políticos ou espirituais, e à sua nacionalidade ou à comunidade local a que você pertence. Todos esses modos de descrevê-lo formam uma identidade "composta", que falha em captar a realidade de quem você é. Sua identidade verdadeira está em outro lugar, impossível de traduzir em palavras – como o sentido que captamos quando alguém fala do polo Sul, mesmo sem sabermos como é lá.

Você não é sua imagem pública

Quem quer se conhecer melhor precisa dar atenção plena à sua imagem pública – a identidade externa que mostra ao mundo. Ela é um recurso que usamos nas interações cotidianas com os outros. Em geral, o eu exterior difere do interior, que nos soa mais autêntico. O eu exterior é como você gostaria de ser visto – gentil, eficiente, inteligente etc. – e também o ideal que tentamos concretizar. Mas a persona não está sob nosso total controle: ela é em parte feita de experiências passadas, portanto não podemos escolher sempre como parecer aos outros. Quando o verdadeiro eu acha impossível ficar à altura da persona, surge a preocupação com nossa real identidade. Saber como sua persona opera é decisivo para a autocompreensão. Viver o momento presente com atenção plena ajuda a vê-lo como ele é: um artifício, e não um aspecto vital do seu ser.

QUEM SOU EU? 71

"Sou uma mãe amorosa." Pressões do trabalho me impedem de estar sempre junto dos meus filhos.

"Sou uma estrela, todos me admiram." Parece que estou indo cada vez pior no trabalho, mas tenho que dar a impressão de que sou excelente em tudo.

IGUAL A COMO NUNCA FOI
Os ideais de sua imagem pública (entre aspas) com frequência escondem as verdades contraditórias que estão por trás deles (sem destaque).

CRISES DE IDENTIDADE

A identidade composta que adotamos ajuda a estabilizar-nos nas circunstâncias em que vivemos, que não param de mudar. Mas às vezes as diferentes partes dessa identidade composta se chocam, gerando uma crise de confiança. A seguir, descrevemos três dessas circunstâncias. Praticar a atenção plena permite simplesmente "ser", aliviando esses conflitos em épocas de dificuldades.

Quando nossos papéis conflitam entre si.

Nossos vários papéis podem disputar o pouco tempo que temos, e então nos sentimos puxados em diferentes direções – sem saber direito, por exemplo, se somos um pai ou um profissional. Ao ficar mudando de papel a toda hora, sentimos que não cumprimos bem nenhum deles e que ninguém fica satisfeito.

Quando o que sabemos de nós no íntimo não bate com o modo que queremos que os outros nos vejam.

Podemos sentir a necessidade de satisfazer as expectativas dos outros a nosso respeito, mas no íntimo sabemos estar longe disso. Nossa identidade pública então se torna uma ficção.

Quando passamos a nos identificar com nossa dor.

A dor – causada por baixa autoestima, por um relacionamento rompido ou uma doença mental ou física – pode se insinuar e virar parte da identidade. Ficar preso ao sofrimento tem o triste efeito de prolongá-lo.

VER O VERDADEIRO EU
ATENÇÃO PLENA E IDENTIDADE

Muitos dos que praticam atenção plena dizem sentir-se mais eles mesmos durante a meditação do que em qualquer outra hora. A experiência de simplesmente ser faz a pessoa se sentir autêntica, lúcida e calma e descartar os rótulos que compõem o pacote do eu.

Praticar a atenção plena não nos dá necessariamente uma visão mais clara de quem somos, mas deixamos de ver nossa identidade como algo tão importante. Isso diminui muito a confusão gerada por problemas de ego. Ao entrar no momento presente com atenção plena, você se desliga do seu compromisso com o que mais valoriza – por exemplo, a relação amorosa com seu parceiro. É que você simplesmente não se identifica mais com um conjunto particular de valores, pois, em atenção plena, passa a ser apenas uma pessoa que está viva e desperta no momento presente para as experiências que se apresentarem. Todas as pressões que agiam na visão que você tem da sua vida não exercem mais seu poder irresistível na sua autoimagem: tornam-se nuvens leves, que você pode ver, mas que não restringem seu avanço.

LIBERDADE E IDENTIDADE
Ao viver em atenção plena, as preocupações com passado, futuro e presente são percebidas, mas deixam de ser prejudiciais – como nuvens em volta de um balão. Seguimos vivendo, mas nossos valores e compromissos, embora continuem conosco, não nos definem mais.

ATENÇÃO PLENA
Consciência com foco no presente
Atenção a pensamentos, emoções e sensações

FUTURO
Planos
Ambições
Medos

PASSADO
Erros
Realizações

Prioridades Valores Amor

PRESENTE
Pressão dos outros
Papéis na vida
Posses
Persona (imagem pública)

O CRÍTICO E O OBSERVADOR

Para a maioria de nós, pensar é um monólogo interno. Há um falante dentro da mente que fica o dia todo comentando como estamos nos saindo. Trata-se de um crítico – sempre agitado e insatisfeito; ao dar-lhe ouvidos, esquecemos de ficar satisfeitos com a vida do jeito que ela é. É melhor – embora costume ser mais difícil – dar ouvidos ao seu companheiro de mente, o observador que vive no momento presente e nos conta como ele é. Jon Kabat-Zinn refere-se ao nosso infindável torvelinho de pensamentos e emoções como um rio turbulento que nos arrasta. Ampliando essa metáfora, é como se o crítico gritasse no meio do ruído das águas para se fazer ouvir. Enquanto isso, o observador fica sentado na margem, tranquilo, assistindo ao fluxo mental que acompanha a experiência. Compare as características do crítico com as do observador na tabela a seguir e tente identificar situações em que cada um fica ativo em sua vida.

O CRÍTICO	O OBSERVADOR
Curte a boa vida, prefere o prazer no lugar da dor.	Trata dor e prazer com equanimidade.
Gosta de fazer comparações.	Relata tudo o que vê.
Faz julgamentos constantemente.	Permanece dentro do momento.
Imita nossa voz para nos fazer ouvir o que diz.	É sempre honesto.
Exagera e distorce.	Tem senso de proporção.

Quanto mais você ouve seu crítico interno, menos a sua mente fica livre para encontrar soluções criativas para os seus problemas.

QUESTIONÁRIO: COMO EU SOU?

COMO VOCÊ VÊ A SI MESMO?

Vemo-nos de um jeito, mas os outros podem ver-nos de jeitos bem diferentes. Assim, talvez tenhamos construído uma imagem de como gostaríamos de ser vistos, ou então são as pessoas que nos veem através de suas autoilusões. Esse questionário avalia questões de identidade para você ter uma ideia mais clara de quem você é.

Q Você se identifica com os seus papéis?

- Com que intensidade os papéis mais importantes que você desempenha na vida (não o que você faz nesses papéis) contribuem para a sua autoestima?
- Com que frequência você se preocupa com o fato de que não é apenas uma pessoa, mas duas ou mais, com prioridades conflitantes?
- Quanto você acha que se sacrifica a fim de atender às expectativas que as pessoas têm a seu respeito?
- Quanto você acha que os seus papéis na vida são parte importante de como você quer que as pessoas o(a) vejam?

Q Você se identifica com as suas realizações?

- Com que frequência você extrai força pessoal daquilo que já conquistou na vida até agora?
- Com que intensidade você vê sua casa, seu carro, suas ocupações de lazer como símbolos do seu sucesso pessoal?
- Quanto você acha que olhar para o que já conquistou na vida o ajuda a se sentir confiante quando está com os outros?
- Com que frequência você lamenta os seus fracassos, sentindo que decepcionou a si mesmo?

QUESTIONÁRIO: COMO EU SOU?   75

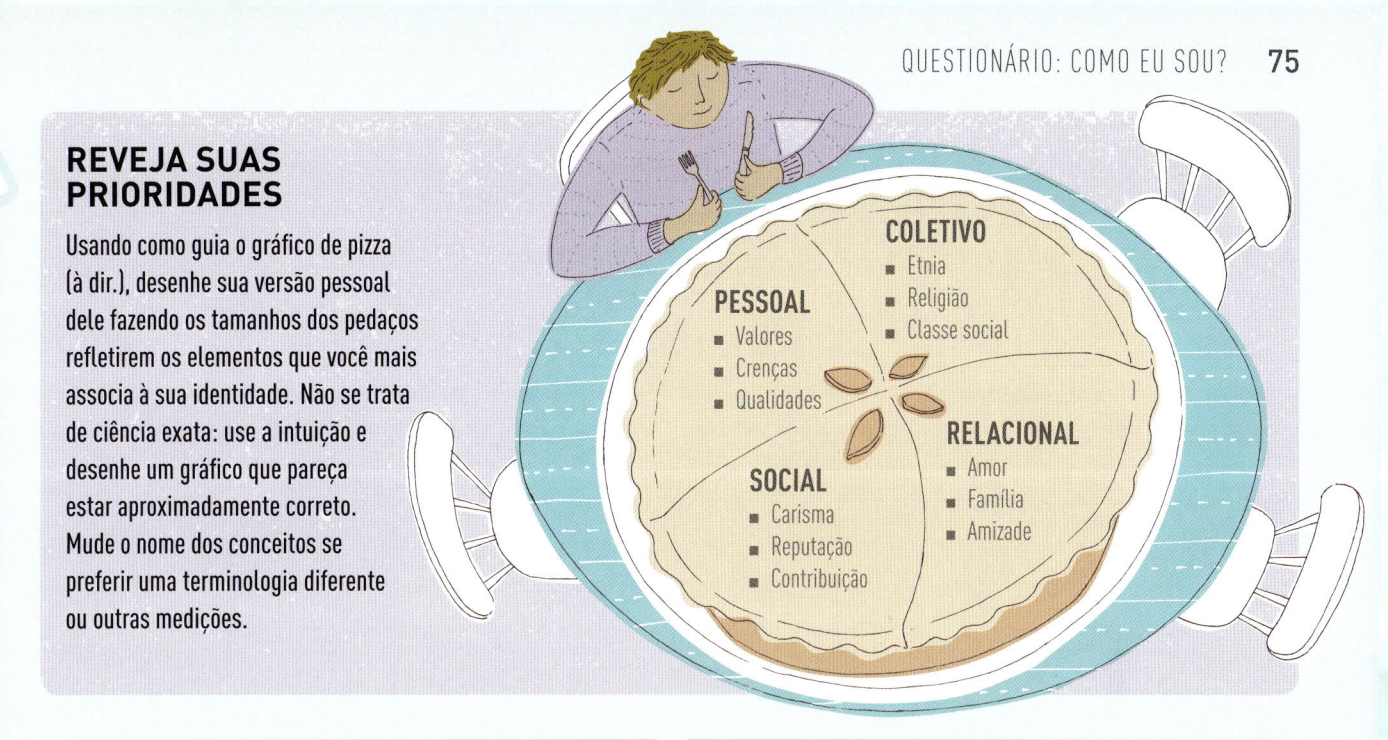

REVEJA SUAS PRIORIDADES

Usando como guia o gráfico de pizza (à dir.), desenhe sua versão pessoal dele fazendo os tamanhos dos pedaços refletirem os elementos que você mais associa à sua identidade. Não se trata de ciência exata: use a intuição e desenhe um gráfico que pareça estar aproximadamente correto. Mude o nome dos conceitos se preferir uma terminologia diferente ou outras medições.

PESSOAL
- Valores
- Crenças
- Qualidades

COLETIVO
- Etnia
- Religião
- Classe social

SOCIAL
- Carisma
- Reputação
- Contribuição

RELACIONAL
- Amor
- Família
- Amizade

Q Você se identifica com os seus problemas?

- Com que frequência você sente que seus problemas não dão espaço para mais nada na sua mente?
- Com que intensidade você tem a sensação de que os problemas são parte do cenário da sua vida – do lugar em que você vive?
- Com que intensidade você sente que é quase impossível imaginar-se sem quaisquer problemas – como alguém feliz e relaxado?
- Com que intensidade você sente que se acostumou a ter problemas e que resolvê-los iria criar um vazio em sua vida?

Q Você se identifica com os seus valores?

- Com que frequência, quando alguém desafia seus valores, você sente como se a pessoa minasse sua personalidade?
- Com que intensidade gostaria que as pessoas valorizassem você por aquilo em que acredita tanto quanto pelo que faz ou diz?
- Quanto você acha que alguém que não entenda quais são seus valores desconhece quem você é realmente?

EXPLORE MAIS A FUNDO

Use essa autoanálise para avaliar como vê a si mesmo – em termos dos papéis que você sente desempenhar, de suas realizações e decepções e de suas crenças mais caras. Você é capaz de identificar os diferentes componentes de sua identidade? Quantos desses componentes lhe parecem problemáticos? Caso sua identidade esteja enraizada no passado, reflita se existem futuras direções que possa tomar para resolver quaisquer questões de identidade. Use a atenção plena para ajudá-lo nisso.

CÍRCULO INTERNO
ATENÇÃO PLENA EM CASA

Você pode enriquecer a vida doméstica fazendo tarefas e organizando sua casa com atenção plena. Acima de tudo, porém, o "lar" são as pessoas que vivem nele, e partilhar com elas a atenção plena é um ótimo jeito de todas abrirem seu coração às demais.

Uma casa não é só uma casca vazia. Sem dúvida é menos importante do que as pessoas que vivem nela, mas é também um ambiente sobre o qual exercitamos escolhas. A atenção plena valoriza as escolhas, por isso colocar sua marca pessoal em sua casa pode ser um jeito de exercitar o critério em suas escolhas. A atenção plena também alimenta nossa reatividade, portanto é provável que você queira um ambiente atraente à sua volta – um cenário para a vida ao qual possa reagir com satisfação. Você também pode ver o ato de enriquecer sua casa como um ato de generosidade – dar prazer aos outros que habitam o espaço.

A casa física, como uma pessoa, pode também ter seus problemas: suas fragilidades, hábitos e estados de ânimo. Se você viver com atenção plena, perceberá essas coisas e reagirá positivamente a elas. Cada intervenção que fizer – lavar as cortinas ou consertar uma dobradiça que range – lhe dará a oportunidade de viver o momento plenamente, sentir o toque de ferramentas e materiais, concentrar-se em algo fora de sua rotina diária. Sua casa – como um jardim – requer manutenção regular, mas não a ponto de interferir no ritmo normal de sua vida.

Vida doméstica
Num lar feliz – seja você um dos parceiros de um casal com atenção

ARRUMAÇÕES
Arrumar a casa é um tema ideal para exercitar a atenção plena.

- **Descartar**: pegue e examine os itens um por um e atente para os seus pensamentos. Como se sentiria ao descartar cada um? Perder conexões com o passado talvez desperte emoções. Tente examiná-las sem julgar. Lembre que você vive no presente: o passado pode ser um estorvo e tende a drenar sua energia se você lhe der poder demais.

- **Arrumar**: a bagunça é dispersiva, e a toda hora faz você lembrar que há uma tarefa a cumprir. Seja decidido e organizado, com atenção plena, e observe suas reações à medida que o quarto começa a ganhar ordem. Você tem satisfação em eliminar detritos do passado?

> "Uma casa só será um lar se tiver comida e fogo também para a mente, não só para o corpo."
> Benjamin Franklin

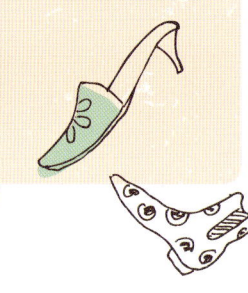

plena ou integrante de um grupo de amigos vivendo sob o mesmo teto – a sensação de estar numa aventura de atenção plena com os outros é divertida, seja para as descobertas que fizerem juntos, seja para as relações.

Crianças são um prazer adicional, ainda mais porque não definiram ainda seus modos. Partilhar atenção plena com elas, e ouvi-las expressando-se nesses termos, amplia a conexão empática com elas e fornece uma base para sua evolução e amadurecimento.

Você pode levar atenção plena à sua casa de várias maneiras. A mais simples é valorizar suas posses em vez de achar natural ter o que tem. Pense no que custa criar, produzir e trazer um objeto até você; quantas pessoas isso envolveu? Quem são, onde devem estar? Nesse mesmo espírito, avalie as novas compras com cuidado – e, se decidir com atenção plena não comprar nada, esse também é um jeito bem satisfatório de fazer sua terapia de varejo.

TRÊS TAREFAS COM ATENÇÃO PLENA

Use as tarefas domésticas como práticas simples de atenção plena. Ocupe-se de modo tranquilo do objeto escolhido, evitando qualquer julgamento a respeito de si ou de suas emoções. Aborde as tarefas com um ânimo positivo. Se sentir que algum ressentimento se insinua, observe-o com curiosidade: não se deixe absorver por ele.

VARRER AS FOLHAS DO JARDIM
Essa é uma prática clássica de atenção plena no zen-budismo. Atente para as folhas que esvoaçam, seu som, o ritmo de esforço de seu corpo, sua respiração. Desapegue-se das demais sensações, e de quaisquer pensamentos e emoções.

ARRUME A CAMA COM ATENÇÃO PLENA
Atente para as sensações em seu corpo ao se mover. Toda vez que tiver consciência de algum pensamento ou emoção, ou de algum som fora do habitual na casa, volte a atenção suavemente para a arrumação da cama.

LAVE A ROUPA COM ATENÇÃO PLENA
Curta o toque dos tecidos e o jeito como eles se dobram. Perceba o som mecânico e os movimentos da máquina de lavar quando ela começa a funcionar. Observe e ouça por um minuto ou dois, deixando ir embora todos os demais pensamentos, sensações e emoções.

O QUE ESTÁ AO SEU ALCANCE
O QUE É REAL A RESPEITO DA FELICIDADE

Se sua ideia de felicidade vem do devaneio de ter uma vida diferente, é improvável que você venha a alcançá-la. E persegui-la com muito ardor talvez a afaste ainda mais. É melhor reavaliar sua ideia de felicidade; talvez ela tenha estado bem perto de você o tempo todo.

Avaliar, de vez em quando, se você alcançou a felicidade que procura não é simples. Envolve julgar suas experiências em relação às suas preferências. E se você aplica essa medida e descobre que fracassou em ser feliz? Até agora, você não sabia disso. Nesse cenário, será que não é essa checagem da felicidade – e nada mais – justamente o que torna você *infeliz*?

Medida do prazer

Primeiro, há a questão de como você mede sua felicidade. A medida que a maioria usa é uma espécie de comparação mental, que valoriza seu nível de felicidade atual em relação ao nível anterior, não em comparação com o de outra pessoa, mas em relação

---

A FELICIDADE É O QUE PENSAMOS QUE SEJA?

Será que a forma mais preciosa de felicidade não é algo bem diferente daquilo que você foi condicionado a querer alcançar? A seguir, algumas ideias com as quais talvez você não esteja muito familiarizado:

A VERDADEIRA FELICIDADE É

- O enlevo que sentimos ao penetrar no momento.

- Uma serenidade que sustenta e permeia todos os estados emocionais, inclusive a tristeza.

- Nosso estado mental quando o que dizemos, fazemos e pensamos está em harmonia.

- Seguir adiante com ânimo, sem restrições ou arrependimentos.

- A consequência de intenções generosas.

O QUE ESTÁ AO SEU ALCANCE   79

> Criamos a imagem de uma vida feliz a partir de fragmentos de uma história imaginária que construímos em torno de nós.

a um ideal – um nível que você acharia satisfatório... que o deixaria feliz. O problema desses ideais é que a vida é complexa demais para que eles se mostrem de alguma valia. Criamos a imagem de uma vida feliz a partir de fragmentos de uma história imaginária que construímos em torno de nós.

O foco tem que ser outro

A aspiração de felicidade pode bloquear nossas reais percepções, impedindo-nos de enxergar a riqueza que nossa vida já possui. Às vezes, ao tentar alcançar nossa medida de felicidade, deixamos de ter experiências que poderiam ser de imenso valor para nós – na verdade, resistimos a elas, achando que deveriam ser diferentes, e não percebemos que contêm vislumbres que poderiam mudar nossa vida. Além disso, desperdiçamos a felicidade que está no cerne do momento, na valorização da beleza e do milagre da vida.

FELICIDADE E ATENÇÃO PLENA JUNTAS?

A atenção plena traz as dádivas a seguir, que nos tornam felizes. A felicidade amplia essas dádivas, e ficamos mais felizes ainda. Agir com atenção plena também bloqueia os caminhos que levam à infelicidade, fazendo você parar de se arrepender, de se preocupar e de ficar ansioso em relação ao futuro.

- Melhores relacionamentos
- Pensamentos claros
- Disposição mais positiva
- Melhor saúde
- Mais criatividade

UMA PRÁTICA FELIZ
Ter muita expectativa de coisas boas gera frustração; encarar cada instante como uma dádiva é um caminho de atenção plena para a felicidade.

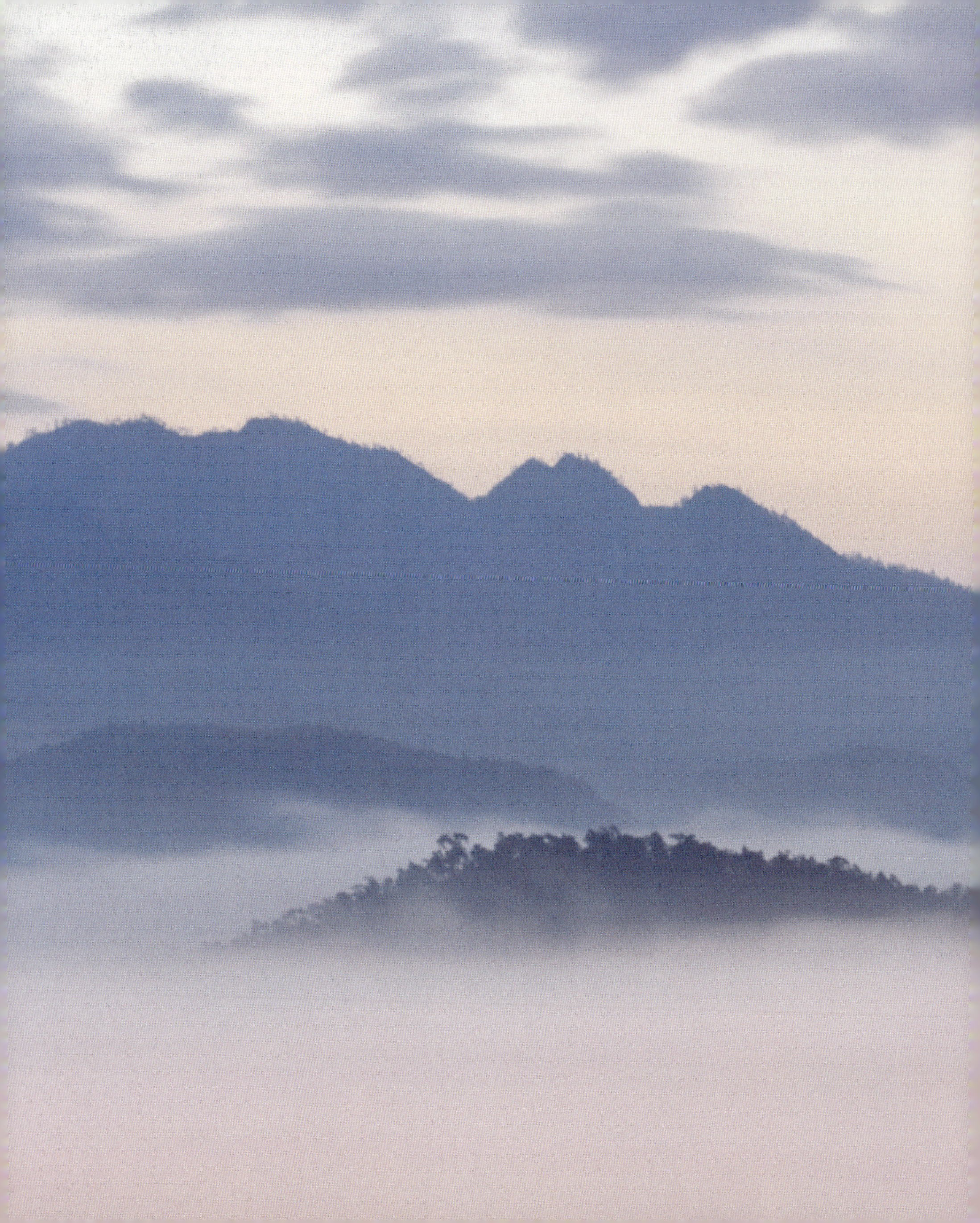

"O universo inteiro se rende a uma mente tranquila."

Lao Tsé (c. 694-c. 531 a.C.)

O QUADRO MAIS AMPLO
BUSCANDO O SENTIDO DA VIDA

Felicidade e sentido são conceitos vagos. Não admira que preocupem aqueles que não sabem direito se estão ou não presentes em sua vida ou não sabem como encontrá-los. A atenção plena, como sempre, provê um mapa – e também ajuda a encontrar o rumo.

Pessoas que anseiam por uma vida melhor podem pensar: "Por que devo perseguir uma meta se nunca vou chegar nem perto?". Mesmo quem tem muitos sinais exteriores de satisfação – uma bela casa, relacionamentos sólidos, lindos filhos e um bom emprego – pode às vezes sentir um profundo vazio interior. Se você tem uma vaga sensação de que sua vida está incompleta, a atenção plena pode ajudá-lo a encontrar maior integridade.

A felicidade é suficiente?
Ao pensar em felicidade, é fácil cair numa armadilha que é, em boa medida, uma questão de palavras. Você acredita que é feliz, mas por trás de seus pensamentos sente uma inquietação ao refletir sobre o assunto. Você pensa que talvez seja porque sua vida carece de sentido: não entende de que modo se encaixa no esquema das coisas e teme perder o que tem – o que é inevitável que um dia ocorra. Quando as coisas boas forem embora, o que você vai pôr no lugar?

É esse tipo de pensamento que muitas vezes leva as pessoas à busca espiritual: elas veem um propósito na religião, em textos sagrados e rituais, ou numa versão da espiritualidade de estilo livre. Tais trilhas podem gerar visões profundas, mas não para todos.

Conceitos e realidades
Formamos a noção de felicidade por meio de uma generalização a respeito de particulares – por exemplo, você acredita ser feliz porque tem uma bela esposa, boa renda, saúde e assim por diante. Nessa generalização, você dá um passo atrás em relação à realidade – ao momento. A atenção plena é um termo aplicado à apreensão consciente da experiência atual, sem julgamento. Por extensão, ela estimula você a não se apegar demais à noção de felicidade.

Para além da felicidade
Se você não se sente à vontade com sua vida, a prática da atenção plena irá convidá-lo a ter uma relação íntima com esse sentimento. Conforme atentar mais para esse desconforto, a ideia de felicidade perderá força. O mesmo se dará com a questão que o vem incomodando: ou seja, será que seu

> Se você está a caminho de se tornar um autêntico ser humano, e a melhor versão possível de si mesmo, então sua vida tem tanto sentido quanto seria possível esperar.

problema é não ter um propósito mais elevado, ou é não se sentir tão feliz como achou que fosse? Isso também é irrelevante para a experiência presente. São só palavras, e seu desconforto está além delas. Na realidade, as palavras podem às vezes piorar sua inquietude, ao aumentarem a confusão intelectual. A atenção plena permite que você fique com você mesmo, em vez de preso a alguma noção de como deveria se sentir em relação às circunstâncias exteriores. Ela cria espaço para que a verdadeira felicidade se instale.

A questão "Qual o sentido da minha vida?" é esquecida quando, com a meditação de atenção plena, você descobre que pode ficar em paz em sua mente, no momento presente. Com o tempo e a prática, a aceitação, a empatia e a compaixão fluem desse ponto calmo do eu. Você compreende que os sofrimentos da humanidade são causados por gente incapaz de acessar uma fonte interior de nutrição, que potencialmente está disponível a todos. Quando você mesmo enfrenta dificuldades, é porque está olhando para a vida de uma perspectiva inútil. Na perspectiva verdadeira, da atenção plena, a vida tem sentido por si, e ela se amplia para abranger aqueles a quem você traz suas preciosas dádivas. Praticamos a atenção plena não para nos tornarmos especiais, mas porque já somos especiais.

O PILAR DOURADO

As qualidades e os valores que dão verdadeiro sentido à nossa existência são comparáveis a um pilar dourado – um suporte puro, incorruptível, para uma vida virtuosa e satisfatória. Muitas pessoas, porém, constroem a vida em torno de falsos sentidos, que – embora possam ser atraentes – em última instância nada mais são do que ouro de tolo. Outros adotam valores que podem valer a pena, mas que estão absolutamente distantes. A meditação de atenção plena torna o pilar dourado acessível, em seu santuário do eu desperto.

VERDADEIROS SENTIDOS

A vida tem sentido verdadeiro quando todas as cinco qualidades listadas estão presentes.

- Visão profunda
- Bondade
- Amor
- Compaixão
- Generosidade

FALSOS SENTIDOS

Sinais exteriores de sucesso e valor são uma falsa promessa.

- Poder
- Riqueza
- Sucesso
- Prêmios
- Boa sorte

QUASE VERDADEIROS

Algumas pessoas perseguem valores nobres que não podem ter sentido verdadeiro.

- Conhecimento
- Afabilidade
- Beleza
- Consideração
- Amizade

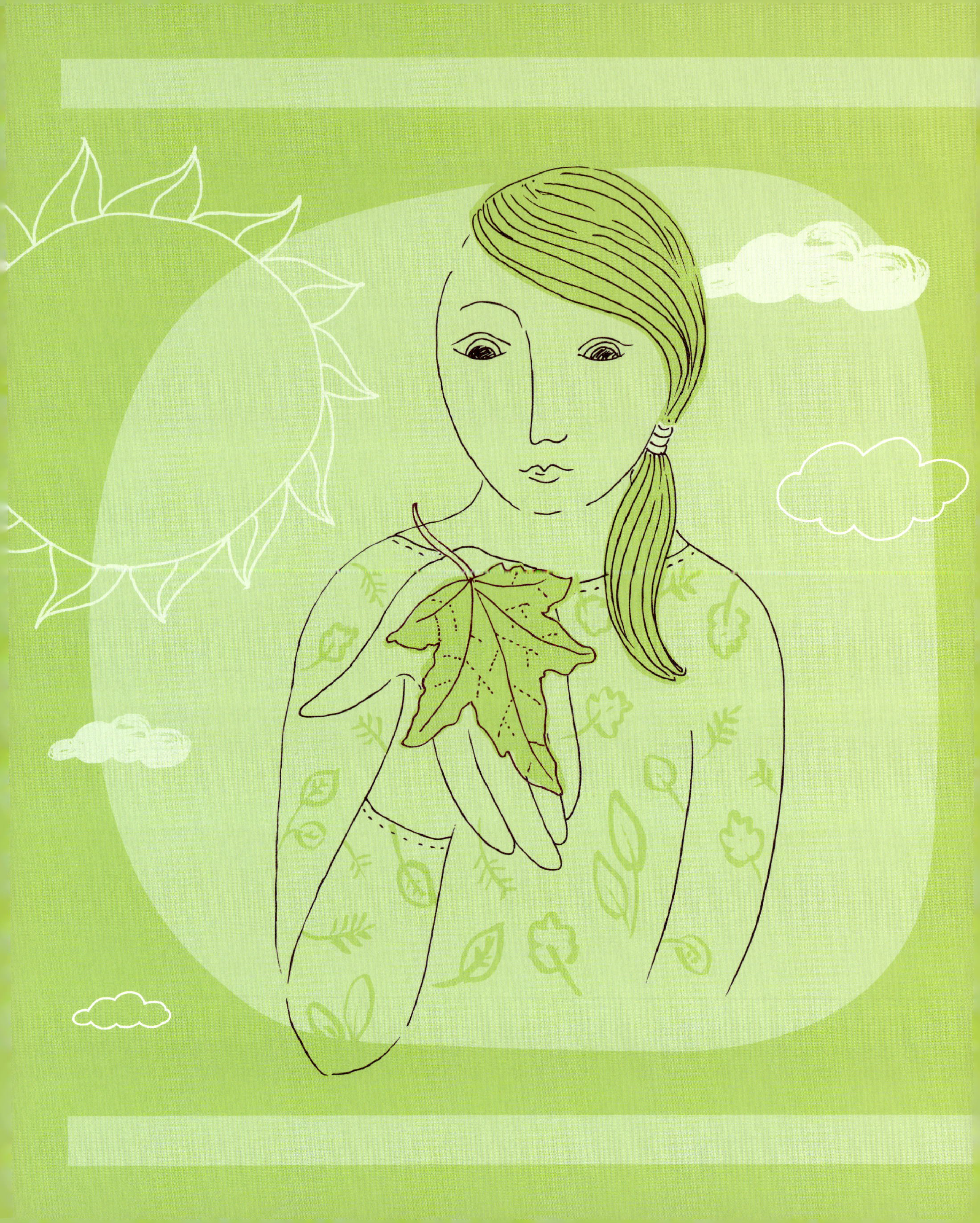

MEDITAÇÕES DE ATENÇÃO PLENA

AS MEDITAÇÕES-CHAVE DA ATENÇÃO PLENA — FOCAR UM OBJETO E TRABALHAR COM O CORPO E A RESPIRAÇÃO — VÃO ABRIR AS PORTAS PARA UMA VIDA MAIS FELIZ.

PRIMEIROS PASSOS
INTRODUÇÃO À PRÁTICA DE MEDITAÇÃO

Neste capítulo você verá as principais práticas de meditação de atenção plena. Aprenderá que não são rituais estranhos, esotéricos, mas práticas que podem ser prontamente integradas ao cotidiano. Sua jornada de atenção plena começa aqui.

Quando você medita, é como se suas sensações, pensamentos e emoções estivessem em um aquário, atrás de uma parede de vidro. Você puxa uma cadeira e senta ali tranquilo, observando. Olhar o aquário traz paz – embora dentro dele, onde se desenrola todo tipo de drama, possa ser caótico.

Agora, mais do que nunca, você se torna o observador (p. 73); não convida seu crítico interior, pois atenção plena significa ficar intencionalmente no momento, sem julgar. Se perceber que o crítico se insinuou, apenas ignore-o – ele logo irá embora se você não lhe der atenção.

A prática formal de meditação envolve simplesmente reservar um tempo para uma sessão em alguma hora do seu dia, todos os dias. Você pode escolher por quanto tempo, mas cinco a dez minutos é um bom começo se você nunca meditou antes.

Uma prática cotidiana

Você deve ter ouvido mitos a respeito da meditação (ver quadro à direita), mas tenha certeza de que não há rituais envolvidos: você não precisa usar roupas especiais, nem ter nenhum talismã por perto, ouvir música adequada ou queimar incenso.

CINCO DICAS DE MEDITAÇÃO PARA INICIANTES

Quem começa a praticar meditação pode achar isso pouco familiar e se sentir um tanto perdido. Lembre-se destas cinco dicas muito simples – vão ajudá-lo a se orientar. Anote-as no seu diário da meditação e reveja-as antes de iniciar cada sessão, registrando quais dicas foram úteis e quais não.

1 Tenha sentimentos acolhedores em relação a você mesmo – o que muitos meditadores chamam de "autocompaixão". Seja generoso e dedicado.

2 Prepare-se para observar e aprender: essa é a única intenção que você deve levar para a meditação.

PRIMEIROS PASSOS 87

> Minha meditação de atenção plena não funcionou. Não consigo parar de me preocupar.

> Bem, você aprendeu algo a respeito de si mesmo. Tenha paciência e persista.

DEZ MITOS SOBRE MEDITAÇÃO

A prática de meditação é muito mal compreendida. Eis alguns mitos comuns:

1. Meditação é uma técnica de relaxamento.
2. Meditação requer um local muito sereno, ou um templo.
3. Ao meditar, você tem que se concentrar muito.
4. Ao meditar, você esvazia a sua mente.
5. Meditadores são sempre pessoas muito espiritualizadas.
6. Meditadores têm que sentar no chão, de pernas cruzadas.
7. É preciso ter a mente calma para ser capaz de meditar.
8. A meditação é uma forma de auto-hipnose.
9. Os meditadores controlam os próprios pensamentos.
10. A meditação ou funciona ou falha.

NÃO HÁ MÁGICA

Algumas pessoas têm benefícios tangíveis com poucas semanas de prática, mas a meditação plena não funciona do mesmo jeito para todo mundo.

Basta decidir em que hora vai meditar e fazer isso – por um período de tempo predeterminado. O ideal é meditar todo dia, mas se não conseguir esse grau de comprometimento, pratique pelo menos dia sim, dia não. Você pode escolher uma das muitas práticas-chave, como meditar na sua respiração, seu corpo, em objetos ou emoções, todos eles descritos com detalhes nas páginas a seguir. Você pode praticar cada tipo por umas duas semanas e depois passar para outro, e assim escolher aquele que mais bem se adapta a você. Ou então combine diferentes meditações em um programa, para ter maior variedade (pp. 88-91). A escolha é sua – não existe jeito certo ou errado.

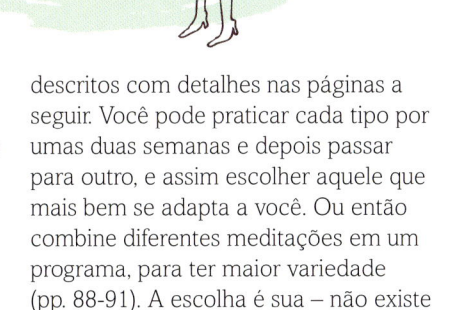

3 Perdoe seus eventuais lapsos: se não conseguir praticar quando pretendia, não se sinta mal por isso. Nada foi perdido: apenas convide você mesmo a voltar ao momento presente.

4 Ache um parceiro de atenção plena: ter alguém com quem partilhar suas experiências de meditação não é essencial, mas ajuda a aumentar a motivação e o compromisso.

5 Agradeça a si mesmo depois – mostre-se grato a si mesmo por se importar o suficiente para meditar com atenção plena apesar de sua vida ocupada.

PERSONALIZE A PRÁTICA
PLANEJE SUA MEDITAÇÃO

Ao iniciar a prática de meditação plena, você pode ficar na dúvida se está fazendo direito: será que escolheu as meditações certas? Está fazendo na ordem correta e pelo tempo estipulado? Essa ansiedade é desnecessária: a atenção plena é um princípio, e há muito espaço para variações na maneira de aplicá-lo.

Não há receita para fazer uma prática bem-sucedida de atenção plena. Alguns gostam de colocar o foco em uma ou mais das meditações-chave descritas neste capítulo (e nas listadas no quadro à direita); outros gostam de personalizar seu roteiro de meditações para que se adapte às suas preferências, e há ainda quem goste de seguir um programa mais metódico.

Pioneiros da moderna atenção plena, como Jon Kabat-Zinn, conceberam de início um programa de oito semanas, com base em sua experiência de trabalhar com uma gama de pessoas no ambiente terapêutico. No entanto, não há nada de mágico nesse programa de oito semanas – simplesmente é um período suficiente para que os benefícios da atenção plena se manifestem e oferece também um

Quanto tempo deve durar a minha meditação?

Comece estipulando uns 10-15 minutos por dia. De início, talvez você ache difícil meditar mais tempo. Vá aos poucos aumentando o tempo até 20-30 minutos para obter maiores benefícios da sua prática.

TEMPO PARA VOCÊ
Meditar um pouco por dia é melhor do que não meditar: não se desmereça se puder dispor apenas de alguns minutos.

bom prazo para que a prática se fortaleça, com bastante variedade para ajudar a motivar o iniciante.

Programas

Nas páginas 90-1 há três programas de diferentes durações para você tentar, se quiser. Essas estruturas foram pensadas para ser úteis, mais do que como receitas. Depois que você se comprometer com algum dos programas, talvez adaptando-o para adequá-lo às suas rotinas, não terá mais que tomar decisões a respeito de como fazer seu trabalho de atenção plena: bastará seguir a prescrição dada. No entanto, se um dia não tiver tempo de praticar, ou achar que precisa dar um tempo na atenção plena, faça isso sem se sentir culpado ou ansioso. Sinta-se à vontade para conceber sua própria programação em função dos seus compromissos e das experiências que teve durante a prática.

A duração da meditação

Assim como em relação à escolha da prática de meditação, não há certo ou errado ao decidir por quanto tempo meditar. Um estudo, no qual as pessoas haviam treinado meditar por oito semanas, descobriu que a duração média das sessões dos participantes foi de 23 minutos por dia. Os participantes mostraram uma elevação bem maior das áreas do cérebro associadas ao bem-estar e menor ativação daquelas ligadas ao estresse, o que sugeriu que 20-25 minutos de meditação por dia trazem benefícios palpáveis. Mas várias pessoas relataram que seus níveis de estresse caíram e que os de felicidade aumentaram com apenas 10 minutos por dia de meditação de atenção plena.

Depois de concluir seu primeiro programa, você já saberá o suficiente sobre atenção plena na prática para tomar suas decisões a respeito de como prosseguir. Pode escolher, por exemplo, repetir um programa completo, intercalando-o às vezes com outra meditação menos frequente. Se não se sentir seguro para elaborar a própria rotina, mas achar que está indo bem com o que fez até aqui, continue simplesmente – com qualquer alteração que precisar fazer por razões práticas.

PRÁTICAS FORMAIS

Há descrições passo a passo das meditações nas seguintes páginas deste livro:

RESPIRAÇÃO: pp. 96-9
PRÁTICA DE CORPO E RESPIRAÇÃO: pp. 106-9
PRÁTICA DE OBJETO: pp. 114-9
SCAN DO CORPO: pp. 120-5
MEDITAÇÃO ANDANDO: pp. 132-5
MEDITAÇÃO AMOROSA: pp. 139-41
MEDITAÇÃO DA MONTANHA: pp. 144-7

Você também pode meditar em ambientes menos formais. Outras meditações possíveis estão descritas nas seguintes páginas:

VARRER FOLHAS: pp. 22-3
TAREFAS DOMÉSTICAS: pp. 76-7

As práticas de respiração e de corpo e respiração são meditações fundamentais, então aconselhamos que fique confortável com elas antes de avançar. Mais tarde, é provável que você se sinta mais atraído por algumas práticas específicas: se é instintivamente uma pessoa compassiva, por exemplo, a meditação amorosa talvez exerça maior apelo. E se você ama a natureza e a vida ao ar livre, a meditação da montanha irá lhe parecer a mais natural.

Em práticas mais profundas, como a do scan do corpo, talvez você se confronte com emoções muito intensas. Nesse caso, não force a barra: se ficar muito desconfortável, dê um tempo e volte às práticas de respiração e de corpo e respiração. Retome aos poucos as meditações mais profundas se e quando se sentir pronto.

PROGRAMAS DE MEDITAÇÃO
TRÊS PLANOS, SEMANA A SEMANA

Seguir um programa de meditação organiza melhor seu trabalho com a atenção plena. É como um calendário, que pretende ser útil, não restringir. A seguir, três programas, para quem quer uma orientação em suas explorações.

Estas páginas apresentam um programa de oito semanas especialmente concebido e dois programas mais curtos, para quem prefere testar um curso estruturado. Você pode encurtar ou ampliar qualquer um deles para adequá-lo a suas necessidades ou inclinações. Espera-se que, depois de concluir um dos cursos, tenha confiança para introduzir elementos dele em sua vida diária a partir de agora, indefinidamente.

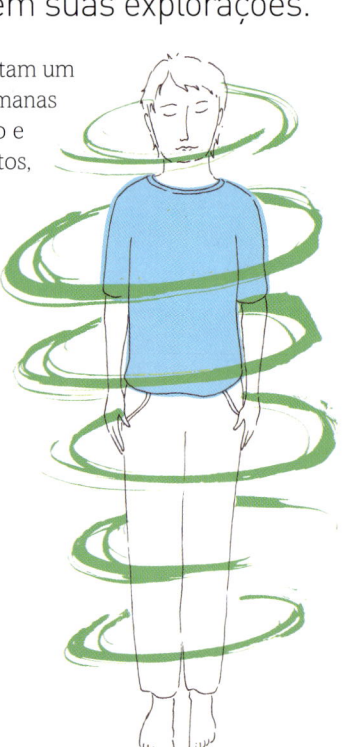

1 RESPIRAÇÃO E CORPO (INICIANTE)

QUATRO SEMANAS
10 MINUTOS POR DIA, AUMENTANDO PARA 30 MINUTOS

semana 1   **Prática de respiração** 10 minutos por dia. Aplique a atenção plena a duas refeições pelo menos, duas tarefas domésticas e duas caminhadas de meia hora.

semana 2   **Prática de respiração** 20 minutos por dia. Faça a **meditação andando** e aplique atenção plena a pelo menos duas refeições, duas tarefas domésticas e duas caminhadas de meia hora.

semana 3   **Prática de corpo e respiração** 20 minutos por dia. Alterne com **meditação andando** ou **prática de respiração**. Faça também a **prática de objeto**, continue com atenção plena nas refeições, tarefas e caminhadas, e tente também a atenção plena em conversas.

semana 4   **Prática de corpo e respiração** 30 minutos por dia, com **meditação andando** ou prática de **respiração**, de **objeto** ou de **montanha**, no lugar da outra meditação ou como complemento. Continue com atenção plena informal nas atividades e conversas.

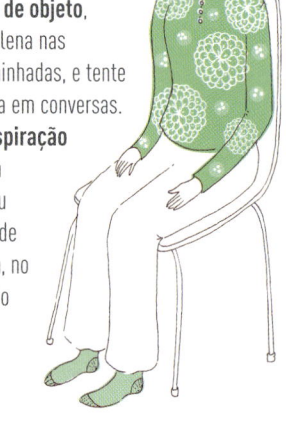

PROGRAMAS DE MEDITAÇÃO 91

2 RESPIRAÇÃO, CORPO E INSIGHT (INICIANTE)

SEIS SEMANAS
10 MINUTOS POR DIA, AUMENTANDO PARA ATÉ 30 MINUTOS

semana 1 **Prática de respiração** 10 minutos por dia. Aplique atenção plena em pelo menos duas refeições, duas tarefas e duas caminhadas de meia hora.

semana 2 **Prática de respiração** 20 minutos por dia. Faça **meditação andando** e aplique atenção plena em duas refeições, duas tarefas e duas caminhadas de meia hora.

semana 3 **Prática de corpo e respiração** 20 minutos, dia sim, dia não; alterne com **meditação andando** ou **prática de respiração**. Faça **prática de objeto**, aplique atenção plena em refeições, tarefas e caminhadas à vontade, e tente também aplicá-la em conversas.

semana 4 **Scan do corpo** 30 minutos por dia, com **meditação andando** ou **prática de respiração**, de **objeto** ou de **montanha** sempre que quiser, como substituto ou complemento. Aplique atenção plena informal em atividades e conversas.

semana 5 **Scan do corpo** 30 minutos por dia, com **meditação andando** ou **prática de respiração**, de **objeto** ou de **montanha**, sempre que quiser, como substituto ou complemento. Aplique atenção plena informal em atividades e conversas.

semana 6 **Scan do corpo** 30 minutos por dia, com **meditação andando** ou **prática de objeto** ou de **montanha** sempre que quiser, como substituto ou complemento. Experimente também a **prática de meditação amorosa**, no lugar de uma das práticas de scan do corpo. Aplique atenção plena informal em atividades e conversas.

3 RESPIRAÇÃO, CORPO E INSIGHT (COMPLETA)

OITO SEMANAS
10 A 30 MINUTOS POR DIA, AUMENTANDO PARA ATÉ 40 MINUTOS SE VOCÊ SE SENTIR BEM

semana 1 **Prática de respiração** 10 minutos por dia. Aplique atenção plena em pelo menos duas refeições, duas tarefas e duas caminhadas de meia hora.

semana 2 **Prática de corpo e respiração** 20 minutos, dia sim, dia não; alterne com **meditação andando** ou **prática de respiração**. Aplique atenção plena em pelo menos duas refeições, duas tarefas e duas caminhadas de meia hora.

semana 3 **Prática de corpo e respiração** 20 minutos, dia sim, dia não; alterne com **meditação andando** ou **prática de respiração**. Faça também **prática de objeto**, aplique atenção plena em refeições, tarefas e caminhadas, e tente aplicá-la também em conversas.

semana 4 **Prática de corpo e respiração** 20 minutos, dia sim, dia não; alterne com **meditação andando** ou **prática de respiração**. Faça também **prática de objeto**, e continue com atenção plena em refeições, tarefas, caminhadas e conversas.

semana 5 **Scan do corpo** 30 minutos por dia, com **meditação andando** ou **prática de respiração**, de **objeto** ou de **montanha** sempre que quiser, como substituto ou complemento. Continue aplicando atenção plena informal.

semana 6 **Scan do corpo** 30-40 minutos por dia, com **meditação andando** ou **prática de respiração**, de **objeto** ou de **montanha** sempre que quiser, como substituto ou complemento. Aplique atenção plena informal.

semana 7 **Scan do corpo** 30-40 minutos por dia, com **meditação andando** ou **prática de respiração**, de **objeto** ou de **montanha** sempre que quiser, como substituto ou complemento – faça ao menos quatro **scans**, e também ao menos duas **meditações amorosas**. Continue aplicando atenção plena informal.

semana 8 Scan do corpo 30-40 minutos, dia sim, dia não; alterne com **meditação amorosa**; faça **meditação andando** ou **prática de respiração**, de **objeto** ou de **montanha** como substituto em um ou dois dias – faça também três **scans** e duas **meditações amorosas**.

SEM TENSÃO
O BÁSICO DA MEDITAÇÃO

A meditação de atenção plena é fácil e de modo algum intimidante. É só uma questão de se sentar em um lugar calmo e seguir algumas orientações simples. Todas as experiências que tiver durante a meditação serão valiosas para refletir sobre elas mais tarde.

ATENÇÃO E EXPERIÊNCIA
Entrar num estado de atenção plena é uma experiência nova, mas libertadora para a maioria das pessoas. Ao praticar a meditação de atenção plena, procure:

- Direcionar a atenção.
- Sustentar a atenção.
- Ficar aberto à experiência.
- Aceitar a experiência.
- Deixar que a experiência vá embora.

Um equívoco comum de quem nunca meditou antes é começar com determinação e um objetivo definido em mente. Em muitos setores da vida, definir metas – e medir seu progresso – é desejável. É o que faz você avançar na carreira e em outras áreas. Com a meditação é diferente: definir uma meta – um conceito sobre onde a meditação irá levá-lo – pode interferir negativamente na experiência real. Atenção plena não é algo movido por metas, e alcançar um estado de consciência mais real envolve uma completa abertura, e não um propósito fixo. A meditação de atenção plena é uma prática de consciência – feita no momento, com intenção e sem julgar.

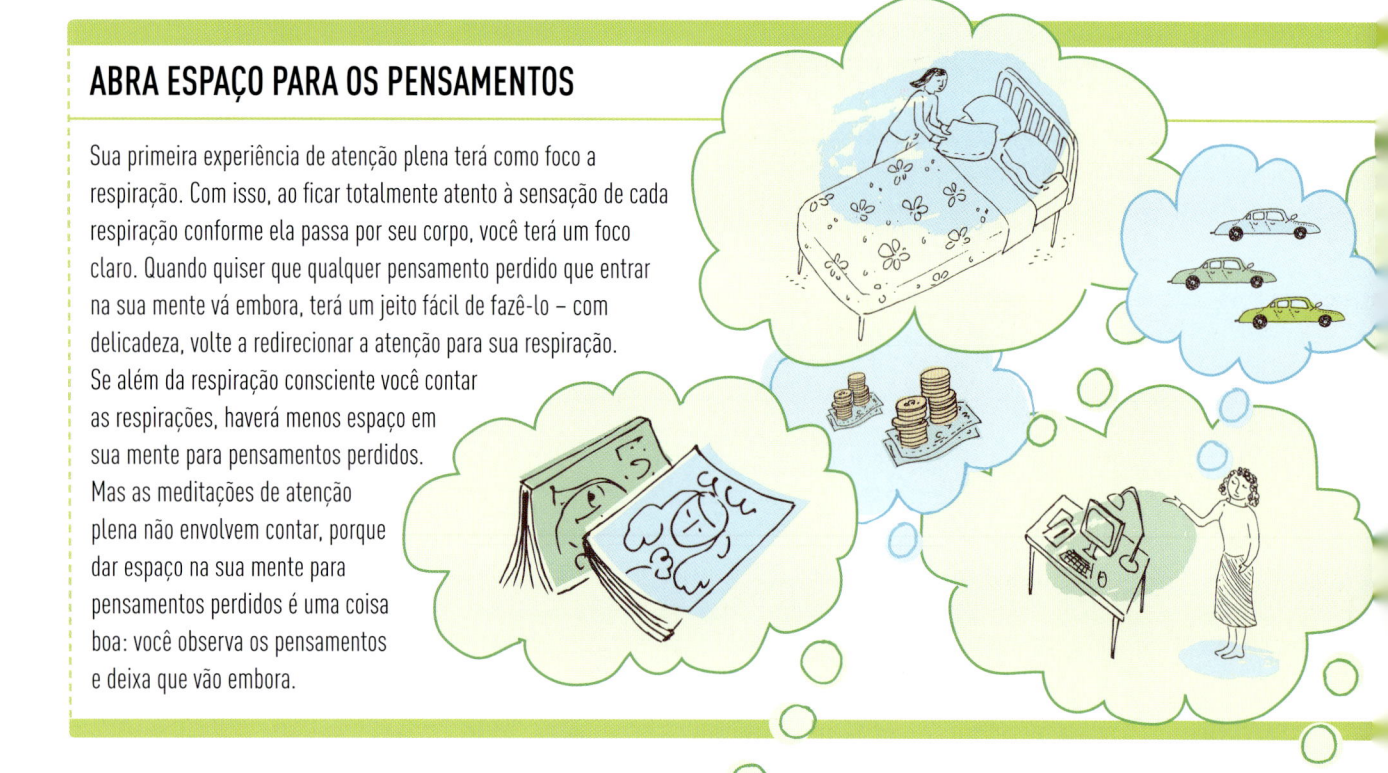

ABRA ESPAÇO PARA OS PENSAMENTOS

Sua primeira experiência de atenção plena terá como foco a respiração. Com isso, ao ficar totalmente atento à sensação de cada respiração conforme ela passa por seu corpo, você terá um foco claro. Quando quiser que qualquer pensamento perdido que entrar na sua mente vá embora, terá um jeito fácil de fazê-lo – com delicadeza, volte a redirecionar a atenção para sua respiração. Se além da respiração consciente você contar as respirações, haverá menos espaço em sua mente para pensamentos perdidos. Mas as meditações de atenção plena não envolvem contar, porque dar espaço na sua mente para pensamentos perdidos é uma coisa boa: você observa os pensamentos e deixa que vão embora.

Definir uma meta – um conceito sobre onde a meditação irá levá-lo – pode interferir negativamente na experiência real.

Os exercícios que você irá fazer agora são no fundo muito simples – a ponto de a palavra "exercício" não ser muito precisa, pois implica esforço e técnica. O único esforço que você deve fazer é o de decidir começar e continuar, até chegar a hora de parar; na meditação, você dirige a mente, com delicadeza e intenção, ao foco que escolheu. Não há técnica a ser aprendida. Pensar que está fazendo errado é um julgamento a seu respeito – e o objetivo da atenção plena é suspender todo julgamento. Se você se preocupa porque sua mente a toda hora é tirada da meditação, isso também é um tipo de julgamento. Na realidade, sua mente sempre vai ser tirada do foco por todo tipo de coisa – memórias, sensações, emoções, especulações –, e é muito natural isso acontecer quando você medita. Mas o processo permite aprender coisas importantes. A meta é essa: perceber as dispersões e voltar a focar a prática.

O que a atenção plena propõe para lidar com pensamentos, emoções e sensações dispersivas numa meditação é ser consciente deles e então deixar que vão embora. É a consciência que constitui o objetivo da meditação e que abre as portas para a autocompreensão. Deixar ir não é ser atraído para o que surge na mente de modo espontâneo, envolvendo-se em algum tipo de diálogo com isso. Você é o observador, não o crítico, e o observador apenas observa.

Foque a respiração. Perceba os pensamentos perdidos que passam na sua mente. Deixe-os ir embora.

VARRENDO OS PENSAMENTOS

Se você acha essa ideia de deixar que os pensamentos vão embora um pouco difícil de entender, talvez essa metáfora ajude. Imagine que está num jardim e que está nevando. Os flocos caem na grama, e então você vai varrendo-os. Durante o tempo que neva, você segue varrendo para manter o jardim limpo. A varrição não é uma luta contra os flocos de neve, é só uma operação de limpeza. Você não tenta controlá-los, nem nega que estão ali – na realidade, reconhece que existem. Mas fica relaxado em relação à sua existência, sem se envolver e sem deixar que tomem conta.

CORPO PRONTO
SENTAR COM CONSCIÊNCIA

Sentar-se para meditar deixa você ereto, alerta e também relaxado: iniciantes em geral preferem se sentar numa cadeira, e não no chão. Mas lembre que isso não é um exercício – a chave é o que você faz com sua mente, não o que faz com os pés ou as pernas.

Antes de começar a prática, tente esse experimento, para introduzi-lo nos tipos de sensação que irá ter. Mova seu foco pelo corpo. Você tem alguma das seguintes sensações?

- **Sentar-se**
  Pressão do chão ou da cadeira nos pés ou nas pernas.
- **Tensão em alguns músculos**
  A tensão muda conforme você respira.
- **Movimento no peito, na caixa torácica, no abdome**
  O som e a sensação do ar passando.
- **Efeito das emoções e do ânimo**
  Sensação de testa franzida, bocejos.
- **Necessidades físicas**
  Fadiga, fome, sede.

Enquanto sua mente fica de lá para cá, visitando o passado e o futuro, seu corpo está sempre no presente. Portanto, não é de admirar que a maneira mais confiável de iniciar sua prática de atenção plena seja sintonizar as sensações do próprio corpo.

Seu corpo sempre convida você a ficar no aqui e agora: aceitar esse convite é a base da sua primeira meditação de atenção plena – e vai virar o lar para onde você voltará em todas as suas futuras práticas. A maioria das pessoas opta por iniciar a prática de meditação na posição sentada, por ser familiar, confortável, acessível quase em qualquer lugar e porque ajuda a ficar alerta e, ao mesmo tempo, relaxado.

Apronte-se
Para começar, use roupas folgadas – ou afrouxe cintos ou punhos apertados – e ache um lugar tranquilo onde não será perturbado. Sente-se numa cadeira de espaldar reto (p. 98) ou de pernas cruzadas sobre uma almofada no chão. Siga as orientações dadas aqui para achar uma postura confortável e que não exija esforço para ser mantida. Imagine que você é uma montanha: estável, equilibrada, assentada, digna.

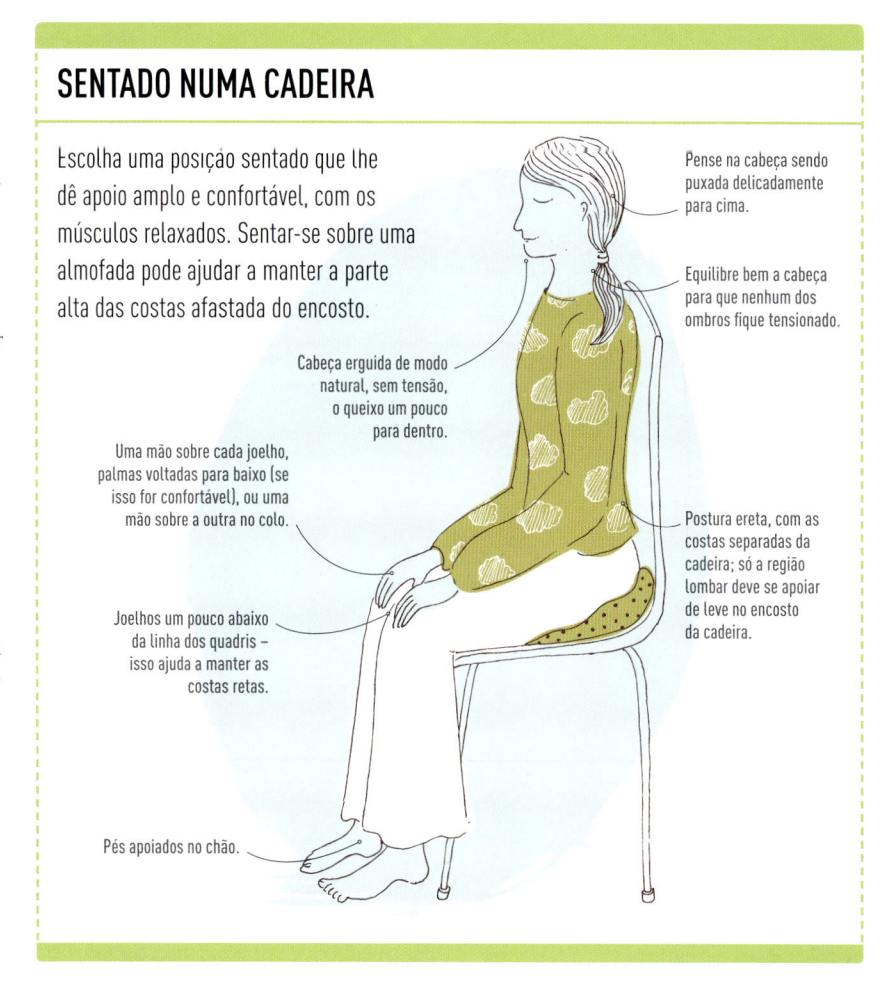

SENTADO NUMA CADEIRA

Escolha uma posição sentado que lhe dê apoio amplo e confortável, com os músculos relaxados. Sentar-se sobre uma almofada pode ajudar a manter a parte alta das costas afastada do encosto.

- Pense na cabeça sendo puxada delicadamente para cima.
- Equilibre bem a cabeça para que nenhum dos ombros fique tensionado.
- Cabeça erguida de modo natural, sem tensão, o queixo um pouco para dentro.
- Uma mão sobre cada joelho, palmas voltadas para baixo (se isso for confortável), ou uma mão sobre a outra no colo.
- Postura ereta, com as costas separadas da cadeira; só a região lombar deve se apoiar de leve no encosto da cadeira.
- Joelhos um pouco abaixo da linha dos quadris – isso ajuda a manter as costas retas.
- Pés apoiados no chão.

SENTADO NO CHÃO

Se você é flexível, por exemplo, se praticou ou pratica ioga, pode preferir sentar-se no chão e não na cadeira, com as nádegas em cima de uma almofada. A seguir, três posturas de meditação comuns.

LÓTUS
Sentado de pernas cruzadas, com cada um dos pés na coxa oposta. Requer grande flexibilidade. Nunca force os membros nessa posição; se sentir qualquer desconforto nos joelhos ou tornozelos, pare.

MEIO-LÓTUS
Versão simplificada do lótus, com apenas um dos pés na coxa oposta.

As solas dos pés ficam para cima, nessa posição simétrica, equilibrada.

POSTURA BIRMANESA
Pernas cruzadas, mas com os dois pés repousando no chão. O ideal é que os joelhos também encostem no chão.

Como a posição de lótus, o meio-lótus também abre os quadris; é mais fácil para quem não é tão flexível, mas ainda é um pouco difícil para iniciantes.

Procure deixar as mãos apoiadas, se não os ombros irão carregar todo o peso dos braços e tenderão a ficar tensionados.

QUADRIS ELEVADOS
Sentar-se em uma almofada, e não no chão, irá manter seus quadris elevados e os joelhos perto ou encostados no chão. Isso fará você se sentir estável e "assentado".

O calcanhar do pé esquerdo encosta de leve na perna direita.

Alterne a posição das pernas de uma meditação para a outra.

Seu corpo sempre o convida a ficar no aqui e agora – e é hora de aceitar esse convite.

RESPIRE FÁCIL
PASSO A PASSO, PRÁTICA DE RESPIRAÇÃO

Respiramos o tempo todo, apesar de geralmente não repararmos nisso. Nessa meditação, você traz a atenção para as suas respirações e, ao mesmo tempo, percebe as dispersões que ocorrem e deixa que vão embora. É natural que a mente divague – portanto, dê espaço para as dispersões e registre-as.

Toda vez que você respira de algum jeito diferente do usual (quando sobe uma ladeira íngreme ou sente uma forte emoção), pode tomar consciência de sua respiração e registrar isso. Mas normalmente você não fica reparando no processo – sua mente está ocupada com outras coisas.

Por ser algo contínuo, a respiração é um tema ideal para uma meditação de atenção plena. Ela oferece uma maneira sempre disponível de nos ancorarmos no momento presente.

Relaxe, simplesmente

Não se preocupe com quanto tempo vai ficar meditando. Da primeira vez, é provável que 5 minutos pareçam um tempo longo para ficar no modo "ser", já que ele é muito diferente do seu habitual modo "fazer". Talvez você se sinta cada vez mais inquieto mentalmente, imaginando se sua meditação está funcionando ou não, se vai conseguir persistir com ela, ou se meditar é algo que tenha a ver com você. É perfeitamente normal que sua mente fique divagando desse jeito, e seria extraordinário se você – tão cedo em sua prática de meditação – já fosse capaz de manter o foco na respiração. Não se desestimule – fique firme. E lembre-se do conselho de Jon Kabat-Zinn aos iniciantes: não é preciso curtir a meditação. Basta se comprometer com ela, e os benefícios irão aparecer no devido tempo.

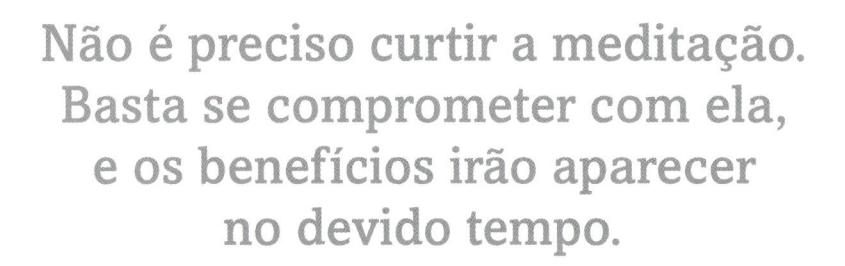

> Não é preciso curtir a meditação. Basta se comprometer com ela, e os benefícios irão aparecer no devido tempo.

O QUE VOCÊ PERCEBE QUANDO RESPIRA

Respiramos o dia todo – inclusive durante o sono – sem que isso chegue à nossa consciência. Quando colocamos a respiração como foco de uma meditação com atenção plena, não se trata de pensar "inspirar e expirar", mas de "perceber" nossa respiração conforme ela vem e vai. Essa distinção não é mera semântica – ela destaca que na prática da meditação de atenção plena a ideia principal é não nos identificarmos com as coisas que surgem no campo da consciência, apenas experimentá-las. Quando você respira, é provável que experimente a sensação de várias maneiras – a passagem do ar, o movimento muscular, a pressão, ou o nariz pinicando (ver abaixo). Escolha em que quer colocar o foco e dirija para lá a sua atenção durante a meditação.

Ar frio entra nas narinas na inspiração, ar mais quente sai delas na expiração.

A caixa torácica sobe e desce dentro do seu peito.

A barriga se expande quando o ar entra e se contrai quando o ar é exalado.

COMO LIDAR COM DISPERSÕES E DESCONFORTOS

Se sua mente viajar, não se preocupe. Não precisa se criticar: basta trazer delicadamente sua atenção de volta para a respiração. Já é atenção plena você perceber a mente se dispersar e fazer algo a respeito – realinhar a mente com a respiração já deve lhe dar uma justa sensação de realização.

Não são só pensamentos e emoções que podem dispersá-lo em sua meditação de atenção plena: pode haver desconforto físico devido à postura, com dores ou tensões que afetam os joelhos ou as costas. Nesse caso, há duas opções:

SE O DESCONFORTO É TRIVIAL

Continue sentado como está, mas consciente das suas sensações físicas – de sua localização e intensidade. Fique consciente também de sua tendência habitual de ir logo rotulando as coisas como agradáveis, desagradáveis ou neutras — experimente abordar suas sensações com "mente de iniciante". Aceite-as com uma curiosidade amistosa. É possível que as sensações mudem enquanto você está ali sentado.

SE O DESCONFORTO FOR MAIOR

Ajuste sua posição sentado, com atenção plena. Evite simplesmente reagir, mudando de posição. Em vez disso, movimente-se devagar, incorporando essa consciência à sua meditação de atenção plena, sem fazer julgamentos.

continua

MEDITAÇÃO DE RESPIRAÇÃO – 5 MINUTOS

Esse exercício, um dos pilares da prática de meditação plena, é um bom ponto de partida para iniciantes e uma base ideal para a primeira semana de prática de meditação.

1 Escolha uma cadeira de encosto reto, confortável. Cadeiras ajustáveis são ideais: ajuste a altura de modo que seus pés fiquem apoiados no chão e incline o encosto para que apenas a base da coluna toque no encosto da cadeira.

Deixe a cabeça erguida e alinhada com a coluna, que deve estar "neutra", mais do que rígida.

Deixe os pés planos e não cruze as pernas; se as pernas não alcançam o chão, apoie-as num cobertor dobrado.

Seu corpo deve estar num estado de relaxamento neutro – não tente assumir nenhuma postura em particular.

Apoie as mãos nas coxas, de preferência com as palmas para baixo.

2 Feche os olhos ou, se preferir, baixe o olhar e concentre-o, sem focalizar, num ponto do chão, a 1 metro mais ou menos dos seus pés. Descanse as mãos sobre as coxas – pode deixá-las ou não espalmadas, não faz diferença.

3 Relaxe bem o corpo e deixe a mente se acalmar. Ao mesmo tempo, fique alerta e consciente. Se achar que não consegue relaxar das primeiras vezes que tentar, e que essa instrução está só dificultando as coisas, pule para o passo 4.

RESPIRE FÁCIL 99

4 Agora atente para a sua respiração. Ponha foco nas sensações de cada inspiração e expiração, toda vez que forem mais perceptíveis. Alguns acham melhor focar a barriga – o sobe e desce do baixo abdome –, outros escolhem focar o ar que entra e sai pelo nariz.

Coloque as mãos em cima da barriga se quiser; isso pode ajudar a perceber o movimento durante a respiração.

SOBRE A PRÁTICA

Benefícios Uma prática essencial de atenção plena. Uma maneira sempre à disposição de se conectar ao momento presente. Uma boa introdução à meditação de atenção plena.

Frequência Faça todo dia durante a primeira semana de prática regular. Depois dessa semana, avance para a meditação corpo e respiração, que é uma extensão dessa meditação (pp. 106-9).

Duração Comece com 5 minutos de meditação e depois amplie para 10 minutos, quando achar que está pronto para isso.

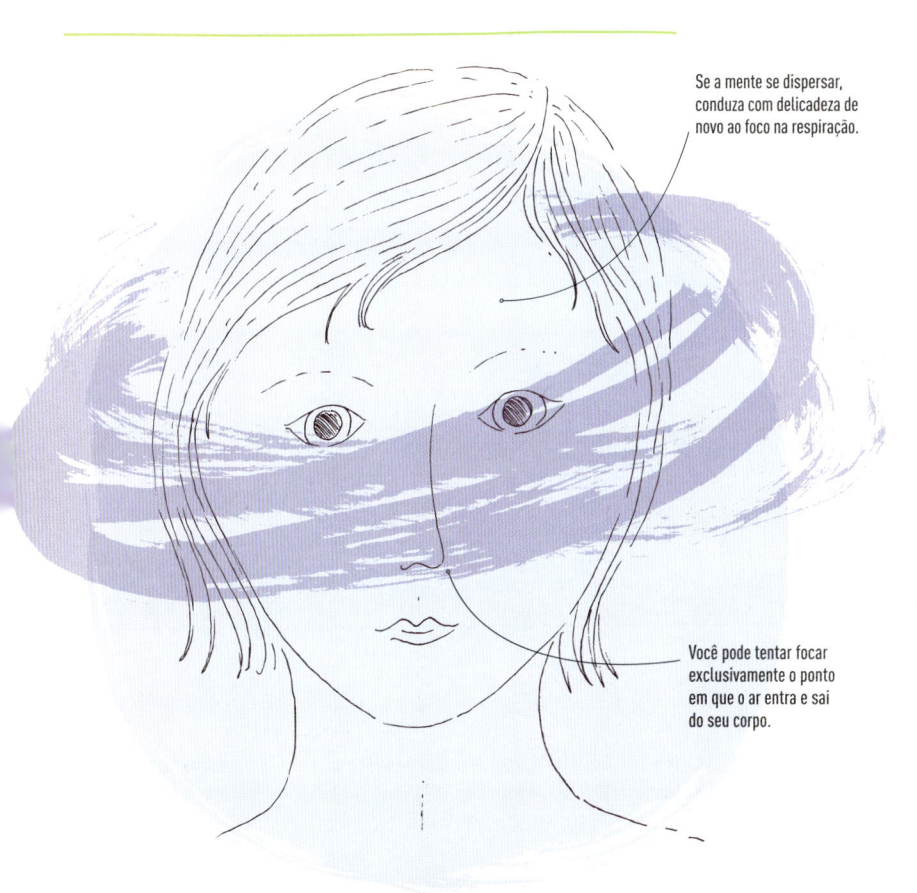

"Quando você respira e sabe que está respirando, isso é a atenção plena à respiração."
Soren Gordhamer

Se a mente se dispersar, conduza com delicadeza de novo ao foco na respiração.

Você pode tentar focar exclusivamente o ponto em que o ar entra e sai do seu corpo.

5 Deixe sua respiração espontânea, como é o seu normal – não tente fazer inspirações especialmente profundas. Tudo o que você deve fazer agora é focar a mente em algo em que normalmente não presta atenção – um processo natural que vem fazendo parte de sua experiência desde os primeiros momentos de vida.

6 Após uns 5 minutos de respiração com atenção plena, abra os olhos e observe de novo o ambiente. Alguns preferem colocar um timer para medir sua sessão, outros acham isso dispersivo, porque ficam esperando o alarme soar. Faça como preferir.

NUVENS INTERNAS
SOLTE-SE DOS PENSAMENTOS

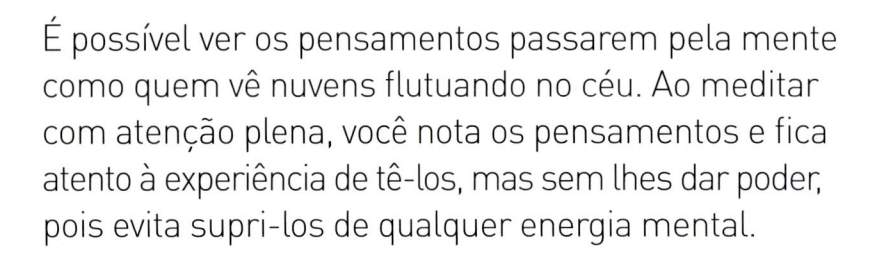

É possível ver os pensamentos passarem pela mente como quem vê nuvens flutuando no céu. Ao meditar com atenção plena, você nota os pensamentos e fica atento à experiência de tê-los, mas sem lhes dar poder, pois evita supri-los de qualquer energia mental.

A meditação de atenção plena envolve a intenção de direcionar a atenção, e isso inclui observar os pensamentos conforme cruzam a mente. Tais pensamentos muitas vezes têm forte atração gravitacional, com a tendência natural de puxar você para a narrativa implícita neles. De vez em quando, ao meditar, você de repente percebe que perdeu o foco de atenção. Em vez de estar no foco, está num pensamento. Mas, ao perceber isso, já terá se separado dele: sem essa percepção momentânea, teria continuado a pensar. Despertar dessa condição de estar perdido num pensamento é algo pelo qual você deve se congratular. Esses momentos de "despertar" permitem que você veja o pensamento por aquilo que realmente é – um visitante, que bate à sua porta quando você está ocupado meditando. Você nota que teve esse pensamento, mas não aceita o convite que ele faz para que continue pensando nele.

Nuvens ralas e densas

Alguns pensamentos passam rápido pela mente, como nuvens ralas. Por exemplo, um comentário casual que alguém fez há dez minutos pode ecoar de leve na sua cabeça. Outros pensamentos estão ligados a emoções

---

VOCÊ NÃO É SEUS PENSAMENTOS

Muitos dos nossos pensamentos, especialmente os mais problemáticos, têm um componente pessoal: têm "a nossa cara". Uma das coisas que minam mais nossa estima é identificar-se com pensamentos negativos, como os descritos abaixo.

Ao se separar dessas afirmações mais pessoais conforme elas passam pela sua mente, e observá-las sem julgar, você as vê pelo que são: pensamentos, e não fatos. Quanto mais você repetir esse processo ao longo de seu programa de meditação de atenção plena, menor poder essas afirmações terão sobre você. Você é você, e não os seus pensamentos a respeito de si mesmo.

- Não me relaciono bem com os outros.
- Nunca tenho nada interessante a dizer.
- Não sou um vencedor na vida.

LIBERTAR-SE DE UMA CADEIA DE PENSAMENTOS

Quando um pensamento entra na sua mente na meditação, você é tentado a ir com ele – pensamentos naturalmente fazem parte de uma infindável cadeia de causa e efeito. Quando uma cadeia dessas é disparada (ver abaixo), você não precisa segui-la. Pode sair dela pondo em primeiro plano a consciência na respiração e vendo o pensamento de fora, por aquilo que é – um simples pensamento.

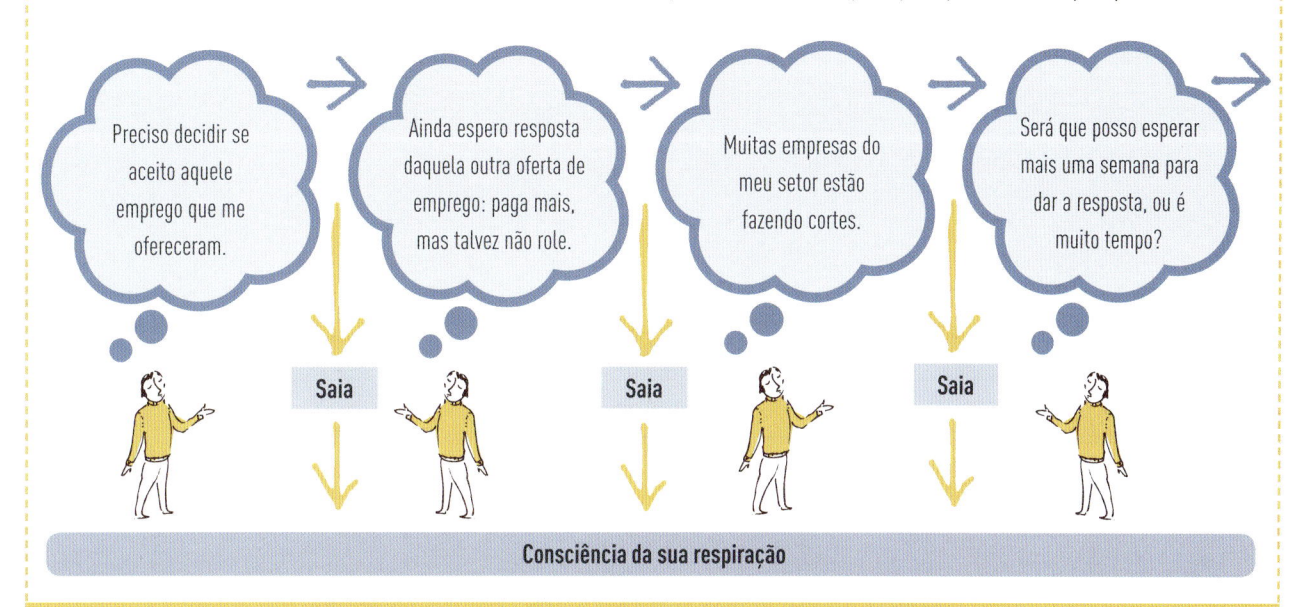

- Preciso decidir se aceito aquele emprego que me ofereceram.
- Ainda espero resposta daquela outra oferta de emprego: paga mais, mas talvez não role.
- Muitas empresas do meu setor estão fazendo cortes.
- Será que posso esperar mais uma semana para dar a resposta, ou é muito tempo?

Saia → Saia → Saia →

Consciência da sua respiração

– podem ter a ver com problemas sérios na sua vida e estar vinculados a ansiedades e medos. Você pode enxergar esses pensamentos complexos como nuvens densas, que parecem mais relutantes em ir embora. Mas na sua meditação a abordagem deve ser a mesma: observe simplesmente os pensamentos sem se envolver em sua história e depois ponha a atenção de volta no foco que escolheu.

> O instante em que você nota um pensamento e "desperta" é um momento de atenção plena.

FAÇA UM ELEFANTE DESAPARECER

Pense num elefante.

Agora conscientemente tente "des-pensar" esse pensamento.

É impossível, obviamente.

Se você se envolve num pensamento, não se livra dele.

Para fazer sumir o elefante, mexa os dedos dos pés e pense na sensação que isso gera.

É provável que, enquanto você pensa nos dedos dos pés, o elefante, ignorado, simplesmente vá embora, chateado.

VENTOS INTERNOS
SOLTE-SE DAS EMOÇÕES

Pensamentos são como nuvens, e emoções são como ventos, que levam essas nuvens na corrente de sentimentos. Ao meditar com atenção plena, você se distancia de emoções e sentimentos, mas os aceita como parte da experiência.

Emoções são reações involuntárias a situações. Você vê seu parceiro todo feliz fazendo brincadeiras com alguém e, se já houver questões no relacionamento, talvez sinta pontadas de ciúme. Ou seu vizinho pode começar a construir um banco no quintal dele às sete da manhã do domingo, e você se irrita com a bateção de pregos e o ruído da furadeira. Emoções costumam ser desproporcionais à sua causa: na sua mente racional, você sabe que as pontadas de ciúme em relação ao seu parceiro são sem fundamento – não há nada entre os dois. Mas as emoções às vezes duram muito tempo depois que sua causa já desapareceu – então, no dia seguinte, você relembra o barulho do vizinho no domingo e sente ser percorrido por uma onda de raiva.

Volte para o seu foco

Você pode tentar afastar suas emoções ou fugir delas; essas abordagens podem oferecer um alívio temporário, mas não é provável que ajudem a longo prazo. Existe a opção de abafar suas emoções mergulhando em alguma espécie de farra – bebida, drogas, comida –, uma abordagem que não só é ineficaz como no final pode ser muito prejudicial. Todas essas medidas para contornar as emoções apenas criam sofrimento e nos impedem de viver plenamente.

ACEITAR UMA EMOÇÃO

Em vez de virar as costas às suas emoções e evitá-las, você pode aprender, na meditação, a ir delicadamente ao encontro da sua experiência. Pode dirigir uma atenção aberta e compassiva para as mágoas que está sentindo e fazer escolhas mais sábias à luz do que descobrir.

Isso exige aceitar uma emoção – em vez de se afastar dela, mas mantendo consciência do sentimento que ela produz em você. Isso é o oposto de se punir por ter a emoção: em vez disso, com autocompaixão, você se abre para o sentimento, aceitando-o, sem ficar lutando contra ele.

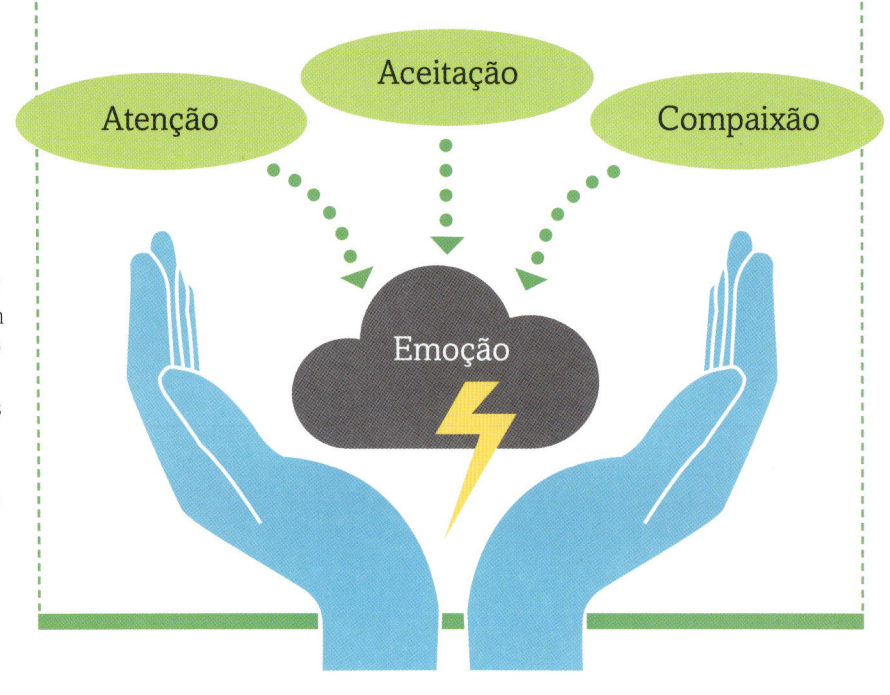

Atenção · Aceitação · Compaixão → Emoção

VENTOS INTERNOS 103

> Como posso ser mais forte do que as minhas emoções?

> Você não pode. Em vez disso, abra-se para elas. Isso criará um espaço mental onde você poderá observá-las melhor – sem que dominem você.

REAÇÃO EMOCIONAL
Uma consciência não reativa, compassiva, ajuda você a lidar melhor com emoções poderosas.

Evitar, sufocar ou fugir de nossas emoções apenas cria sofrimento e nos impede de viver plenamente.

A atenção plena nos dá uma alternativa à fuga – a aceitação (ver à esq.). Com ela, você identifica e reconhece a emoção, acolhendo-a sem julgar. Em uma meditação de atenção plena baseada em focalizar sua respiração, quando surgem emoções você lida com elas como lida com pensamentos (pp. 100-1): dá um passo atrás, percebe-as e instala de novo sua atenção no momento presente, uma vez mais no foco que tiver escolhido.

Aprender com as emoções

Você pode também eleger as próprias emoções como seu foco em uma meditação de atenção plena (pp. 138-41). Se tiver boa aceitação das emoções que experimenta, pode começar a discernir o que foi que as causou e assim usá-las como uma fonte para saber mais a respeito de si mesmo. São esses vislumbres que contribuem para aprofundar a autocompreensão.

DE QUE MODO EMOÇÕES DIFEREM DE SENTIMENTOS?

Imagine que um funcionário do zoológico lhe dá uma cobra. Você tem duas emoções em conflito: excitação e medo. Ao absorver as duas, você aborda a cobra com cautela.

Seu medo era uma emoção; sua cautela é um sentimento. Consulte a tabela abaixo para compreender como as emoções diferem dos sentimentos.

EMOÇÕES	SENTIMENTOS
Nos dizem do que gostamos ou temos aversão.	Nos dizem como agir.
Despertam reações às experiências da vida.	Nos pedem para reagir às nossas emoções.
São imediatas, instantâneas.	Têm maior duração, se assentam.
São intensas e mais fugazes.	Mais sutis, duram mais tempo.
EXEMPLOS	**EXEMPLOS**
Ansiedade.	Preocupação.
Alegria.	Felicidade.
Raiva.	Irritação.
Tristeza.	Depressão.

O QUE É NÃO GOSTAR?
ABRA MÃO DOS JULGAMENTOS

Quando você está no modo "fazer", no dia a dia, a mente julga as coisas como boas ou ruins, certas ou erradas, importantes ou não, urgentes ou não... e assim por diante. No modo "ser", como na meditação de atenção plena, esses julgamentos ficam suspensos.

Costumamos achar difícil aceitar simplesmente o que passa pela nossa mente. Um exemplo: imagine que você ficou ressentido com um amigo porque ele foi muito elogiado após ter sucesso em alguma atividade de arte ou esporte. O ressentimento é uma emoção incômoda, não só por si, mas porque você sabe que ela tem um fundo negativo, pouco aceitável, que deriva da inveja, algo que você não gosta de ver em você, e então se sente mal com isso. É provável que você identifique esse tipo de padrão emocional destrutivo em sua vida: trata-se de um ciclo vicioso, pois você se sente mal por se sentir mal. Talvez tenha experimentado isso também com a ansiedade – estar ansioso faz você sentir que não é capaz de lidar com algo, o que gera mais ansiedade. Ver-se deprimido pode também deixar você mais deprimido ainda.

Medite e observe

Ao meditar com atenção plena, você põe foco na experiência do momento presente sem julgar. Se o consegue, começa a dissolver o ciclo vicioso e destrutivo do autojulgamento. A atitude que você assume quando tem atenção plena é a aceitação – você percebe e reconhece sua inveja e seu ressentimento, mas não se desmerece por sentir isso.

Ao meditar, você escolhe entrar em uma zona de não julgamento. Seu papel, então, é observar com compaixão, como se a pessoa que demonstrasse ressentimento fosse um amigo querido – o seu ego perturbado, observado por seu ego que medita. Parte da observação é identificar como e onde a experiência da inveja e do ressentimento se manifesta. Ela é puramente mental, ou você sente algo no corpo também? Seus músculos ficam tensos? Que músculos? Seu coração acelera, ou você sente calor e o rosto vermelho? Ou sente a inveja

> As emoções que sinto ao meditar são poderosas. Acho difícil vê-las como são realmente.

> Você é maior do que suas emoções. Elas não preenchem você, elas viajam através de você.

PONTO DE VISTA
Lembre-se – o que você sente e o que você pensa não são você.

como se fosse uma expectativa de sua mente por um cenário que você acha que deveria ser o seu?

Perceba agora como as emoções se mostram no corpo – como seu corpo se sente. Isso ajuda a não se afogar nos pensamentos sobre a emoção – não pergunte por quê, mas o quê. O que é essa experiência da emoção no momento presente? Qual é minha relação com ela? É incômoda?

Ao meditar desse modo, não estamos nos defendendo, mas cuidando bem de nós. Como demonstramos que estamos nos cuidando? Simplesmente prestando atenção no momento presente à nossa experiência. Estamos dando a nós a dádiva de nossa atenção plena.

Está tudo certo
É fácil desenvolver essa autoaceitação se você olha para suas emoções com uma curiosidade amigável. Se achar que ajuda, diga "Tudo bem" a você mesmo – um resumo de "Tudo bem eu me sentir assim". Uma boa ideia pode ser adotar um sorriso interior – uma expressão mental de afeto relaxado. Com isso, você substitui a aversão que lhe causa uma emoção desagradável por uma reação mais criativa, que não dispara uma reação em cadeia de desconforto.

> Sabemos que nossa inveja é indigna de nós, e isso nos faz sentir mal conosco.

O CICLO DO JULGAMENTO

Emoções negativas são parte da psique humana e com frequência se sustentam por meio de um ciclo de julgamentos (abaixo). Aceitar as emoções com atenção plena e com uma curiosidade amigável dissolve o ciclo de se sentir mal a respeito de maus sentimentos.

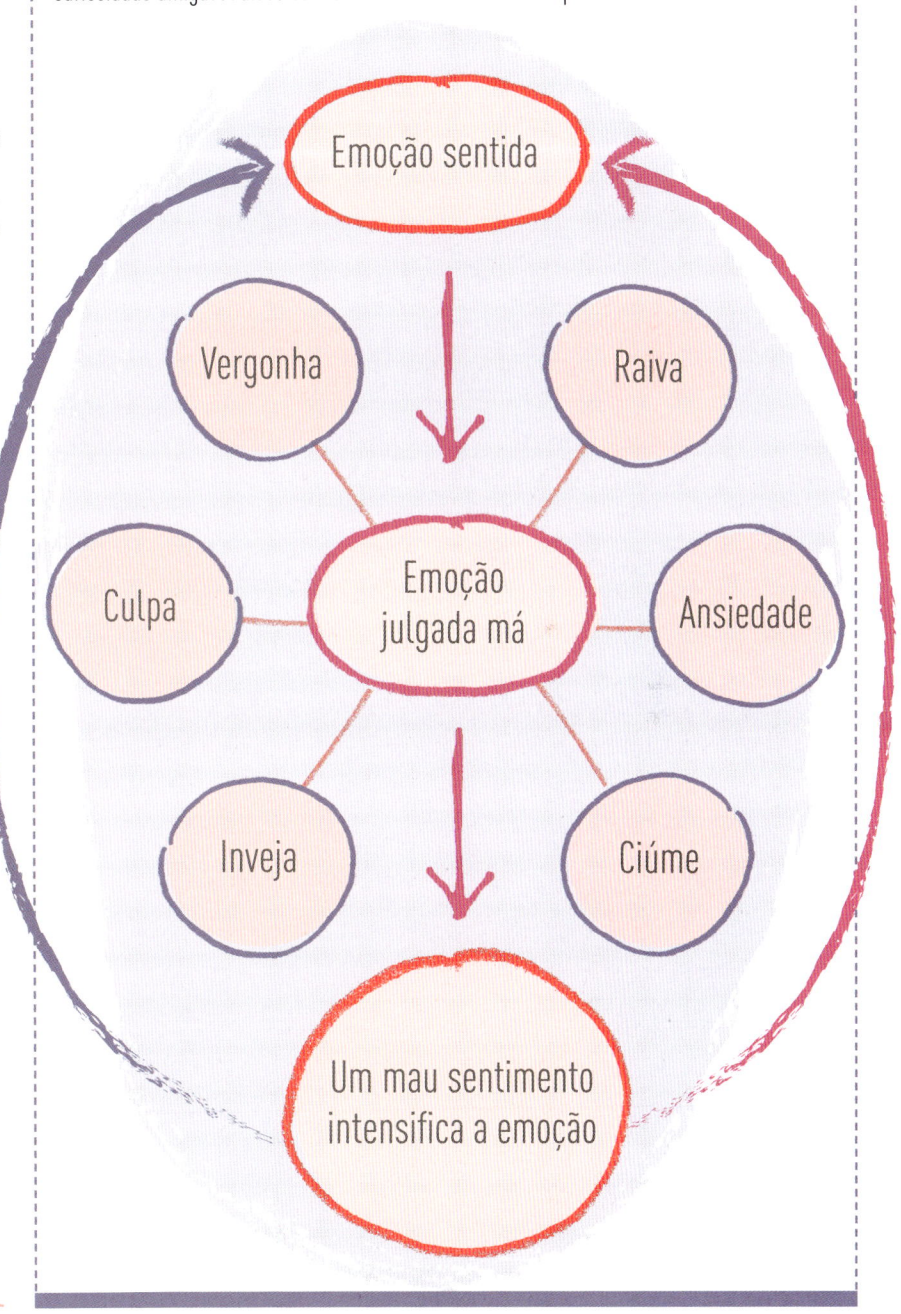

- Emoção sentida
  - Vergonha
  - Raiva
  - Culpa
  - Ansiedade
  - Inveja
  - Ciúme
- Emoção julgada má
- Um mau sentimento intensifica a emoção

EU VIVO AQUI
PRÁTICA DE CORPO E RESPIRAÇÃO

O corpo oferece sensações o tempo todo em que estamos conscientes. Em geral, nós as ignoramos – não registramos, por exemplo, a sensação do punho da camisa roçando o pulso. Mas atentar para essas experiências assenta a prática de atenção plena no aqui e agora e é um foco excelente para a meditação.

Nessa meditação simples de atenção plena, você vai se concentrar nas sensações do corpo em um estado de consciência relaxada e alerta. Sentado bem confortável, em uma posição de quietude estável e sem tensão – o que alguns chamam de "sentar-se ereto" –, explore as sensações do corpo com a mente.

O fluxo das sensações

A meditação que vamos descrever incentiva você a prestar atenção às sensações numa certa ordem – uma perna primeiro, depois a outra, por exemplo –, mas não se preocupe em seguir as instruções ao pé da letra. O importante é o espírito do exercício – e a orientação dada sobre o que fazer com as dispersões mentais. Conforme atentar para as sensações do corpo, elas irão se formar e se dissolver (quando você passar para o próximo foco) e depois talvez se formem de novo. Muitos perguntam como lidar com esse aspecto aleatório do fluxo de sensações, indo e vindo. E se uma das áreas das quais você acaba de sair começar a chamar sua atenção de novo? A resposta é que isso não importa. Tampouco se preocupe se não tiver nenhuma sensação em certas áreas do corpo: desejar que haja sensações não faz parte do propósito. Atente apenas ao que você perceber, com total aceitação, e ignore qualquer desejo de que algo seja de outra forma.

Deixe o corpo e suas sensações serem como são ao percebê-los. Seja um cartógrafo mapeando o terreno do seu corpo. Tenha total aceitação daquilo que for descobrindo – áreas de tensão, de torpor, partes do corpo envelhecendo, partes que não cooperam. Deixe passar qualquer desejo de mudar algo. Você não está tentando criar uma experiência, apenas registrando o que está de fato presente no momento. Tal percepção das coisas como são, mesmo como experiência momentânea, é muito gratificante.

QUAL É A SENSAÇÃO?

O corpo é a casa dos nossos sentidos, e essa meditação ajuda a mapear nosso território. Depois de terminar a meditação, responda às seguintes questões. Tome cuidado para não se criticar em suas respostas: o objetivo desse exercício não é você se testar ou analisar, mas verbalizar o que está fazendo, pois pode ser esclarecedor.

- Quando surgiram pensamentos, você foi capaz de abordá-los com curiosidade e uma consciência tranquila e deixar que fossem embora?

- Quando surgiram emoções, você foi capaz de remover sua atenção do corpo para perceber como essas emoções estavam sendo experimentadas fisicamente?

- Passar algum tempo com um foco tranquilo nas sensações do corpo e no movimento da respiração fez com que esses elementos se tornassem mais acessíveis à sua atenção mais tarde, no decorrer do dia?

SUPERAR OS CINCO OBSTÁCULOS

Na prática tradicional de meditação, os "Cinco Obstáculos" (ver abaixo) são as principais forças da mente que afetam a capacidade de ver claramente ou de nos concentrarmos. São experiências universais da mente adulta. Ao transformar um obstáculo em objeto de meditação e tratá-lo com curiosidade amigável, você evita que ele exerça força sobre você. Siga o procedimento abaixo.

1 PRAZER SENSUAL
Querer mais do momento, deixar-se seduzir por experiências sensoriais agradáveis.

2 AVERSÃO
Julgar, mostrar má vontade, afastar experiências da mente.

3 SONO E TÉDIO
Divagar, perder o foco, ficar com a mente nebulosa.

4 INQUIETUDE E PREOCUPAÇÃO
Corpo e mente irrequietos, agitação, não se sentir à vontade.

5 DÚVIDA
Pensar: "Estou fazendo certo? Por que estou fazendo isso? Tem algo acontecendo?".

→ **Identifique e dê nome ao obstáculo.**

→ **Aceite-o.**

→ **Introduza uma curiosidade tranquila**, avaliando a sensação – no seu corpo, nas emoções e nos pensamentos (incluindo ações que sinta necessidade de fazer).

→ **Considere tudo um processo flutuante**, e não algo ligado à sua identidade.

LIMPANDO O CAMINHO
Em alguns casos, o simples fato de identificar um obstáculo é suficiente para que ele desapareça e deixe caminho livre para um pensamento claro.

continua

MEDITAÇÃO CORPO E RESPIRAÇÃO

Esse exercício é outro pilar da prática de atenção plena; ele combina a meditação introdutória de respiração que você já viu nas páginas 96-9 com uma viagem pelas sensações físicas do corpo.

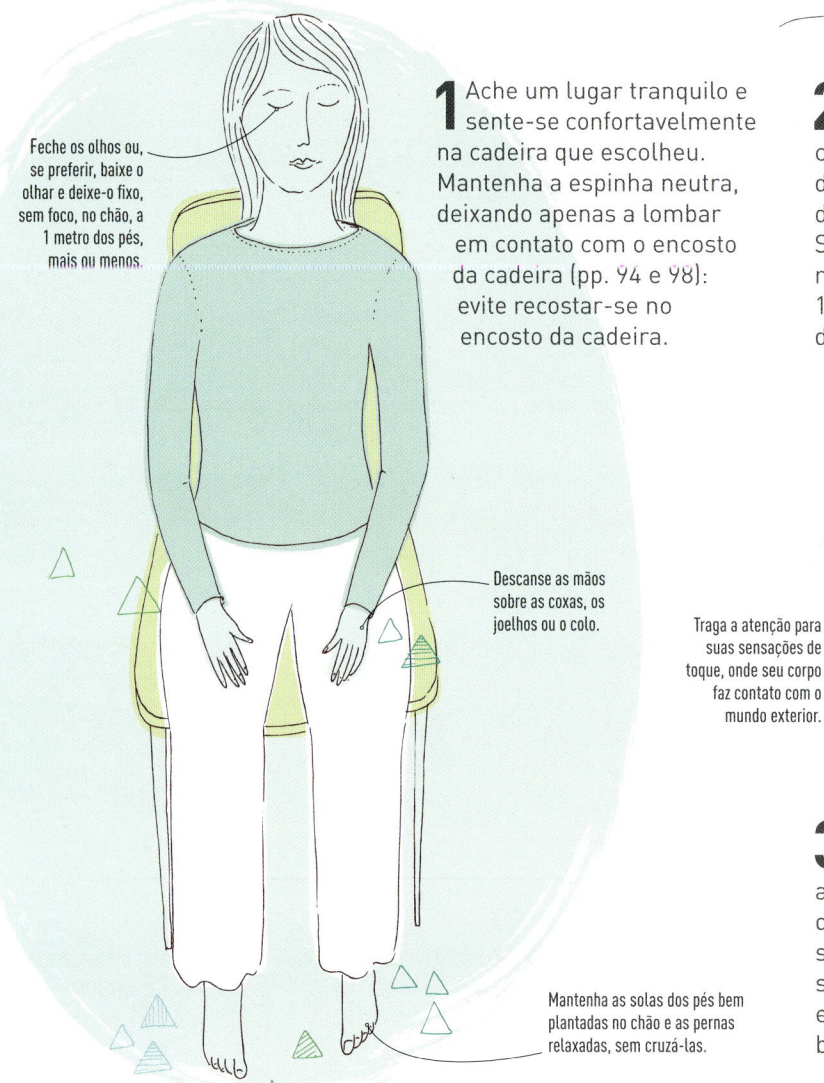

Feche os olhos ou, se preferir, baixe o olhar e deixe-o fixo, sem foco, no chão, a 1 metro dos pés, mais ou menos.

1 Ache um lugar tranquilo e sente-se confortavelmente na cadeira que escolheu. Mantenha a espinha neutra, deixando apenas a lombar em contato com o encosto da cadeira (pp. 94 e 98): evite recostar-se no encosto da cadeira.

Descanse as mãos sobre as coxas, os joelhos ou o colo.

Mantenha as solas dos pés bem plantadas no chão e as pernas relaxadas, sem cruzá-las.

2 Relaxe o corpo e acalme a mente. Ao mesmo tempo, fique alerta e consciente. Se não conseguir relaxar das primeiras vezes, e essa instrução deixar você ansioso, não se preocupe. Simplesmente preste atenção à sua respiração, inspirando e expirando, por 1 minuto mais ou menos, e concentre-se de modo tranquilo no seu corpo.

Traga a atenção para suas sensações de toque, onde seu corpo faz contato com o mundo exterior.

3 Leve sua atenção a todos os lugares em que seu corpo tem contato com o ambiente, como as coxas e a parte de trás dos joelhos encostando na cadeira, e onde seus pés se apoiam no chão. Passe uns segundos explorando essas sensações em sua mente – não se demore demais, basta tomar conhecimento.

4 Agora leve a atenção para um dos pés. Comece com os artelhos, passe para a sola do pé, depois o calcanhar e o peito do pé. Repita com o outro pé, dando uma breve atenção a cada uma das partes.

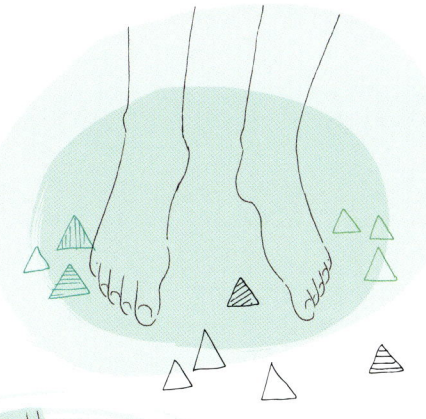

Leve a atenção de um dedo a outro, tanto das mãos quanto dos pés.

SOBRE A PRÁTICA

Benefícios É uma prática essencial de meditação de atenção plena, um avanço em relação à meditação básica de respiração. Um jeito sempre à mão de se conectar com o momento presente. Inclui a respiração, mas estende a consciência além dela.

Frequência Faça isso todo dia na segunda e terceira semanas de prática regular.

Duração Gaste pelo menos 10 minutos nessa prática, ou mais tempo se puder – 15-20 minutos é o tempo ótimo.

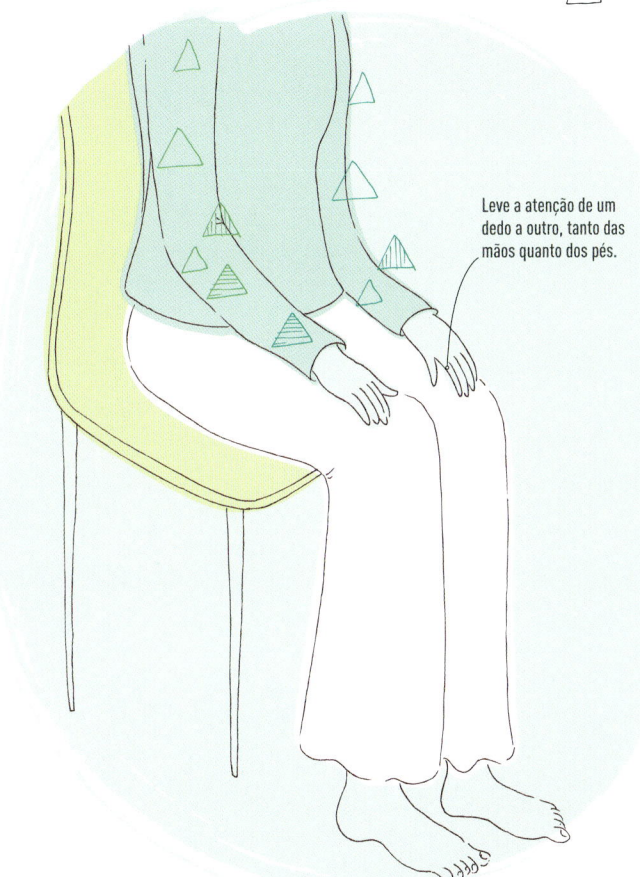

5 Siga o mesmo procedimento agora para as pernas, primeiro uma, depois a outra, então passe da pelve e dos quadris para os ombros, até ter explorado todo o torso.

6 Explore agora as sensações nas mãos e braços, começando pela ponta dos dedos e subindo pelos braços, um por vez, até os ombros. Agora atente ao pescoço e à cabeça. Passe 1 ou 2 minutos instalado na consciência do seu corpo inteiro, apenas sendo, apenas respirando.

7 Atente para a respiração. Foque as sensações de cada inspiração e expiração, no abdome ou no nariz. Se quiser, ponha a mão na barriga para ajudar a atentar a cada subida e descida. Depois de uns 5 minutos de respiração com atenção plena, abra os olhos e sinta de novo o ambiente.

O QUE ACONTECE NO CÉREBRO?
A CIÊNCIA DA MEDITAÇÃO

Quanto mais você medita, mais seu cérebro muda – para melhor! Cientistas estão sempre ampliando nosso conhecimento sobre como o cérebro funciona. Conhecer algumas das importantes descobertas feitas até hoje pode ser uma boa motivação nesse estágio inicial de sua meditação de atenção plena.

Há 2 mil anos as pessoas sabem que a meditação traz imensos benefícios psicológicos, mas só nas últimas décadas a moderna tecnologia revelou seus prováveis mecanismos neurológicos. Os pesquisadores usam técnicas para medir a frequência dos impulsos elétricos no cérebro, a fim de visualizar as áreas da atividade cerebral e investigar os efeitos da prática de atenção plena. Um achado crucial é que nosso cérebro processa informação de modo menos ativo do que o usual quando meditamos. Além dessas mudanças de curta duração, a

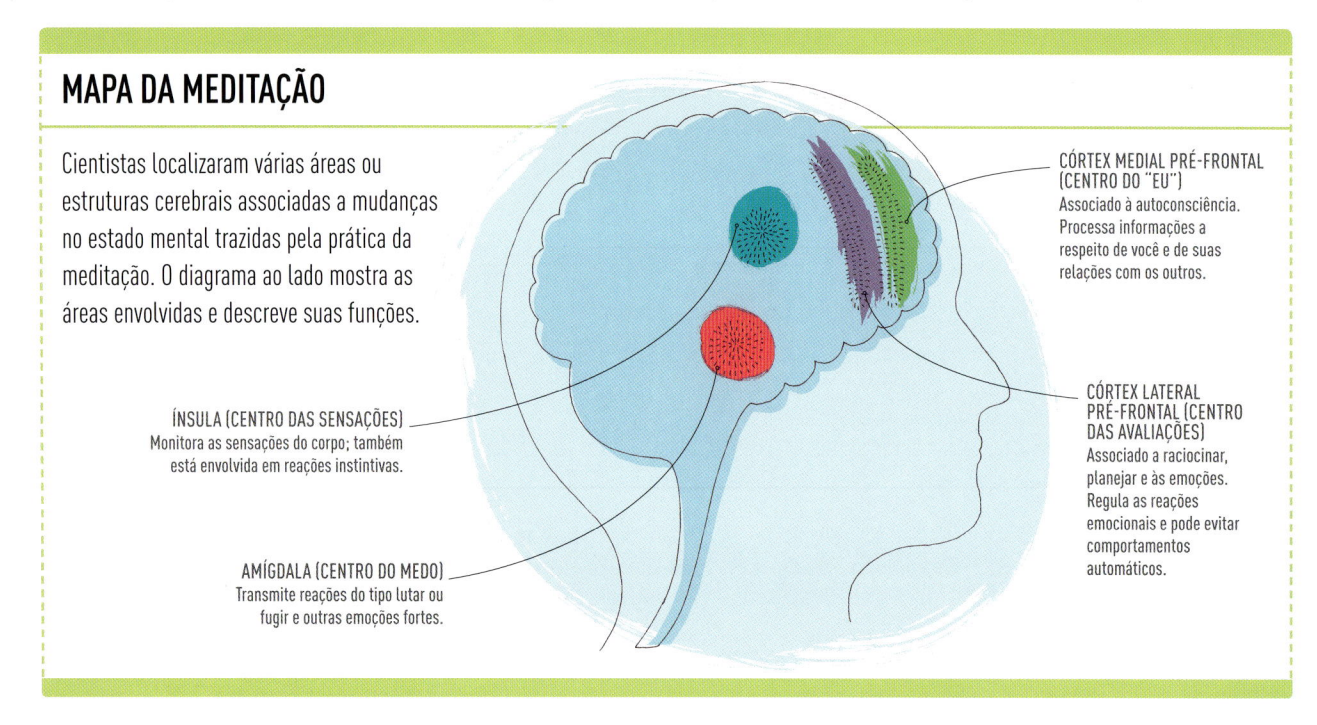

MAPA DA MEDITAÇÃO

Cientistas localizaram várias áreas ou estruturas cerebrais associadas a mudanças no estado mental trazidas pela prática da meditação. O diagrama ao lado mostra as áreas envolvidas e descreve suas funções.

ÍNSULA (CENTRO DAS SENSAÇÕES)
Monitora as sensações do corpo; também está envolvida em reações instintivas.

AMÍGDALA (CENTRO DO MEDO)
Transmite reações do tipo lutar ou fugir e outras emoções fortes.

CÓRTEX MEDIAL PRÉ-FRONTAL (CENTRO DO "EU")
Associado à autoconsciência. Processa informações a respeito de você e de suas relações com os outros.

CÓRTEX LATERAL PRÉ-FRONTAL (CENTRO DAS AVALIAÇÕES)
Associado a raciocinar, planejar e às emoções. Regula as reações emocionais e pode evitar comportamentos automáticos.

meditação faz uma reengenharia sutil do cérebro: enfraquece algumas conexões neurais e fortalece outras, em áreas associadas ao senso do eu, à empatia e ao estresse. A ciência confirma o que muitos sabem por experiência direta da meditação – que quem medita tende a não levar as coisas tão pessoalmente, reage menos a ameaças percebidas, a perigos e desconfortos, e é menos inclinado a agir por impulso primal. Tais ajustes afetam não só nossa reação à sensação e à emoção, mas o modo como vemos as outras pessoas – com maior empatia e compaixão. Algumas das mudanças mais importantes que ocorrem no cérebro de quem medita estão em forma simplificada no diagrama abaixo.

Poder permanente

Embora tais melhoras potencialmente sejam de longo prazo, isso depende em alguma medida da continuidade de sua prática. A não ser que a meditação seja algo regular na sua vida, o cérebro provavelmente não demorará a voltar às suas características anteriores (um exemplo de neuroplasticidade – a adaptabilidade do cérebro em reagir às atividades que é solicitado a realizar). Ao continuar meditando, você consolida as novas trilhas neurais – e seu cérebro irá servi-lo bem no objetivo de manter os benefícios da atenção plena no centro de sua vida.

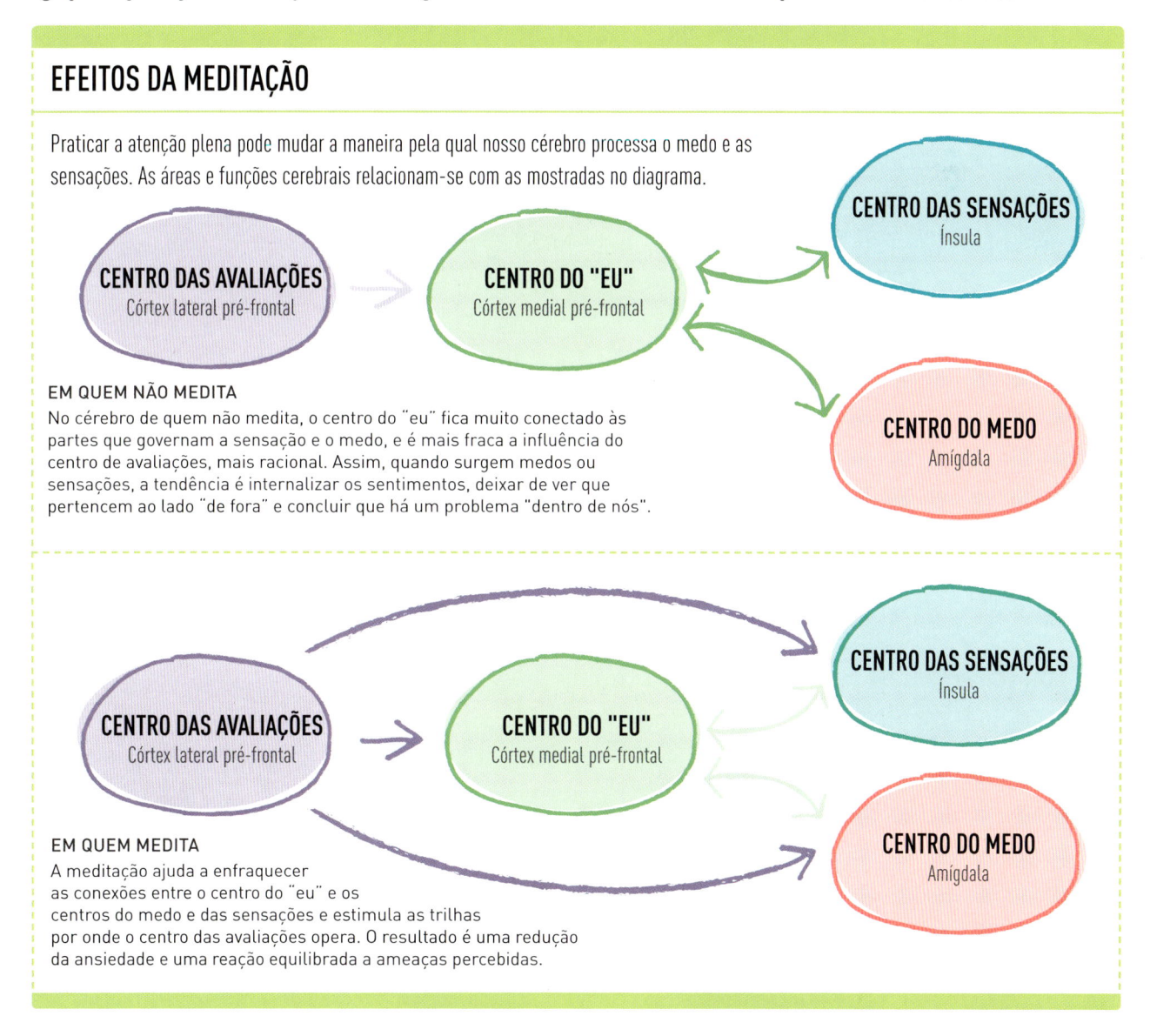

EFEITOS DA MEDITAÇÃO

Praticar a atenção plena pode mudar a maneira pela qual nosso cérebro processa o medo e as sensações. As áreas e funções cerebrais relacionam-se com as mostradas no diagrama.

CENTRO DAS AVALIAÇÕES — Córtex lateral pré-frontal
CENTRO DO "EU" — Córtex medial pré-frontal
CENTRO DAS SENSAÇÕES — Ínsula
CENTRO DO MEDO — Amígdala

EM QUEM NÃO MEDITA
No cérebro de quem não medita, o centro do "eu" fica muito conectado às partes que governam a sensação e o medo, e é mais fraca a influência do centro de avaliações, mais racional. Assim, quando surgem medos ou sensações, a tendência é internalizar os sentimentos, deixar de ver que pertencem ao lado "de fora" e concluir que há um problema "dentro de nós".

EM QUEM MEDITA
A meditação ajuda a enfraquecer as conexões entre o centro do "eu" e os centros do medo e das sensações e estimula as trilhas por onde o centro das avaliações opera. O resultado é uma redução da ansiedade e uma reação equilibrada a ameaças percebidas.

Perceber as sensações com atenção plena e com uma curiosidade amigável pode ajudar a quebrar o ciclo dentro do qual você se debate com a realidade e o sofrimento.

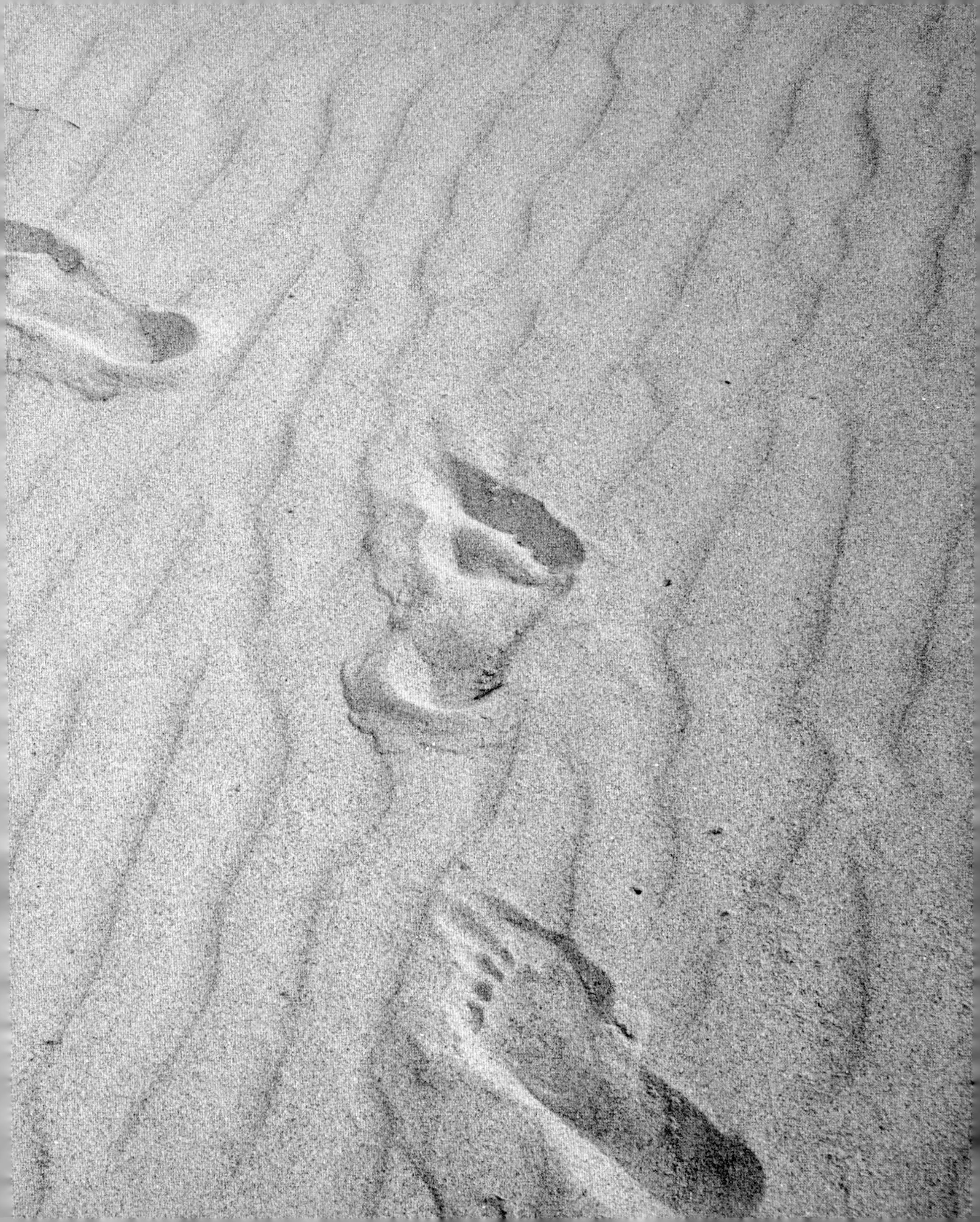

OLÁ, FOLHA; OLÁ, MOEDA
MEDITAR NOS OBJETOS

Dar atenção plena a um objeto na meditação é um modo de se ancorar na experiência presente e apreciar a riqueza sensorial da vida. Pode ser um complemento ocasional à prática de corpo e respiração – ou uma variação.

Não há nada de limitante ou de bitolado em escolher o próprio corpo como foco da meditação de atenção plena. A prática é autocentrada apenas no sentido neutro desse termo, sem julgamento. Toda a nossa vida tem o eu em seu centro, e é nele que começam todos os nossos pensamentos, percepções e todas as contribuições que possamos dar à nossa vida e à vida dos outros.

Focalizar atenção no corpo também não é superficial, pois as sensações são o espelho do que acontece em nossa vida, de bom ou de ruim. A tensão muscular, por exemplo, pode indicar algo sobre nossa autoestima, estilo de vida ou relacionamentos. Todas as sensações corporais merecem nossa atenção plena.

Existe, porém, outra forma de praticar atenção plena, na qual você dirige a atenção para fora, sem julgar – para algo que não é seu corpo. Pode ser qualquer objeto, banal ou bonito, natural ou artificial. O propósito da sessão não é apreciar sua beleza objetiva ou seu significado histórico, mas simplesmente atentar ao que você é capaz de perceber com seus sentidos, num espírito de observação neutra. Nessa meditação, você explora cada aspecto de um objeto, usando todos os sentidos, um por vez. Se for uma fruta, você pode concluir sua exploração comendo-a – o que abre toda uma nova dimensão de experiência.

Em seu Programa de Redução do Estresse Baseado em Atenção Plena, Jon Kabat-Zinn usava uma uva-passa para introduzir nas aulas a meditação baseada em objeto. Escolhia algo comum, raramente individualizado, mas visto mais como parte de um conjunto, para destacar um ponto importante – que a meditação não é algo acima da vida real ou dos detalhes do mundo. É ter um envolvimento mais próximo.

Ampliar a consciência

Seja qual for o item escolhido para sua meditação baseada em objeto, o fato de explorar sistematicamente seus aspectos – cor, forma, cheiro e textura – ampliará sua consciência do mundo exterior. Ao meditar sobre um objeto, você muda sua relação com o mundo, deixa de achar que tudo é assim e pronto. Meditar no objeto faz você ver as coisas de outro modo – um modo novo, com atenção plena.

Experimente coisas simples com uma consciência intensa. Uma xícara de chá pode ser uma meditação em si mesma.

O REINO DOS SENTIDOS

Meditar num fenômeno tem uma longa história: no Oriente, é comum pôr o foco numa chama de vela. Mas como a atenção plena envolve todos os sentidos, um objeto que você possa manipular e até sentir o gosto oferece maiores possibilidades. Tente meditar usando uma cereja ou outra fruta pequena. Atente para todas as suas dimensões sensoriais. É surpreendente quanto há para explorar.

- Ela é brilhante ou opaca?
- É quente ou fria?
- Tem alguma mancha ou imperfeição?
- Tem alguma fragrância?
- A cor é a mesma em toda a sua superfície?
- Que textura ela tem na sua boca?
- Sua superfície é rugosa ou lisa?
- Qual o gosto dela?

As sensações associadas ao objeto são o principal aspecto dessa prática.

continua

PERCEBER UMA FOLHA

Não é apreciação estética o que se procura nessa meditação. O propósito é abrir seus sentidos para as características perceptíveis de um objeto. No entanto, isso não significa que curtir a beleza não faça parte da atenção plena. Ao contrário, ser despertado para o mundo à sua volta irá fazer você perceber a beleza mais intensamente.

> **OBJETOS PARA MEDITAR**
> Muitos objetos naturais são um bom foco para meditar. Tente pedras, cristais, conchas, bolotas de carvalho, pinhas, castanhas, galhos, penas, espigas de milho, flores, frutas ou legumes.

1 Pegue uma folha caída do jardim ou de um parque. Segure-a na palma da mão. Perceba o contato dela na sua pele. Ela toca você em alguns lugares, em outros não, não é mesmo?

Deixe a folha repousar na sua mão sem manipulá-la: perceba seu peso.

Trate todas as sensações, agradáveis ou não, de modo equânime.

2 Agora pegue-a entre o polegar e os demais dedos. Sinta sua temperatura: parece quente ou fria? A temperatura varia ao longo da sua superfície? Você sente a folha aquecer ou esfriar enquanto você a está segurando?

3 Concentre-se agora na textura da folha. É áspera ou lisa? Há algum arranhão nela? Como você sente o tato das bordas em relação ao centro? Ela é dura ou suave ao toque? Firme ou flexível? Úmida ou seca? E o talo, qual a sensação?

OLÁ, FOLHA; OLÁ, MOEDA   **117**

4 Acompanhe com os olhos o contorno da folha. Observe sua forma e tamanho. Olhe a folha de diferentes ângulos ao girá-la na mão e veja como o formato vai mudando.

Se estiver ao ar livre, observe como a folha se inclina com a brisa.

SOBRE A PRÁTICA

Benefícios Prática ocasional de atenção plena. Pode ser usada como meditação inicial. Serve como antídoto a preconceitos sobre os objetos do dia a dia. Amplia o foco das sensações corporais das coisas.

Frequência Acrescente à sua prática regular ou use-a como variação ocasional.

Duração Passe de 5 a 15 minutos meditando num objeto simples.

---

5 Note o tom da cor na parte de cima. Há variações ou nuances de cor? Observe os detalhes. Você nota ressaltos, nervuras ou padrões? A folha está manchada? Veja tudo isso na parte de cima da folha e no talo. Agora vire a folha e examine o outro lado. É mais claro ou mais escuro? Que marcas você nota desse lado da folha?

6 Agora segure a folha bem debaixo do nariz e veja se tem algum cheiro. Se tiver, curta, sem tentar dar nome ou comparar com outra coisa. O cheiro varia nas diferentes partes da folha?

Note em que ponto do nariz você parece detectar o cheiro da folha.

PERCEBA A MOEDA

Objetos manufaturados, como moedas, podem ser muito velhos, e, ao lidar com eles, é tentador especular sobre sua história. Numa meditação de atenção plena, deixe de lado essas considerações. Concentre-se apenas no objeto – suas cores, formas, texturas, qualidades táteis e até no aroma.

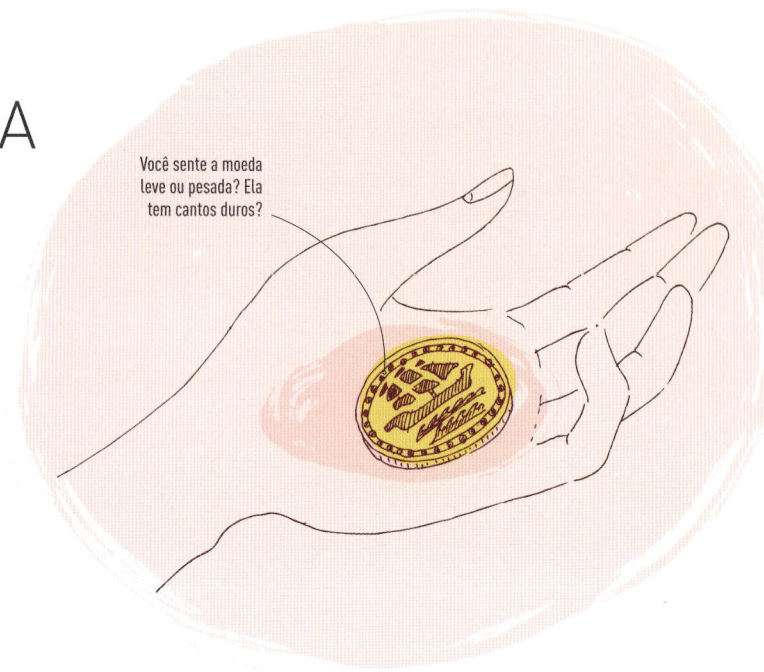

Você sente a moeda leve ou pesada? Ela tem cantos duros?

OBJETOS PARA MEDITAÇÃO

Use um objeto manufaturado nessa meditação. Pequeno, para que o veja sem se mover, e com detalhes de tamanho suficiente para enxergá-los sem forçar a vista – botões, chaves, selos e joias são ideais.

1 Escolha uma moeda; não precisa ser valiosa nem ter quaisquer associações especiais. Pode ser uma moeda qualquer do seu bolso ou bolsa. Segure-a na palma da mão. Note a sensação dela em sua pele, mas não dê bola para pensamentos a respeito da moeda. Observe apenas – evite colocar rótulos no que vê e sente.

SOBRE A PRÁTICA

Benefícios Prática ocasional de atenção plena. Pode ser usada para dar início à meditação. Serve como antídoto a preconceitos sobre objetos do dia a dia. Amplia o foco para as sensações corporais das coisas.

Frequência Acrescente à sua prática regular ou use como variação ocasional.

Duração Gaste de 5 a 15 minutos meditando sobre um objeto simples.

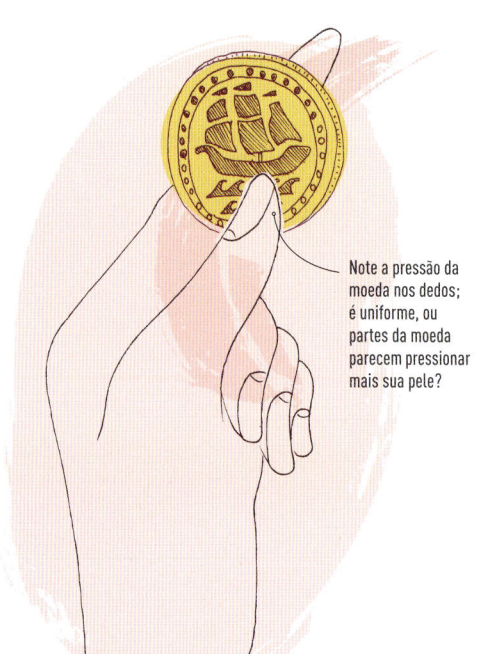

Note a pressão da moeda nos dedos; é uniforme, ou partes da moeda parecem pressionar mais sua pele?

2 Pegue a moeda entre seu polegar e os demais dedos. Registre sua temperatura: é mais quente ou mais fria? Você percebe a temperatura mudar depois de segurá-la um tempo?

3 Traga a atenção para a textura da moeda. É lisa ou tem algum relevo na superfície? A beirada é muito diferente? Há um padrão usinado na borda da sua circunferência? É rugoso ou liso ao tato?

OLÁ, FOLHA; OLÁ, MOEDA **119**

4 Observe de perto a forma e o tamanho da moeda. Gire-a na sua mão e veja a forma dela mudar. Note a cor do metal. A superfície é brilhante ou opaca? Tem variações de cor ou de tom? Está muito desgastada na superfície ou nas bordas?

Vire a moeda e note como a luz se reflete em suas superfícies.

5 Observe os detalhes do rosto gravado na moeda (se houver). É um jovem, um velho, alguém de meia-idade? Há detalhes da roupa? Que outros aspectos? Não tente identificar o personagem, mas não se incomode se souber quem é: deixe o pensamento passar enquanto segue observando.

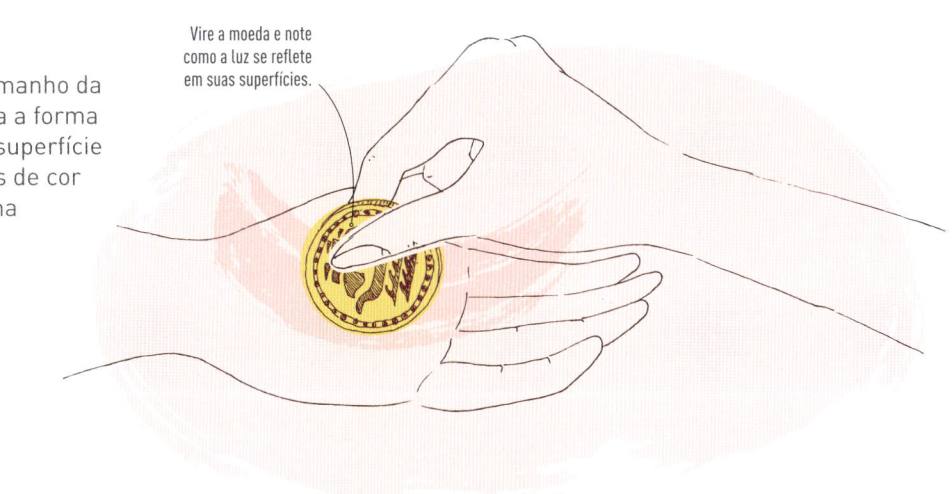

Olhe de perto os padrões gravados na moeda, mas evite ser atraído por sua narrativa.

6 Vire a moeda e observe o outro lado do mesmo modo. Qual é a imagem? Apenas registre o que vê: ignore quaisquer associações simbólicas que reconhecer.

De olhos fechados, tente sentir algum cheiro na moeda.

7 Agora leve a moeda até suas narinas e veja se detecta algum cheiro. Se sentir, experimente-o sem tentar dar nomes à fragrância nem tentar imaginar a sua origem.

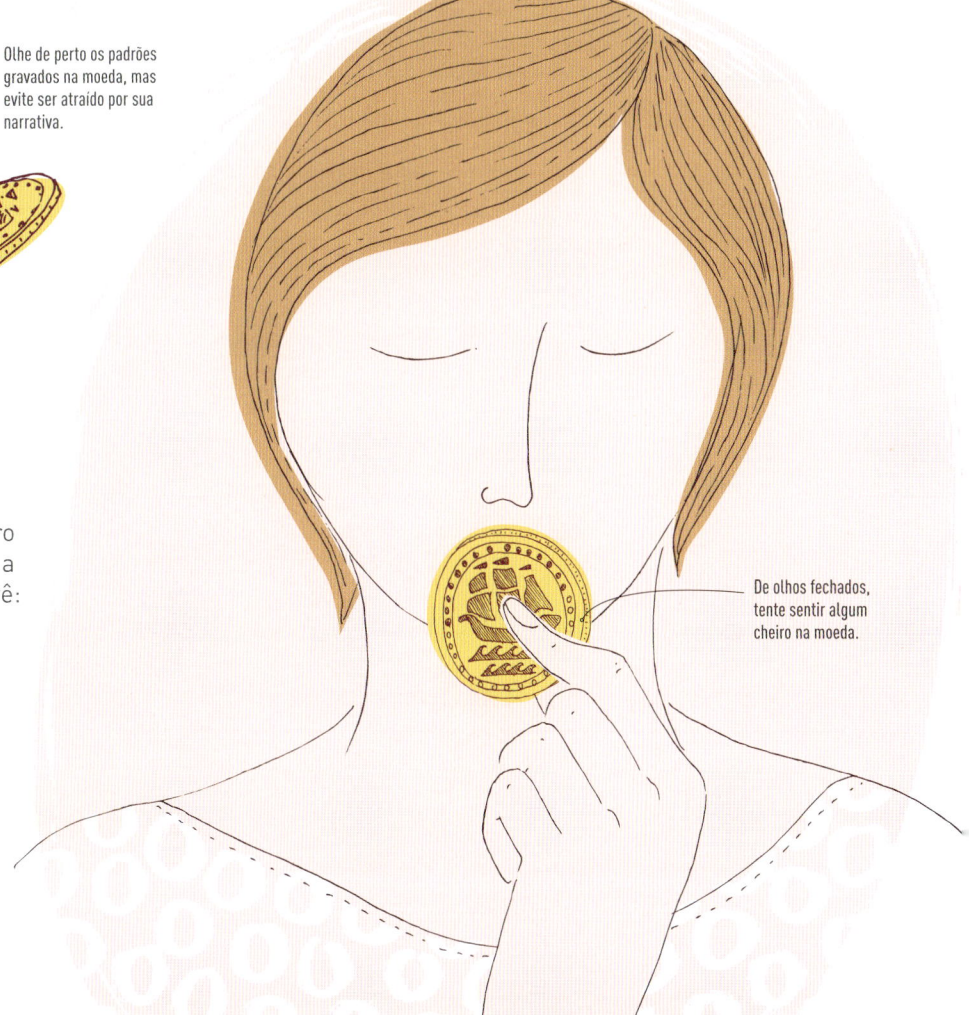

SCAN DO CORPO – NÍVEL BÁSICO
AUTOCONSCIÊNCIA FÍSICA

Esse exercício extremamente gratificante é um dos alicerces da prática de atenção plena. Você atenta a cada parte do seu corpo, uma por vez, com a máxima autoconsciência, notando as sensações e emoções que residem ali. O resultado é uma harmonização de corpo e mente num todo integrado.

ENCONTRE UMA POSIÇÃO CONFORTÁVEL

Pode-se fazer a meditação do scan do corpo sentado ou em pé, mas a maioria prefere deitar numa cama, esteira ou tapete. Ficar deitado na mesma posição por 30 minutos ou mais pode ser difícil: se sentir frio, cubra-se com um cobertor; mude de vez em quando a posição, devagar e com atenção plena, até ficar confortável.

PERMANEÇA ALERTA

O scan do corpo é um exercício de relaxamento. Portanto, você pode cair no sono ao fazê-lo. Não julgue a si mesmo se isso acontecer. Apoiar a cabeça num travesseiro, ou manter os olhos abertos, ou mesmo fazer uma versão sentado da prática, irá ajudar a mantê-lo acordado caso sinta sono.

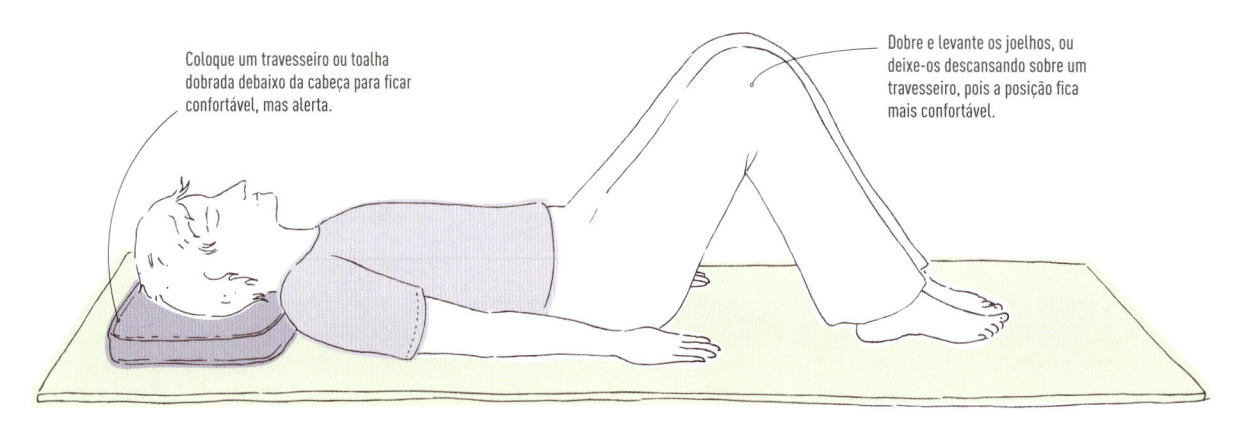

Coloque um travesseiro ou toalha dobrada debaixo da cabeça para ficar confortável, mas alerta.

Dobre e levante os joelhos, ou deixe-os descansando sobre um travesseiro, pois a posição fica mais confortável.

SCAN DO CORPO – NÍVEL BÁSICO

Com a meditação de atenção plena de scan do corpo, você alcança uma consciência mais ampla ao mover a atenção devagar ao redor do corpo, área por área, como quem ilumina uma caverna com uma lanterna.

Não é possível abranger a sensação do corpo inteiro na mente, pois esta não é capaz de multitarefa: só opera em sequência. Ao mover seu foco de atenção de um ponto a outro, você toma consciência de sensações físicas brutas, como pulsações, tensões, peso, queimação, rigidez e assim por diante, e pode identificar emoções que residem no corpo. Sustente essas sensações sem julgá-las nem reagir; fazendo isso, talvez descubra que elas diminuem de intensidade.

A prática regular dessa meditação ajuda a fortalecer sua capacidade de prestar atenção de modo sustentado. Ao mesmo tempo, você se abre para a autocompaixão, porque a atenção que dirige ao seu corpo é carinhosa, amigável, movida pela curiosidade.

Prática essencial

O scan do corpo é essencial em muitos programas de atenção plena (pp. 90-1), nos quais com frequência é feito depois de alguns minutos de meditações de respiração e de corpo e respiração. Faça duas vezes ao dia por uma semana – pule um dia, para fazer algo menos disciplinado, como uma meditação em objeto. Às vezes é difícil praticar o scan, por você estar sem energia ou ter compromissos urgentes; evite julgar a si mesmo – simplesmente passe a meditação para o dia seguinte.

> O scan do corpo é uma prática gratificante; experimente quando se sentir cansado ou desmotivado. Você ficará feliz por ter conseguido a energia necessária para praticá-la.

ENVIE A RESPIRAÇÃO PARA AS DIVERSAS ÁREAS DO CORPO

Conforme você dirigir a atenção para cada área do corpo, tente imaginar sua respiração viajando até essa área enquanto inspira e traga-a de volta na expiração. Ao fazê-lo, imagine que as sensações nessa parte do corpo estão sendo tranquilizadas. Claro que não é assim que a sua anatomia funciona, mas visualizar o processo dessa maneira pode ajudar a transformar o scan do corpo em uma experiência mais harmonizada e integrada.

Ficar de olhos fechados ajuda a focalizar a atenção no seu corpo; se der sono, abra os olhos, mas mantendo-os desfocados.

Se sentir desconforto em alguma parte do corpo, deixe que a sua atenção vá até lá – não se esforce para eliminar os pensamentos.

continua

MEDITAÇÃO DO SCAN DO CORPO

O scan do corpo exige pelo menos 30 minutos por sessão – o ideal são 45 minutos. Como nas demais práticas de atenção plena, a ideia é estar consciente da sua experiência no presente, sem julgar nada.

PASSE ADIANTE

É perfeitamente normal você não ter nenhuma sensação em algumas partes do corpo. Nesse caso, apenas continue nessa área por breve tempo, sentindo a respiração ir e vir, atentando para a falta de sensações, e então passe adiante.

1 Deite de costas com as pernas um pouco afastadas. Erga os joelhos se isso for mais confortável. Feche os olhos – mas pode abri-los a qualquer hora se se sentir melhor assim. Sinta o peso do corpo no colchão ou na esteira e perceba os pontos onde ele faz contato.

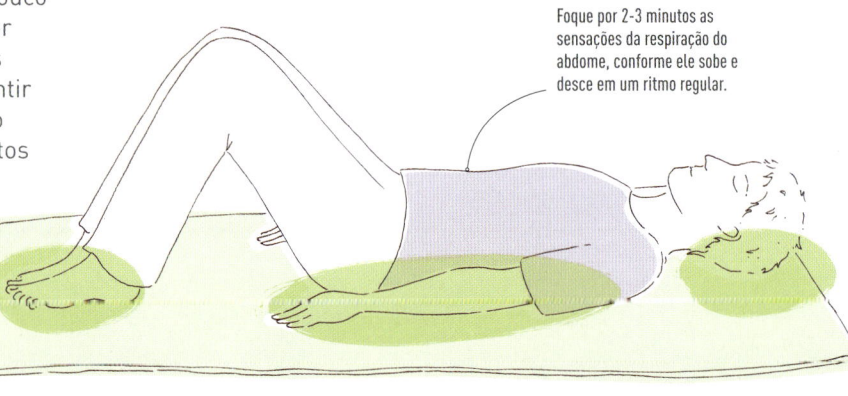

Foque por 2-3 minutos as sensações da respiração do abdome, conforme ele sobe e desce em um ritmo regular.

2 Quando se sentir pronto, mova sua consciência para os artelhos do pé esquerdo. Foque um por vez. Atente para quaisquer sensações – o toque de um artelho no vizinho, calor, frio ou formigamento. Depois mova a consciência para outras partes do pé esquerdo – planta, antepé, calcanhar, peito e laterais, por fim o tornozelo.

3 Agora passe, em sucessão, para canela, panturrilha, joelho e coxa da perna esquerda, ficando com a atenção meio minuto em cada área e passando para a seguinte. Na panturrilha e na coxa, explore todos os lados.

SCAN DO CORPO – NÍVEL BÁSICO **123**

4 Quando se sentir pronto, tire a atenção da perna esquerda e leve-a para a perna direita. Como antes, foque cada artelho, depois a planta, antepé, calcanhar, peito do pé, laterais e tornozelo. Leve a atenção depois para panturrilha, joelho e coxa da perna direita.

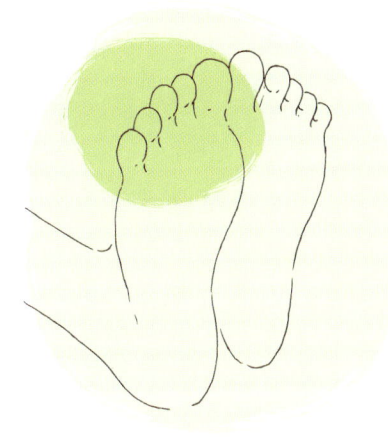

SOBRE A PRÁTICA

Benefícios Prática essencial de meditação plena, é o passo seguinte após a meditação de corpo e respiração. Junta mente e corpo num todo integrado e é gratificante quando feita com regularidade, em uma prática programada.

Frequência Faça duas vezes por dia durante pelo menos uma semana, ou faça uma sessão mais longa por dia. Descanse um dia da semana, fazendo por exemplo a meditação de objeto no lugar.

Duração Leva pelo menos meia hora, com meio minuto em cada parte do corpo, mas o ideal é reservar 45 minutos.

5 Siga o mesmo procedimento, agora para a região da pelve – virilha, genitália, nádegas e quadris, demorando um tempo em cada área. Quando estiver pronto, passe para o ventre, baixo abdome e lombar. Sinta seu abdome mover-se conforme respira.

Atente para quaisquer emoções que residam nas diferentes partes do seu corpo.

6 Foque a atenção no peito e no alto das costas, levando a consciência à caixa torácica, que sobe e desce ao ritmo da respiração. Sinta o coração batendo, e os pulmões em movimento.

continua ▶

Sinta as tensões nos músculos do braço e do ombro; se sentir alguma dor ou tensão, aceite a sensação com compaixão.

9 Leve a consciência para os olhos e as pálpebras – são também fonte importante de sensações. Sinta os olhos piscando e note qualquer diferença nas sensações entre um olho e outro. Sinta o nariz e as inspirações e expirações.

7 Faça sua atenção descer pelo braço esquerdo e focar o polegar e os dedos da mão, como fez com os artelhos. Depois passe a atenção para palma da mão, pulso, costas e lados da mão. Suba pelo braço, detendo-se no antebraço, cotovelo, braço e ombro. Faça o mesmo no polegar, dedos, mão, braço e ombro do braço direito.

8 Em seguida, foque a atenção no pescoço e na garganta. Depois de meio minuto em cada um, passe para o queixo e para a boca – uma grande fonte de sensações do corpo. Sinta os lábios em contato e quaisquer aderências entre eles. Perceba a umidade dos lábios e as suas partes secas. Sinta a língua encostando nos dentes e no céu da boca.

Traga a atenção para os músculos dos maxilares. Note partes quentes e frias no nariz e nas orelhas.

LIDAR COM SENSAÇÕES DESCONFORTÁVEIS

Conforme você mover sua atenção pelo corpo, poderá experimentar sensações desconfortáveis. Procure encará-las com uma atitude neutra – curiosa, receptiva. O processo descrito aqui explica de que modo a atenção plena a essas sensações transforma o nosso hábito de evitá-las. Ao encarar essas sensações com uma consciência amistosa e presente, descobrimos que não são permanentes.

Temos desejos e aversões – coisas que desejamos muito que aconteçam e coisas que desejamos muito que não aconteçam.

Os scans do corpo são um treino de aceitação – de deixar as coisas serem o que são e dar a nós e a nosso corpo uma atenção compassiva, que podemos estender aos outros.

SCAN DO CORPO – NÍVEL BÁSICO **125**

Sinta qualquer tensão na testa e nos músculos da face.

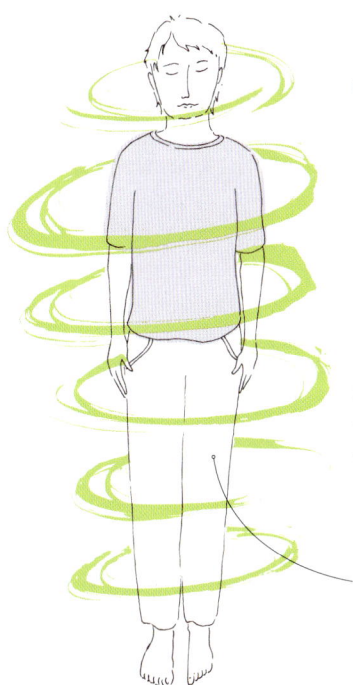

11 Depois de escanear o corpo, área por área, conclua passando alguns minutos consciente do corpo como um todo, enquanto sua respiração lhe dá vida, em seu ritmo perpétuo, para dentro e para fora. Saia da meditação suavemente. Sinta sua integridade como pessoa, em paz, em sua quietude.

Agradeça a você mesmo pelo tempo que dedicou concentrado em seu próprio corpo.

10 Foque em sucessão orelhas, bochechas, têmporas, testa, e volte ao topo e à parte de trás da cabeça, incluindo o cabelo, sobre a pele.

CONTINUIDADE DO NÃO JULGAMENTO

Como nas demais meditações de atenção plena, note qualquer pensamento ou emoção extraviados que passem pela sua mente, ou sons que ouvir, e deixe-os ir, trazendo o foco de novo delicadamente para as sensações do corpo. Ao terminar o scan do corpo, registre as impressões em seu diário.

- Esse é nosso sofrimento – causado pelo fato de não aceitarmos a realidade do momento presente. →
- Muitos desses desejos e aversões são inconscientes e se manifestam em sensações do corpo. →
- Evitamos as sensações desagradáveis e procuramos as agradáveis. Isso reforça desejos e aversões – e sofrimento. ↓
- Com atenção sustentada, sem julgar, a qualquer sensação desconfortável, nossa relação com ela muda, e isso às vezes pode levar a mudanças nas próprias sensações. ←
- Ficamos familiarizados com as tensões corporais e cultivamos uma relação de maior aceitação e intimidade com elas, aprendendo mais sobre sua natureza mutável e transitória. ←
- Atenção plena e curiosidade amistosa com as sensações corporais – num scan do corpo – podem romper esse ciclo de ir contra a realidade do sofrimento.

SENSACIONAL!
ENVOLVER TODOS OS SENTIDOS

Os sentidos são uma interface entre o eu e o ambiente e filtram tudo o que percebemos no mundo à nossa volta. Visão e audição predominam na nossa vida. Use esses sentidos básicos para se conectar com o agora, mas dê tempo também aos outros três sentidos.

Perceber intencionalmente nosso ambiente por meio dos cinco sentidos – visão, audição, tato, olfato e paladar – coloca-nos em contato direto e exclusivo com o momento presente. Ao envolver os sentidos, a mente não tem tempo para pensamentos e emoções, nem para passado ou futuro.

Reequilíbrio
Nesse ponto da nossa jornada de atenção plena, após explorar as sensações físicas no scan do corpo, é bom recontactar nossos sentidos.

O scan do corpo é em grande parte uma questão de sensações internas (a margem dos cinco sentidos), usando o tato e o paladar em algumas áreas. Ir além do corpo e acessar o ambiente imediato leva você, em princípio, a um safári sensorial pelos cinco sentidos.

Faça os dois exercícios apresentados a seguir para treinar os sentidos, um a um, em atenção ao momento presente. Acostume-se a abrir os sentidos no dia a dia. É um bom jeito de você se assentar ao sentir que está se desviando para pensamentos improdutivos.

O CHEIRO COMO UM PORTAL PARA A MEMÓRIA

Os órgãos olfatórios fazem com que os cheiros que sentimos passem pelo conjunto de estruturas cerebrais chamadas sistema límbico, que têm papel-chave no controle dos estados de ânimo, memórias e emoções. Por isso, cheiros costumam evocar memórias – por exemplo, o aroma de pinheiro pode resgatar memórias da infância, de um acampamento. E aprender coisas novas em presença de um aroma forte ajuda a lembrar delas ao sentirmos o cheiro de novo. Cheiros também evocam emoções – elo explorado pelo setor de perfumes, que produz fragrâncias que evoquem qualidades como desejo, vitalidade e tranquilidade.

Transforme estímulos olfativos em uma meditação simples de atenção plena. Se um cheiro particular tem forte efeito em você, abra a consciência para esse efeito: é uma memória ou uma emoção sem conexão com o passado? Vá fundo na associação, num espírito de autoexploração.

> "Quanto mais se come, menor o sabor; quanto menos se come, maior o sabor."
> Provérbio chinês

MEDITAÇÃO DOS SENTIDOS EM CINCO PONTOS

Faça essa meditação de 10 minutos – 2 minutos para cada sentido – a qualquer hora, onde preferir. Pode ser em pé, se achar mais prático. É bom escolher lugares inesperados, para mapear seu ambiente sensorial. Talvez faça você descobrir que sua experiência do mundo se enriqueceu, ao lidar com dimensões que você perde quando foca apenas as percepções mais óbvias da visão e da audição.

TATO
Comece prestando atenção ao toque das suas roupas sobre a pele, e então passe para o ambiente. Toque coisas ao seu alcance e feche os olhos assim que encontrar um objeto adequado para focar.

VISÃO
Olhe ao redor. Ignore o que sabe sobre profundidade e distâncias e tente ver o ambiente em duas dimensões, não em três. Atente para cores e nuances, formas e detalhes. Note as divisões entre as coisas.

OLFATO
Atente para os diversos aromas, se houver. Se não, traga coisa adequadas, como flores ou comida, até perto do nariz. Se não sentir nenhum cheiro, desfrute de sua capacidade de cheirar e visualize os órgãos do olfato no nariz.

AUDIÇÃO
Ouça, de olhos fechados, sons próximos e distantes. Faça uma varredura por toda a gama de alturas e volumes possíveis. Ouça os sons do seu corpo assim como os do mundo externo. Note o modo como alguns sons mudam e decrescem.

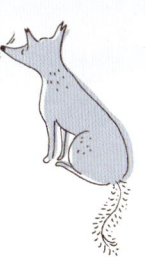

PALADAR
Comece sentindo o sabor do interior da própria boca. Depois morda uma maçã ou outra fruta, saboreando o que há de distinto no gosto. Jon Kabat-Zinn, o pioneiro da moderna atenção plena, usava uvas-passas para a sua meditação centrada no paladar.

PARAÍSOS DOS SENTIDOS
Visite um lugar particularmente rico para um ou mais sentidos – por exemplo, um bar agitado é cheio de sons, enquanto um jardim de primavera oferece muitas fragrâncias. Encontre um lugar tranquilo para se sentar e, com atenção plena, absorva a superabundância de sensações.

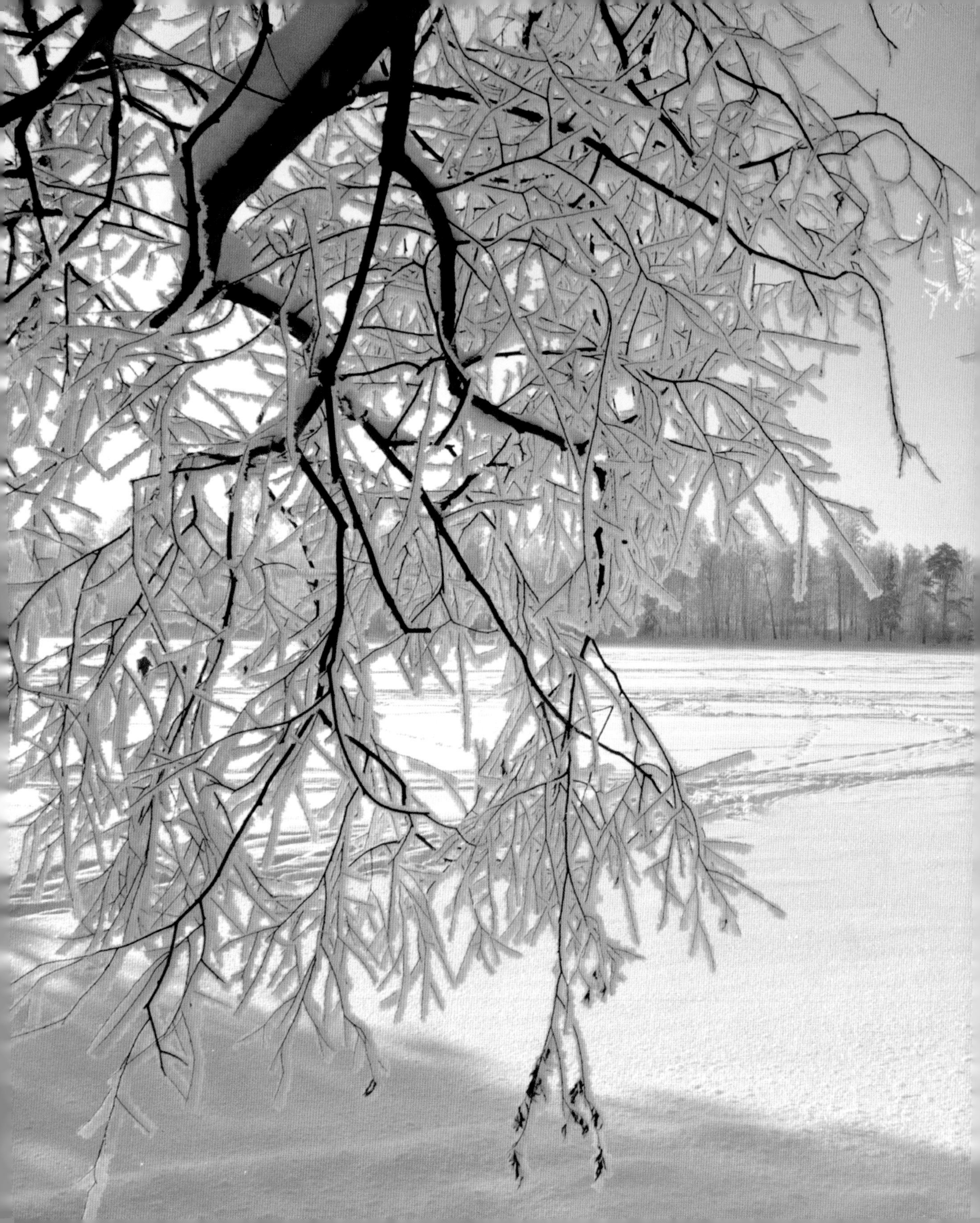

"A única verdadeira viagem de descoberta... seria possuir outros olhos."

Marcel Proust (1871-1922)

A MONTANHA-RUSSA INTERNA
EMOÇÕES VINDO À TONA

Durante a prática de atenção plena, é comum as emoções invadirem sua mente a galope, como cavalos selvagens numa pradaria. Atentar para suas qualidades, sem se deixar levar por suas histórias, pode ser uma parte instrutiva de habitar o momento presente.

Certas sensações corporais, como um peso ou uma fadiga, tensão nos músculos, ou uma postura com ombros caídos, podem falar muito a respeito de seu estado mental. Se sentimos que nos falta vitalidade, autoestima e otimismo, esses sintomas físicos têm o efeito de reforçar nossa autoimagem negativa. Em outras palavras, ficamos presos a um ciclo no qual a tristeza se autoalimenta. Notar essas sensações pode ser uma maneira de recrutar o corpo como um aliado em nosso esforço de fugir do ciclo negativo e passar a rumar para a satisfação.

Emoções observadas
Podemos também, durante uma meditação de atenção plena, descobrir que algumas emoções surgem diretamente – como emoções em estado bruto, não mediadas por uma sensação física. É mais provável que isso ocorra na prática do scan do corpo (pp. 120-5) – uma meditação longa, em que é comum a vivência das experiências mais profundas do eu.

Muitos dos que praticam a meditação do scan do corpo deparam com emoções que estavam vedadas à mente consciente, mas que vinham tendo um efeito marcante em suas atitudes e comportamentos. A atenção plena nos fornece um meio de olhar para essas emoções com autocompaixão e aceitação. Podemos encarar essas visitas diretamente, olho no olho – sem hostilidade, mas com curiosidade. Assim que estivermos familiarizados com essa abordagem, poderemos ir além e estender um tapete vermelho para nossas emoções, acolhendo-as no nosso campo de observação e vendo como se comportam. Esse pode ser o início de uma jornada de autodescoberta.

Dissolver padrões negativos
Não é tarefa fácil romper padrões estabelecidos de pensamento e comportamento, baseados em reações emocionais arraigadas. Ações decididas de combate a essas emoções não são a melhor maneira de superá-las – de fato, isso pode ter, paradoxalmente, o efeito

FOCO DE ATENÇÃO PLENA EM UMA EMOÇÃO

Experimente contemplar uma experiência emocional do jeito que contempla uma flor. Olhe para ela com plena presença, absorvendo todas as suas características.

Imagine que a emoção quer que você a veja como ela é. Aproxime-se dela quanto sentir que é confortável. Não se alarme se ela ficar mais intensa com a sua aproximação – isso é normal. Tente de novo outra hora, se achar o encontro muito opressivo. Anote a experiência em seu diário.

Conforme sua prática de atenção plena progredir, você será capaz de encarar as emoções difíceis com maior calma e aceitação.

de fortalecê-las, porque estaremos confrontando as emoções diretamente na mente consciente. Deve-se adotar uma nova maneira de pensar, com atenção plena. Treinar viver no momento presente, e se relacionar com a própria experiência com aceitação, e não com julgamentos, torna a pessoa mais prudente e ágil em suas reações. O piloto automático se dissolve quando a atenção plena assume o comando.

A qualidade da aceitação

Tratar dificuldades emocionais com aceitação, e no momento presente, não significa resignar-se às mensagens negativas que elas trazem. Ao contrário, significa abrir-se para as emoções. Na atenção plena, essas emoções não vêm carregando faixas com propaganda negativa a seu respeito, assim como as emoções positivas não gritam vivas a seu favor. Numa meditação de atenção plena, você aceita emoções positivas e negativas com a mesma abertura.

Defina o seu ritmo

Nada disso significa que o scan do corpo é um lugar em que você terá que enfrentar seus demônios, mesmo não estando pronto para isso. Se você acha difícil encarar uma emoção que brota, essa dificuldade se torna parte do que observa em você. Simplesmente aceite a própria relutância com compaixão – e volte ao seu ponto focal. Em seus encontros com as tensões, defina o ritmo de aproximação que lhe parecer certo. Não há pressa. A prioridade é a vivência de estar no momento presente, e você pode extrair dessa experiência o grau de consciência sobre seu estado emocional que intuitivamente sentir que é o correto nesse momento.

SAIA FORA DA MONTANHA-RUSSA
A experiência de quem está andando na montanha-russa é muito diferente da experiência de quem observa de fora. A atenção plena pode lhe dar esse distanciamento.

CAMINHE NO SEU RITMO
MEDITAÇÃO ANDANDO, PASSO A PASSO

Sentir o corpo em movimento é mais uma aplicação da atenção plena à pura sensação. Meditar andando é uma prática tradicional, própria do zen-budismo, mas você pode introduzi-la informalmente no dia a dia. Afinal, caminhar – mesmo nas agitadas ruas das cidades – é algo que quase todos nós já fazemos.

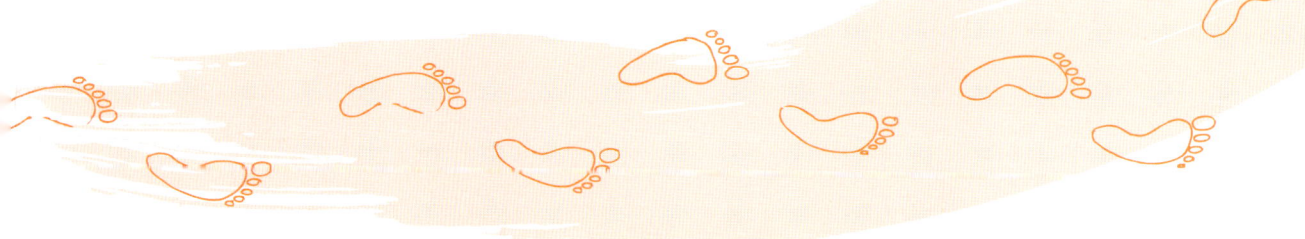

ATENÇÃO EM MOVIMENTO

Não há uma técnica específica para caminhar com atenção plena. Procure não acelerar o passo – adote um ritmo confortável, regular. Se sua mente se dispersar, atente para a sensação dos pés no chão e volte ao estado desejado. Para introduzir variedade na sua prática, experimente as sugestões simples indicadas aqui. Encare-as como recursos para aprimorar sua meditação andando, que ajudam a conectá-lo de modo mais vívido com o entorno e enriquecem a sua apreciação de si mesmo e do ambiente à sua volta.

MUDE O FOCO DE ATENÇÃO
Alterne entre pôr foco nas sensações corporais e naquilo que percebe à sua volta – talvez passando do que vê para o que ouve, depois sentindo o toque das coisas que vê e sentindo também seus cheiros.

QUALQUER TEMPO
Vista roupa adequada para caminhar em condições de tempo não usuais e experimente isso com todos os sentidos. Curta esmagar gravetos com os pés, ver raios de sol vazando por nuvens escuras, cores do arco-íris, chuva no rosto.

> Ande no momento presente, com atenção para as sensações do seu corpo. Você pode introduzir essa meditação informalmente, sempre que estiver andando.

Andar, ao contrário de respirar, é algo que você aprendeu –, mas foi há tanto tempo que já não parece uma habilidade, e sim um ato reflexo. Andamos quase sempre no piloto automático – e, como estamos transitando, a metáfora é adequada. Ao andar, também podemos falar ou, se sozinhos, pensar e refletir em nossos problemas e ansiedades. Na verdade, há quem caminhe justamente para resolver algum problema, revolvendo-o na mente, tentando achar a solução.

Uma abordagem muito diferente é caminhar com atenção plena. Você não fica ruminando suas questões e, se elas brotam na mente, simplesmente deixa que vão embora. Você anda com foco no momento presente, com atenção às sensações corporais. Pode introduzir essa meditação sempre que estiver andando – indo às compras ou a uma reunião, por exemplo. Também pode reservar um tempo só para caminhar com atenção plena, encaixando isso no programa de meditações da respiração e do corpo. Ou meditar andando para dar variedade à sua prática – dê uma olhada nas sugestões abaixo.

LINHAS SONORAS
Faça uma caminhada no campo na primavera, com pássaros cantando. Identifique pássaros apenas pelo seu canto, acompanhe as mudanças das fontes sonoras conforme caminha. Filtre os sons que se sobrepõem na sua mente.

ANDARILHO DAS LOJAS
Visite uma loja de departamentos e suba de escada rolante até o último andar, observando a abundância e a variedade de mercadorias de todo tipo a partir de um ângulo em movimento. Observe e ouça as pessoas, o ambiente.

DE TODOS OS LADOS
Visite um edifício que fique isolado no terreno – talvez um museu ou igreja em um parque público. Ande em volta do edifício e preste atenção, a cada momento, em todas as suas características e à maneira como sua visão vai mudando.

continua

MEDITAR ANDANDO COM ATENÇÃO PLENA

Você pode fazer essa meditação dentro ou fora de casa. Dentro, não requer um quarto grande, pois você pode andar em círculos, ou indo e voltando, mas é bom tirar a mobília do meio do caminho. Andar descalço amplia a sensibilidade, se você estiver andando sobre um tapete ou outra superfície confortável.

Deixe as dispersões irem embora, observando-as conforme passam, sem fazer julgamentos.

1 Fique em pé, numa posição estável, braços estendidos ao lado do corpo. Atente para os pés em contato com o chão; experimente ver-se como uma árvore – bem plantada, majestosa, alta. Movimente um pouco o corpo até achar um ponto de equilíbrio perfeito.

2 Ponha foco na respiração por 1 ou 2 minutos. Depois, quando estiver pronto, desloque a atenção para os pés.

SOBRE A PRÁTICA

Benefícios Estende a atenção plena do corpo e da respiração para uma nova dimensão – o movimento.

Frequência Totalmente opcional. Se achar a prática gratificante, faça todo dia. Ou pode fazê-la como variação ocasional dentro da rotina de meditações corpo e respiração e scan do corpo.

Duração Recomendam-se 10 minutos, mais ou menos, mas você pode fazer mais tempo se quiser.

3 Transfira o peso para um dos pés e deixe o outro quase sem peso. Faça pressão no pé que suporta o peso, relaxe o outro joelho e avance a perna, inclinando o corpo para manter o equilíbrio e sentindo o calcanhar e o antepé do outro pé rolando sobre o piso.

Mova-se de modo lento e premeditado, com total consciência de todas as sensações envolvidas.

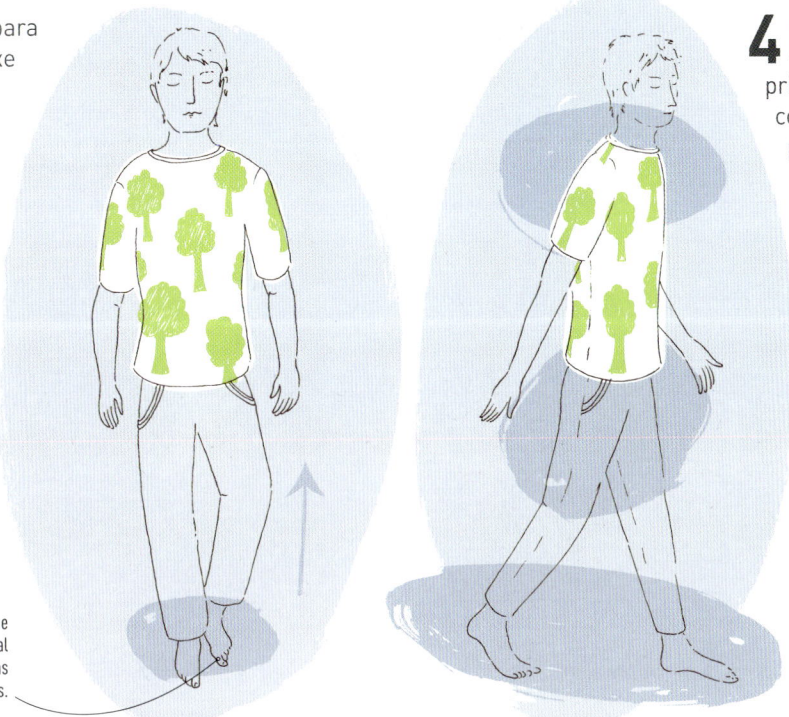

4 Faça a versão complementar do primeiro passo e conclua o segundo passo avançando o outro pé. Atente a todas as sensações de movimento nas pernas, pés e parte de cima do corpo, à pressão no pé e ao seu contato com o piso.

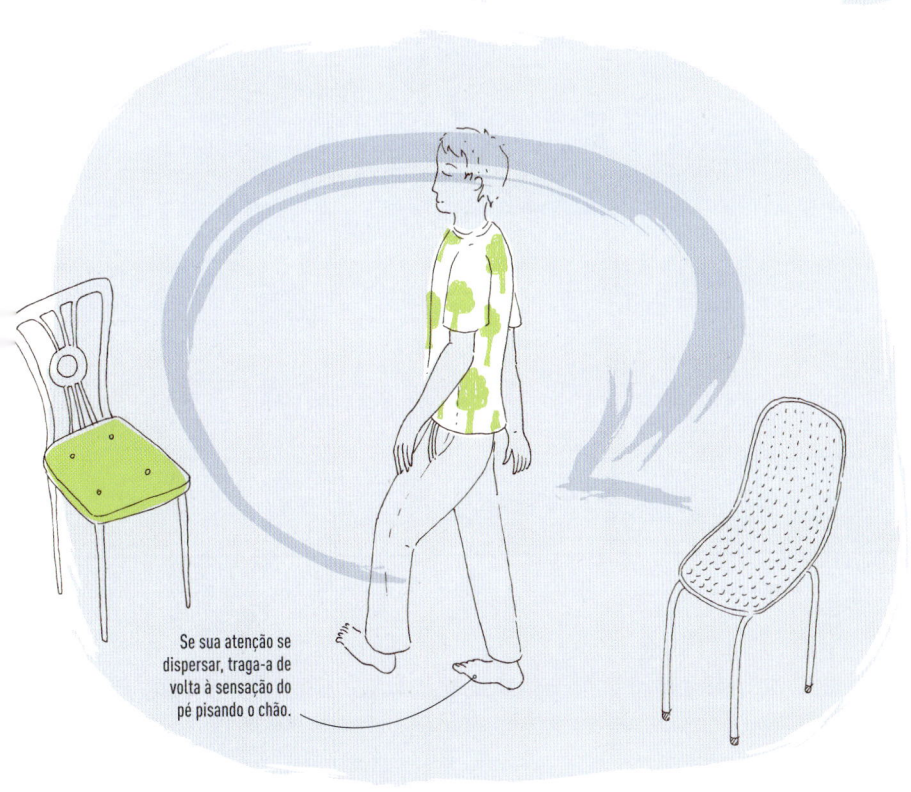

5 Repita esse ritmo de andar lento e deliberado e mantenha atenção às sensações, conforme surgirem, notando como se repetem e como aparecem quaisquer mudanças. Ande para a frente ou em círculos se preciso, nos limites do seu espaço.

Se sua atenção se dispersar, traga-a de volta à sensação do pé pisando o chão.

VARIAÇÕES

Tente unir os passos à respiração. Expire ao dar um passo à frente; inspire ao mover o outro pé. Use o ritmo da respiração para regular seus passos.

Tente um scan do corpo andando. Vá mudando o foco de atenção ao andar, partindo dos pés e subindo até a cabeça (ver o scan do corpo nas pp. 120-5).

"Não subestime o que está próximo ao almejar o que está distante."

Eurípides (c. 480-c. 406 a.C.)

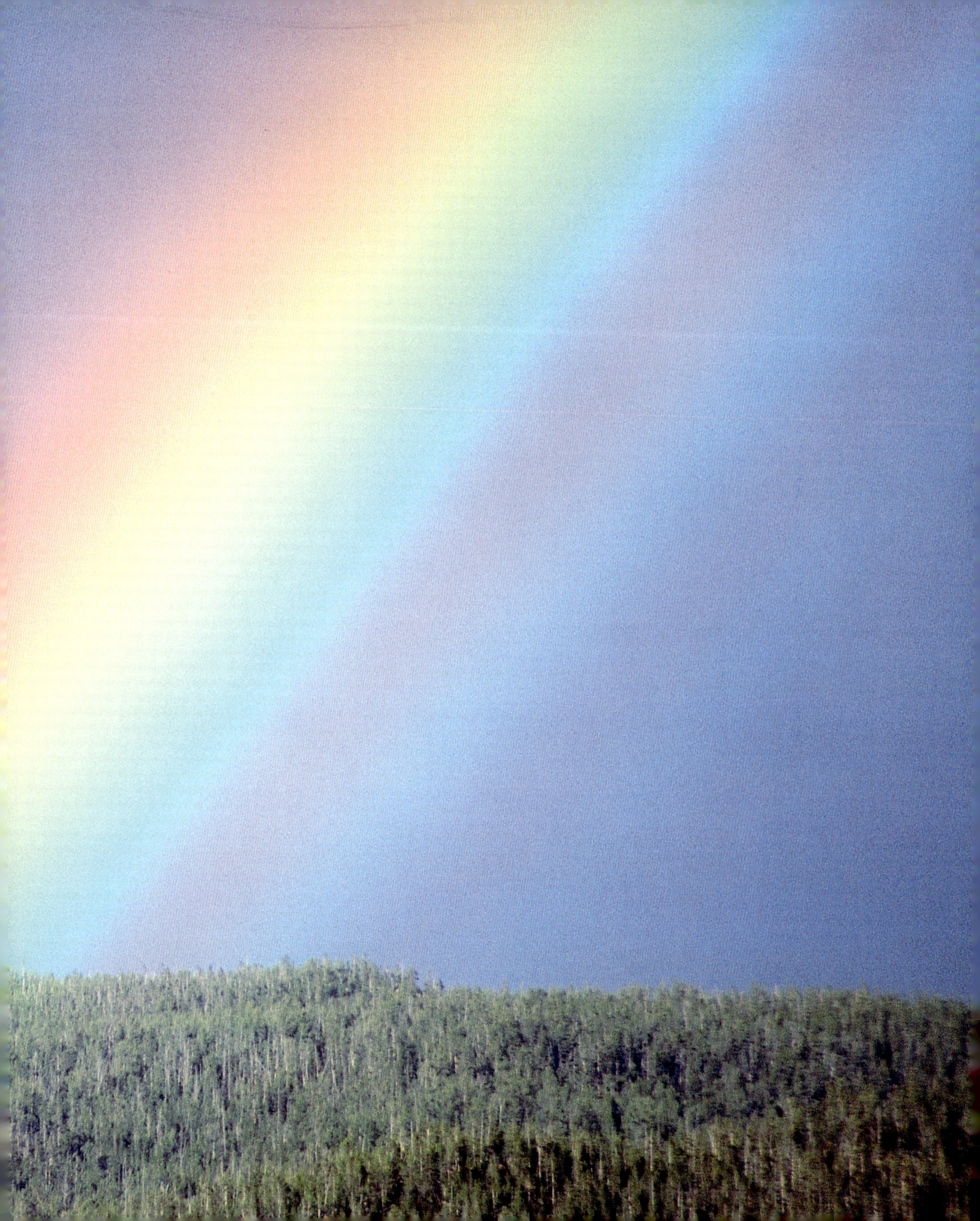

ONDAS DE COMPAIXÃO
MEDITE NA BONDADE AMOROSA

Essa meditação, baseada numa prática budista, começa com a *auto*compaixão – aceitação de si mesmo com todas as esquisitices e defeitos – e segue adiante, em círculos cada vez mais amplos, para incluir os outros em uma onda de energia positiva. Gerando afeto, aumentamos a felicidade – inclusive a nossa.

Quando percebemos nossas atitudes em relação aos outros se tornarem negativas e que reprimimos nossos sentimentos amorosos, ou até sentimos um fundo de ressentimento ou negatividade, é hora de fazer algo a respeito. Talvez nossa frieza se dirija apenas a algumas pessoas; mas pode ser por grupos específicos, como nossos chefes, ou pelos homens em geral; ou pela humanidade inteira.

Quando a mente fica amarga desse jeito, com certeza está na hora de tentar corrigir isso, estimulando a empatia pelos outros. É essa a tarefa de uma meditação de bondade amorosa, prática tradicional dos budistas para cultivar o hábito mental do amor altruísta. Essa meditação, feita toda semana ou sempre que você sentir sua empatia em baixa, é um treino para ser mais paciente, tolerante, generoso, para saber perdoar e ser gentil.

Uma meditação do coração

Na meditação de bondade amorosa, você trabalha para abandonar hábitos negativos de pensamento e adotar uma visão positiva da vida, que preencha seu ser inteiro – e experimenta no processo uma espécie de cura interior. Você treina a empatia – a compreensão compartilhada daquilo que os outros estão experimentando. A empatia é o que distingue a compaixão da piedade. A piedade apenas assume e expressa uma *atitude* de preocupação; já a compaixão vai mais fundo e envolve-se com as dificuldades das pessoas em um espírito de profunda compreensão e de perdão para seus erros e imperfeições.

Mas a bondade amorosa vai além de se identificar com os problemas dos outros; também significa que acolhemos as suas alegrias, realizações, boas qualidades e boa sorte.

A bondade amorosa é uma meditação do "coração" e constitui uma valiosa contrapartida para as meditações de "visão interior" orientadas pela mente. Encare-a não como exercício formal, mas como modo de gerar emoções de amizade, que você trará de modo indiscriminado a todas as interações com os outros – em casa, no local de trabalho, na comunidade e além.

> Muito da nossa infelicidade vem de querermos ser felizes à custa dos outros – sem saber que no final isso irá nos trazer sofrimento.

ONDAS DE COMPAIXÃO 139

CÍRCULOS CADA VEZ MAIORES

Ao fazer a meditação de bondade amorosa, você coloca o foco de atenção primeiro em você mesmo, depois o dirige para fora, pondo foco em grupos de pessoas cada vez mais distantes de você, como mostrado abaixo. Obviamente, cada um de nós compõe esses grupos do seu jeito – o exemplo abaixo é apenas uma das possibilidades. Se achar difícil dirigir seus sentimentos amorosos a você mesmo (por excesso de autocrítica), inicie a meditação colocando o foco em algum parceiro amado ou um amigo, depois dirija-o a você.

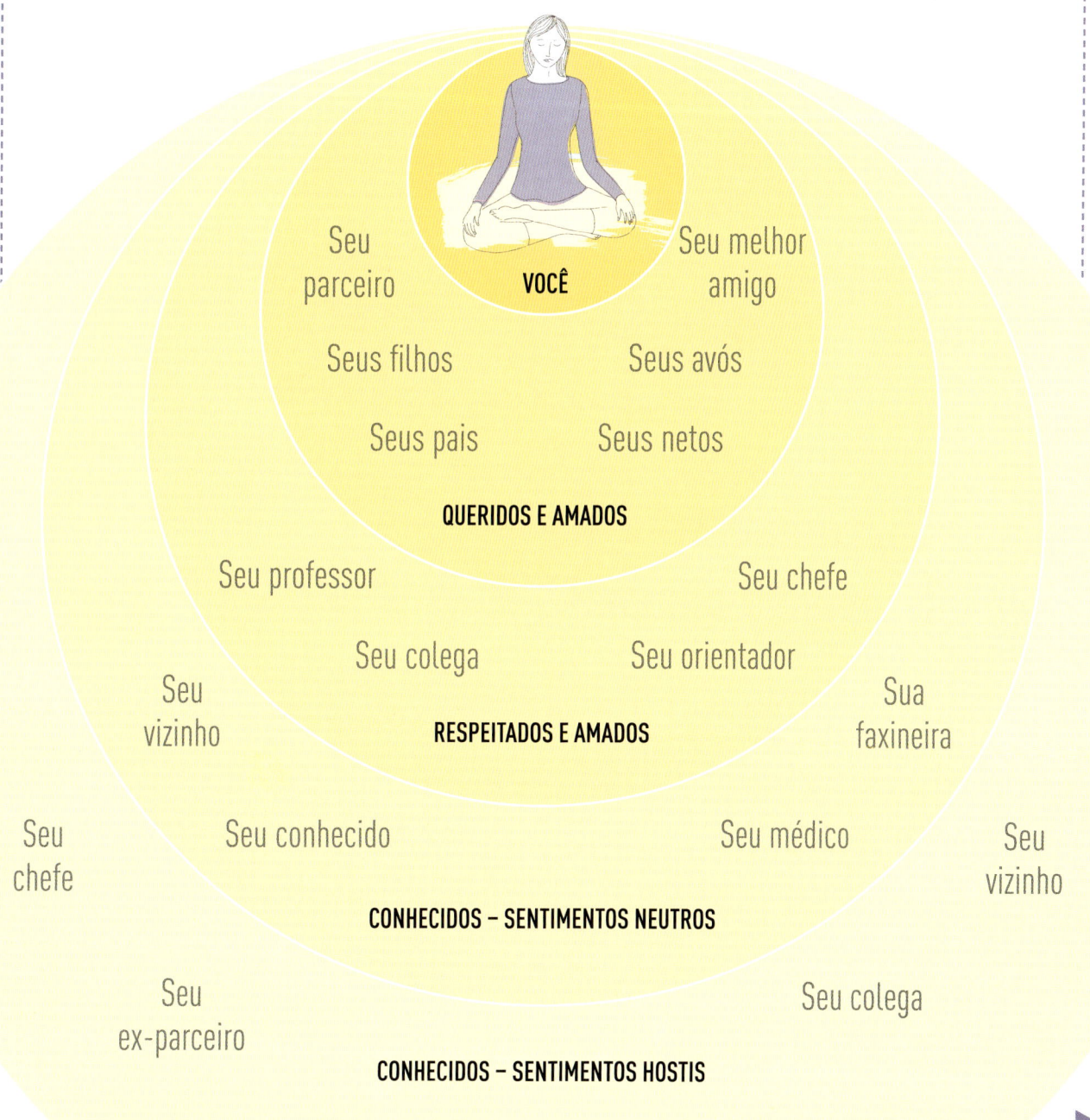

VOCÊ

Seu parceiro · Seu melhor amigo
Seus filhos · Seus avós
Seus pais · Seus netos

QUERIDOS E AMADOS

Seu professor · Seu chefe
Seu colega · Seu orientador
Seu vizinho · Sua faxineira

RESPEITADOS E AMADOS

Seu chefe · Seu conhecido · Seu médico · Seu vizinho

CONHECIDOS – SENTIMENTOS NEUTROS

Seu ex-parceiro · Seu colega

CONHECIDOS – SENTIMENTOS HOSTIS

continua ▶

MEDITAÇÃO DE BONDADE AMOROSA

A bondade amorosa pode ser praticada em qualquer postura, por isso escolha uma posição que tenha funcionado bem para você nas outras meditações. É difícil praticá-la quando se está cansado, pois requer consideráveis reservas de energia mental.

1 Sente-se confortavelmente com as costas eretas. Mantenha os pés planos no chão e as pernas descruzadas. Feche os olhos e relaxe. Deixe que quaisquer dispersões vão embora.

A espinha deve estar em uma posição "neutra", autossustentada.

SOBRE A PRÁTICA

Benefícios Estimula a abertura e a empatia e ajuda a fortalecer seu sentido de conexão com os outros.

Frequência Faça pelo menos uma vez por semana e sempre que se sentir negativo em relação a alguém, ou preocupado com você.

Duração 30 minutos é o tempo recomendado.

2 Faça um desejo de bondade amorosa em relação a você mesmo, expressando em silêncio as seguintes frases: "Que eu possa sentir bondade amorosa por mim. Que eu tenha felicidade, saúde e paz". Sinta a intenção sincera de suas palavras ao dizê--las. Repita-as ou reelabore-as (acrescentando mais desejos com a mesma intenção) até ver surgirem sentimentos ternos por você mesmo.

ONDAS DE COMPAIXÃO **141**

3 Expresse um desejo de bondade amorosa em relação a alguém muito querido, dessa vez dirigindo a ele em silêncio – por exemplo, "Querida filha, que você experimente bondade amorosa. Que tenha felicidade, saúde e paz". De novo, sinta uma calorosa sinceridade nas palavras ao pronunciá-las. Se quiser, inclua mais uma pessoa nesse estágio, ou elabore desejos específicos se preferir.

4 Expresse o desejo de bondade amorosa em relação a alguém que ama e respeita, como alguém que tenha lhe ensinado algo importante na vida ou lhe ajudado em tempos de crise. De novo, escolha suas palavras para isso, mas o ideal é que sejam na linha do que você disse na etapa 3.

5 Mande bondade amorosa para um conhecido por quem tenha sentimentos neutros. Dirija-se a ele pelo nome, se souber, e não faz diferença se o chamar pelo nome ou pelo sobrenome: o jeito de você se referir a essa pessoa não é o que importa.

6 Mande bondade amorosa a alguém de quem você não gosta ou que deixou você com raiva. É provável que de início surjam sentimentos negativos, mas eles devem diminuir conforme você prossegue com a meditação.

PONTOS CARDEAIS

Você pode ampliar a meditação de bondade amorosa enviando bons sentimentos à humanidade em geral. Divida as pessoas em quatro grupos segundo as direções norte, sul, leste e oeste. Se quiser, vire o rosto nessas direções ao fazer a meditação. Ou então dirija a meditação às pessoas da sua cidade ou país.

Ouça, se não sua língua
o manterá surdo.

Provérbio dos nativos norte-americanos

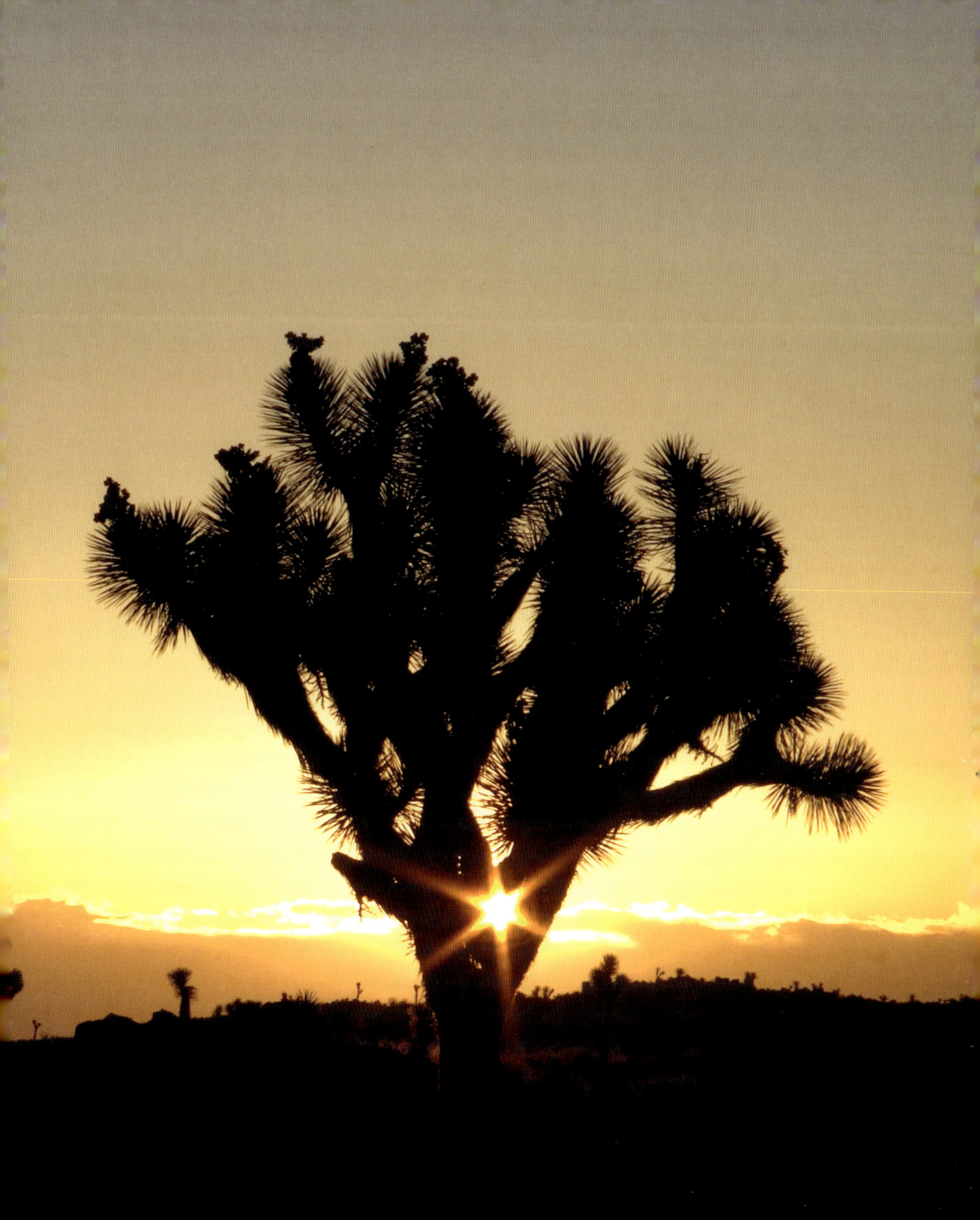

IMAGINAÇÃO PLENA
COMO SE TORNAR UMA MONTANHA

Essa meditação coloca em jogo a imaginação – não com pensamentos aleatórios, como nos devaneios, mas focada intencionalmente no momento presente. Dar asas à imaginação desse modo ajuda a desenvolver a sensibilidade.

A imaginação é a capacidade de criar uma imagem mental de alguma coisa que não é percebida pelos cinco sentidos. Pode ser a imagem de um evento futuro que tememos – e nesse caso a imaginação acabará aumentando nossa ansiedade. Ou algo que gostaríamos muito que acontecesse – e então estaremos nutrindo uma ilusão (caso nunca aconteça) ou uma ideia preconcebida. Mas a imaginação também pode ser usada com atenção plena, assim como fazemos com os sentidos.

Um devaneio não costuma envolver atenção plena, pois implica perder conexão com a consciência presente, intencional, e instalar-se em um limbo mental. Em vez de deixar a imaginação vagar, você pode focá-la no momento presente, como fez antes com a meditação de bondade amorosa (pp. 138-41). A seguir, veremos uma meditação destinada a ancorar você no momento, mas não na experiência sensorial, e sim em uma experiência imaginária especialmente escolhida – a de se tornar uma montanha.

Estável e assentado

Uma montanha é estável, majestosa e imune aos caprichos do tempo, e essa meditação ajudará você a encontrar uma força e estabilidade similares. É como um lembrete de que quaisquer tempestades internas que venha a enfrentar – equivalentes aos vários climas de montanha – não têm reais implicações na essência do seu ser. Uma das razões pelas quais se tornou tão popular na prática da atenção plena é que tem relação direta com uma pessoa sentada, em termos de postura (estar quieto com um centro de gravidade baixo) e de forma (é fácil imaginar sua cabeça como o pico e os braços e pernas como encostas).

É importante desenvolver a imaginação, que é a base da empatia – imaginar como deve ser estar no lugar de outra pessoa. Um pensamento empático, como o dessa meditação da montanha, é um exemplo do poder da imaginação sendo focado com uma intenção específica.

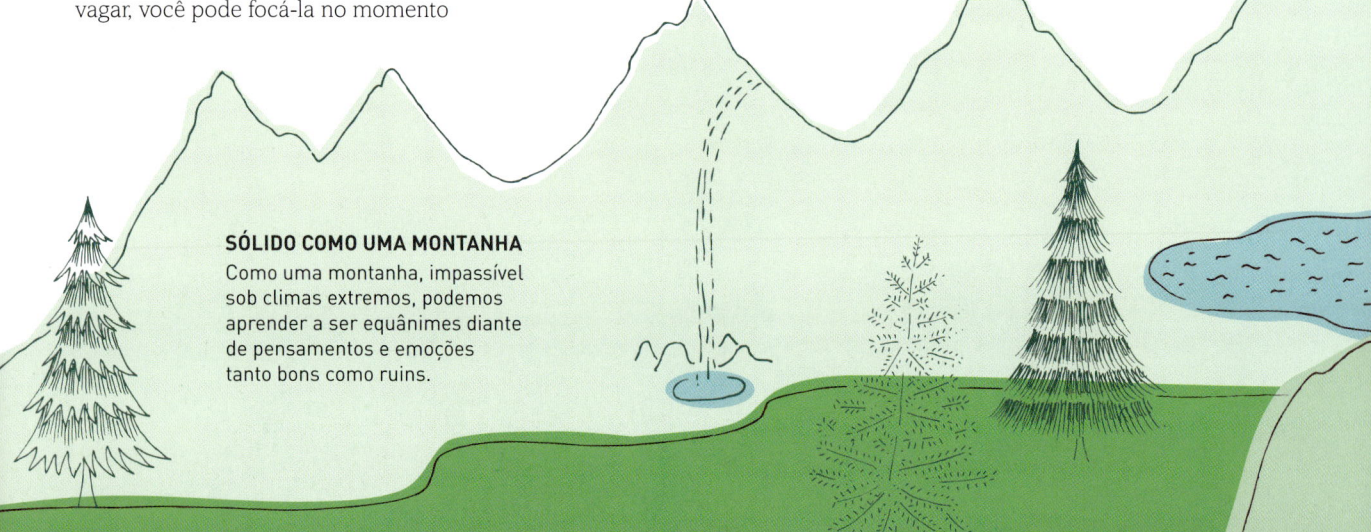

SÓLIDO COMO UMA MONTANHA
Como uma montanha, impassível sob climas extremos, podemos aprender a ser equânimes diante de pensamentos e emoções tanto bons como ruins.

IMAGINAÇÃO PLENA 145

O PODER DA IMAGEM

Para entender o poder da imagística mental, basta pensar na memória: ao visualizar um fato de determinado modo, é mais provável que lembremos dele quando precisarmos. Pôr foco em um objeto imaginário é uma prática comum na meditação.

TIPOS DE VISUALIZAÇÃO

Os principais tipos de visualização usados em meditação são:

- Focar em um objeto imaginado – uma estrela ou um pôr do sol.

- Focar em uma cena imaginada – um lago, por exemplo. Isso ajuda a acalmar a mente e a aliviar a ansiedade.

- Imaginar que você é outra coisa, como uma montanha ou um pássaro. Isso ajuda a acessar qualidades interiores por meio do poder da metáfora.

- Imaginar um evento futuro desejável. Muitos usam esse método de visualização criativa para se motivarem.

> "A imaginação é mais importante que o conhecimento.
> O conhecimento é limitado.
> A imaginação abrange o mundo."
> Albert Einstein (1879-1955)

continua ▶

MEDITAÇÃO DA MONTANHA

Imagine a montanha com o detalhamento que desejar. Mas leve em conta que o cenário mental é menos importante do que o poder de levar a montanha para dentro de você. Depois que você criar a montanha na sua imaginação, visualize, com menor precisão, a vista dos montes vizinhos, na serra que se estende à sua frente.

1 Sente-se confortavelmente numa cadeira, com as costas retas e a espinha autossustentada. Deixe as mãos sobre as coxas ou no colo. Mantenha os pés planos no chão. Feche os olhos.

Ache uma posição estável sentado e note a pressão da cadeira no seu corpo.

2 Respire com atenção plena, 1 ou 2 minutos. Imagine que sua mente está cheia de céu – o mundo que sua montanha irá habitar

3 Imagine uma montanha diante de seus olhos. Imagine-a com a maior riqueza de detalhes que conseguir – as encostas verdes, com fileiras de coníferas, e acima delas rochedos escarpados e fendas, tendo mais ao alto neve e gelo perto do pico.

Deixe a montanha surgir com detalhes cada vez mais nítidos; inclua tanto a forma quanto os detalhes.

TORNAR-SE PAISAGEM

Sua imaginação permite que você se torne o que quiser; tente essas experiências como alternativas à montanha.
Meditação do lago Seu eu vira um corpo de água. As emoções só agitam a superfície; o fundo continua tranquilo.
Meditação da árvore As folhas farfalham ao vento, mas o tronco e os galhos nunca se vergam. Imagine seus problemas como folhas caindo inocentemente no chão.

IMAGINAÇÃO PLENA **147**

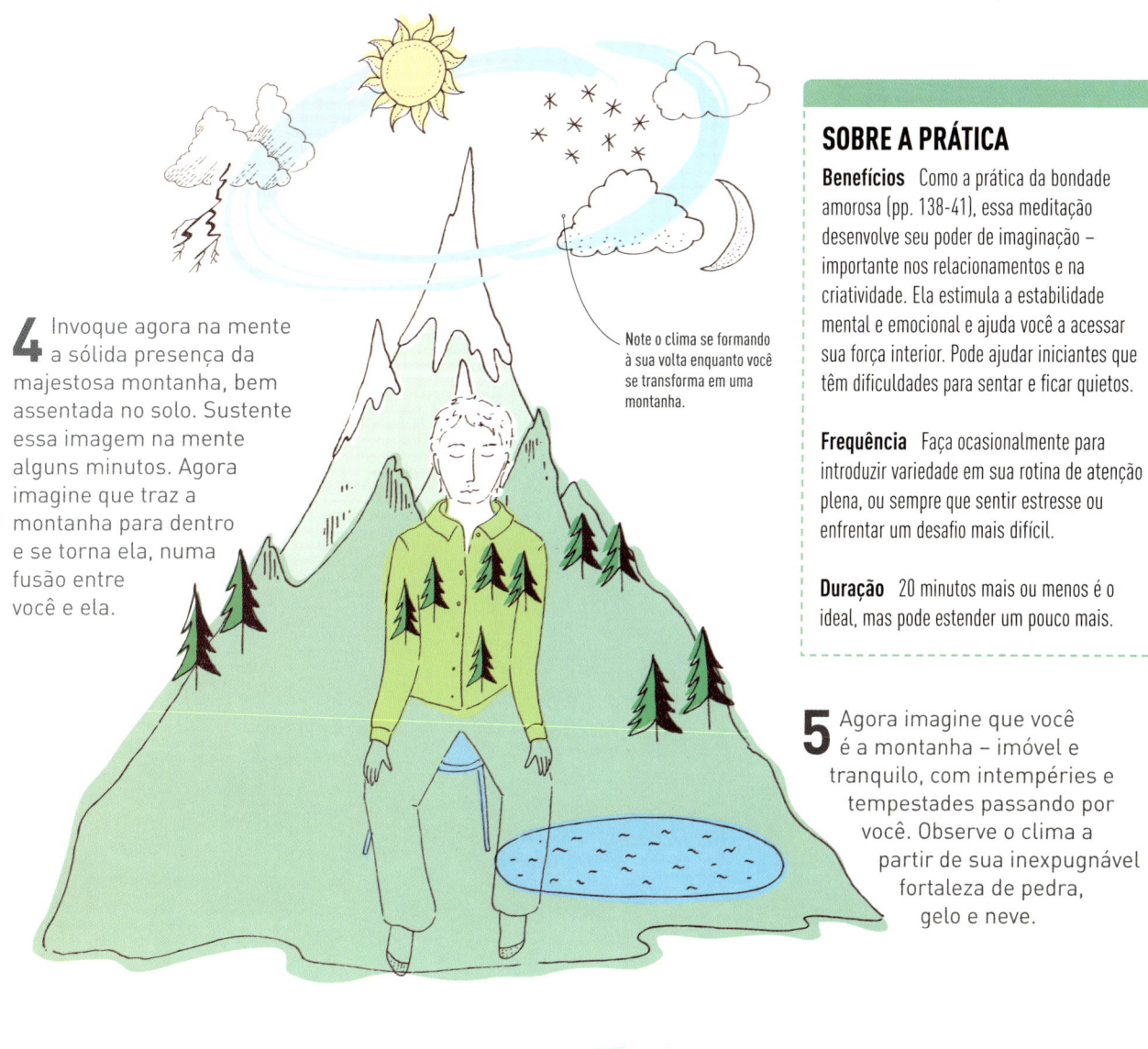

4 Invoque agora na mente a sólida presença da majestosa montanha, bem assentada no solo. Sustente essa imagem na mente alguns minutos. Agora imagine que traz a montanha para dentro e se torna ela, numa fusão entre você e ela.

Note o clima se formando à sua volta enquanto você se transforma em uma montanha.

SOBRE A PRÁTICA

Benefícios Como a prática da bondade amorosa (pp. 138-41), essa meditação desenvolve seu poder de imaginação – importante nos relacionamentos e na criatividade. Ela estimula a estabilidade mental e emocional e ajuda você a acessar sua força interior. Pode ajudar iniciantes que têm dificuldades para sentar e ficar quietos.

Frequência Faça ocasionalmente para introduzir variedade em sua rotina de atenção plena, ou sempre que sentir estresse ou enfrentar um desafio mais difícil.

Duração 20 minutos mais ou menos é o ideal, mas pode estender um pouco mais.

5 Agora imagine que você é a montanha – imóvel e tranquilo, com intempéries e tempestades passando por você. Observe o clima a partir de sua inexpugnável fortaleza de pedra, gelo e neve.

6 Veja todas as suas questões internas, e as emoções a elas associadas, como parte dos padrões de clima da montanha. Observe a turbulência sem se envolver com julgamentos, seguro dentro de você. Quando estiver pronto, veja-se voltando a ser o seu eu de todos os dias, carregando com você agora o poder da montanha, como parte de seu kit de ferramentas para se envolver com o mundo.

O HÁBITO DO AGORA
DESENVOLVA A ATENÇÃO PLENA PERENE

Tudo o que você faz na vida pode ser feito com atenção plena. Além das meditações, é muito importante você explorar as possibilidades de viver mais imerso no momento presente – desde o acordar até o deitar-se – e colocar a atenção plena na trama toda da sua vida.

Quando a palavra "prática" aparece em conexão com a atenção plena, costuma ser usada em referência à meditação. Mas o princípio da presença plena no agora, que é cultivado por meio da atenção plena, pode – e deve – ser praticado em outras áreas da vida. Junto com sua prática de meditação formal você pode tentar aplicar a plena presença a períodos específicos de atividade – por exemplo, a varrer folhas, andar até o ponto de ônibus ou mesmo correr maratonas. Você pode aplicar a atenção plena em suas conversas com o parceiro ou com os filhos; ou pode desenvolver interesse por algum assunto que exija sua atenção plena – certos passatempos como a música (ouvir ou tocar), a observação de aves, a arte ou a fotografia oferecem um foco para a prática da atenção plena.

A atenção plena é capaz de transformar algumas experiências aparentemente prosaicas em algo cheio de sentido. Surge a questão: em que medida é realista aplicá-la a todas as atividades? Será que é desejável viver com o propósito consciente de plena presença em todos os momentos de experiência?

Verificação da realidade

A resposta curta é talvez não, e essa resposta é em parte uma reação à palavra "propósito". Você tem vários propósitos na vida, e pensar nesses propósitos – e atentar para a própria experiência – é apenas um deles. Há muitas horas em que seu desejo é habitar o passado ou o futuro, e não o presente. Você pode, por exemplo,

---

ATENÇÃO PLENA PERENE

Desligue o piloto automático e defina a atenção plena como sua configuração básica. Você ficará mais atento, mais observador e mais desperto. Essa atitude de atenção plena irá chegar a você aos poucos, com a ajuda das práticas formais e informais, mas vale a pena plantar também em sua vida as "sementes" de atenção plena expostas a seguir.

Respire com atenção plena a intervalos regulares, o dia todo – como uma espécie de "modo descanso" (numa fila ou sala de espera) e também antes de fazer algo especial (por exemplo, antes de uma reunião).

Decida ter atenção plena pelo menos uma vez a cada hora, por 1 ou 2 minutos. Ao ver TV, fique em atenção plena entre um programa e outro ou durante os comerciais.

TRILHAS PARALELAS

Essas três linhas de atenção plena ajudam a evoluir para uma atenção plena constante.

1 PRÁTICA FORMAL
Meditações de atenção plena programadas.

2 PRÁTICA INFORMAL
Sessões de atenção plena entremeadas no dia a dia.

3 ACESSOS FREQUENTES
Entrar em atenção plena sempre que surgir uma oportunidade.

ATITUDE ABRANGENTE
Atenção plena perene.

---

querer resgatar memórias de um amigo ausente de cuja companhia sente falta, ou reconstruir mentalmente uma conversa com um colega de trabalho para que possa decidir que atitude tomar em suas relações futuras com ele. A atenção plena não pretende desestimulá-lo a dizer "Pensei em você hoje". Nem tem o objetivo de banir a expressão "pensando bem", que costuma fazer parte da nossa linguagem do dia a dia.

Questão de atitude

Se você segue um programa de atenção plena, é provável que a prática regular de meditação se torne cada vez mais "natural" e que você queira fazer com que meditar passe a ser um padrão regular em sua vida. Junto com essa prática, pode decidir ter presença plena – embora menos formalmente – em certas situações à sua escolha, enquanto ouve música, cozinha ou faz jardinagem, por exemplo.

Além disso, suas meditações terão ampliado sua consciência, e é provável que você esteja agora colocando maior foco do que costumava em qualquer atividade que faça. E seus períodos de "fazer" coisas serão cada vez mais entremeados por períodos de "ser". Isso é adotar atenção plena como atitude.

Tenha plena presença quando sentir dor, ou outros desconfortos físicos, ou quando suas emoções brotarem, assim como toda vez que surgir algum pensamento negativo a respeito de você mesmo.

Registre sua jornada de atenção plena em seu diário. Escreva sobre quaisquer experiências que surgirem durante suas meditações ou durante suas sessões informais de atenção plena.

> Meditação é apenas o começo da prática de atenção plena. Você pode trazê-la para todos os aspectos da sua vida.

EXPERIMENTE A IOGA
ALÉM DO SCAN DO CORPO

Se você já fez ioga, trazer atenção plena para a sua prática irá aprofundá-la, acrescentando uma dimensão de autoconsciência. Se você é novato na ioga, veja-a como uma extensão do scan do corpo: vença esse primeiro pequeno obstáculo das posturas simples e execute-as com plena presença.

Muitas pessoas que praticam a atenção plena experimentam a integridade e a autoconsciência que já existem no fundo de nós aguardando ser redescobertas. Sintonizar-se com as sensações do corpo é uma reconexão, não uma nova conexão. No scan do corpo (pp. 120-5), cada parte do corpo recebe atenção compassiva. O corpo não é só um templo: é a nossa casa.

O scan do corpo, como vimos, aplica a mente ao corpo de uma forma que começa a unificar essas duas dimensões. A ideia de união também é a base da ioga, que significa literalmente "cingir" – referência ao emparelhamento de cavalos e bois, isto é, uma metáfora para a harmonia corpo-mente.

Ioga do sol e da lua

A ioga é uma prática antiga, nascida na Índia há mais de 5 mil anos. É vista tradicionalmente como uma via para a purificação e a sintonia do corpo com as energias mais sutis da meditação. Menos esotericamente, constitui, nas variações modernas, ocidentalizadas, uma maneira de ensinar a pessoa a relaxar e liberar tensões, reforçar músculos fracos e alongar músculos tensos, a fim de equilibrar e integrar mente e corpo. A hatha ioga, o tipo mais comum praticado no Ocidente, deriva seu nome de *ha*, "sol", e *tha*, "lua". Ao unificar o poder desses dois corpos celestiais, a hatha ioga libera as energias masculinas e femininas dentro de nós. Ela usa as ásanas ("posturas") tradicionais para trabalhar todos os sistemas do corpo, dando força e flexibilidade, além de promover uma digestão saudável, equilibrar os hormônios e acalmar os nervos.

A consciência focada na prática da ioga permite perceber padrões profundos de emoção e pensamento. Dessa autocompreensão vem uma profunda transformação – uma totalidade e uma sabedoria plenamente desperta. Há uma afinidade óbvia entre esse processo e os mecanismos das meditações com atenção plena.

Fusão com atenção plena

Enquanto o caminho iogue, com raízes no hinduísmo, enfatiza a concentração na respiração para levá-lo a profundos

> A atenção plena é um caminho para se abrir mais profundamente à prática de ioga e estender esse sentimento à vida como um todo.

IOGA COM ATENÇÃO PLENA

Nos últimos anos, alguns professores de ioga, como Frank Jude Boccio e Cyndi Lee, têm divulgado os benefícios de aplicar atenção plena à prática das ásanas (posturas) na hatha ioga. A ioga com atenção plena leva seus insights além do tapete de ioga, para o reino da vida cotidiana – exatamente por meio do tipo de extensão que estamos seguindo neste livro, passando do plano formal para a atenção plena em todos os aspectos da vida.

Budismo → Atenção plena → Meditação

Hinduísmo → Hatha ioga → Posturas e controle da respiração

IOGA COM ATENÇÃO PLENA

UNIDADE DE PROPÓSITO
A ioga com atenção plena une duas correntes de práticas, que têm suas raízes no budismo e no hinduísmo.

estados de absorção, o caminho budista foca a atenção plena em todas as experiências da consciência, para ter plena presença no que quer que aconteça, sem se apegar ou rejeitar nada. Os dois caminhos se juntam na ponte do trabalho corporal com atenção plena. Ao aplicar a atenção plena a posturas simples de ioga, o que você faz é estender seu scan do corpo (pp. 120-5) a novas áreas de sensação.

Uma das críticas que se faz à prática da ioga é que ela dá excessiva ênfase ao desempenho físico. Ser capaz de contorcer o corpo nas mais difíceis posições tem sido, para alguns, um motivo de orgulho. A combinação de atenção plena e ásanas simples devolve à ioga sua verdadeira ênfase, no todo da pessoa: a harmonização de mente e corpo. E, para alcançar esse ponto

a partir do scan do corpo, basta um passo adiante – o primeiro de muitos, espera-se, conforme você se lance em uma nova jornada de ioga com atenção plena.

continua ▶

QUATRO POSTURAS

Faça essas posturas básicas de ioga duas ou três vezes, com atenção plena às sensações do seu corpo. Evite fazê-las se tiver artrite e problemas na região lombar ou do pescoço, ou estiver grávida. Peça orientação a um professor de ioga.

POSTURA DA MONTANHA

Em pé, bem ereto e firme como uma montanha, você promove bem-estar físico e mental.

1 Em pé, com os braços estendidos ao longo do corpo e olhando para a frente. Deixe os ombros relaxados.

Abra os dedos dos pés e pressione-os contra o chão.

2 Alinhe joelhos e tornozelos, alongue a espinha e o pescoço. Respire fundo e erga os braços, mantendo-os retos.

MOVIMENTOS DE ATENÇÃO PLENA

Todo alongamento e movimento, mesmo alcançar a última prateleira de uma loja para pegar uma embalagem, vira ioga quando feito com atenção plena, pois você junta movimento e consciência. Levante as pernas, estique, levante e abaixe os braços, erga os braços acima da cabeça, transforme esses movimentos simples em um scan de corpo em movimento.

POSTURA DA CADEIRA

Ajuda a fortalecer a parte baixa do corpo e alonga as costas.

Mantenha as omoplatas firmes contra as costas.

1 Em pé, com os pés alinhados aos quadris e apontados para a frente. Inspire fundo e erga os braços retos acima da cabeça, paralelos, com as palmas voltadas para dentro ou encostadas.

2 Expire e dobre o corpo na altura dos quadris, abaixando, como se sentasse numa cadeira. Abaixe até onde for confortável. Alongue a espinha. Respire fundo, sustente a postura por 6 a 8 respirações. Volte à posição ereta. Repita a postura.

Procure deixar os joelhos apontados para a frente, e não para os lados.

POSTURA DA CRIANÇA

Essa postura alonga suavemente coxas e quadris. Para muitos, essa posição fetal acalma.

1 Sente nos calcanhares, com os pés encostados um no outro.

2 Ao exalar, role o corpo para a frente entre as coxas, abaixando o peito o máximo que conseguir e esticando os braços. Se possível, deixe a testa apoiada no tapete ou no chão. Sustente a postura por 30 segundos antes de voltar a erguer o corpo.

Deixe as mãos descansando no tapete à sua frente.

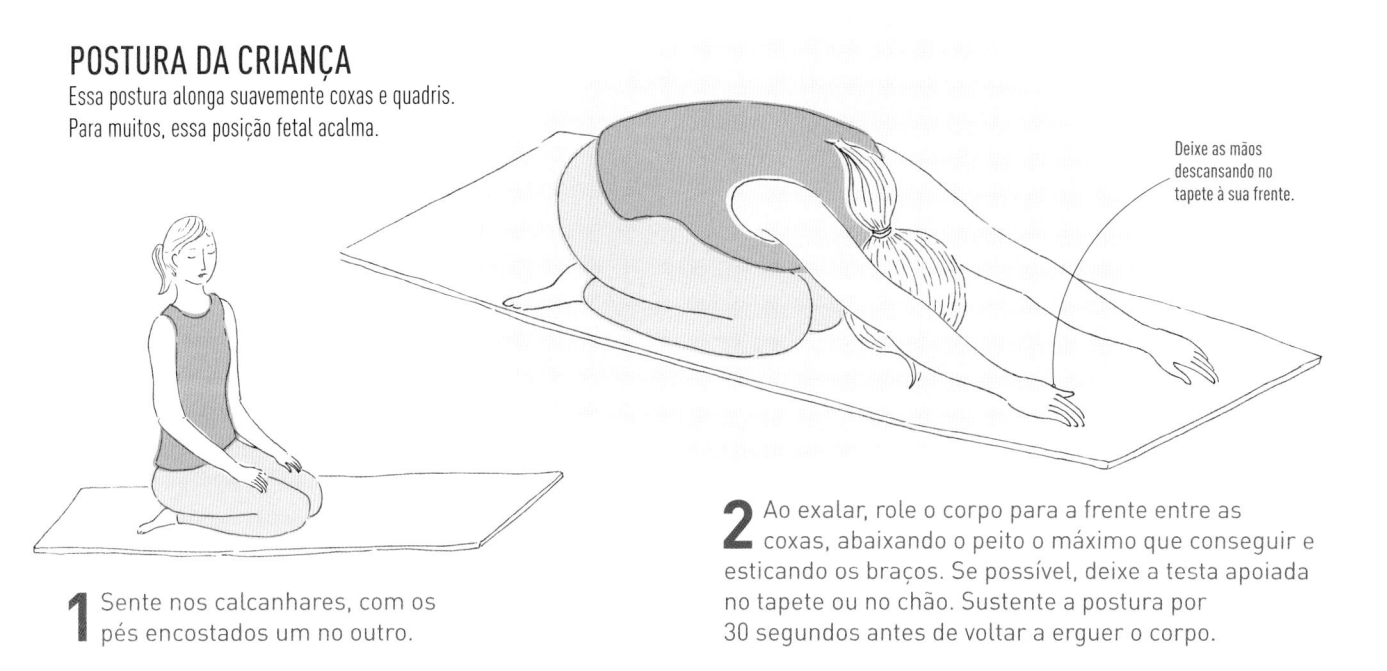

POSTURA DA COBRA

Essa postura alonga a parte superior do corpo e as costas e ajuda a fortalecer braços e ombros.

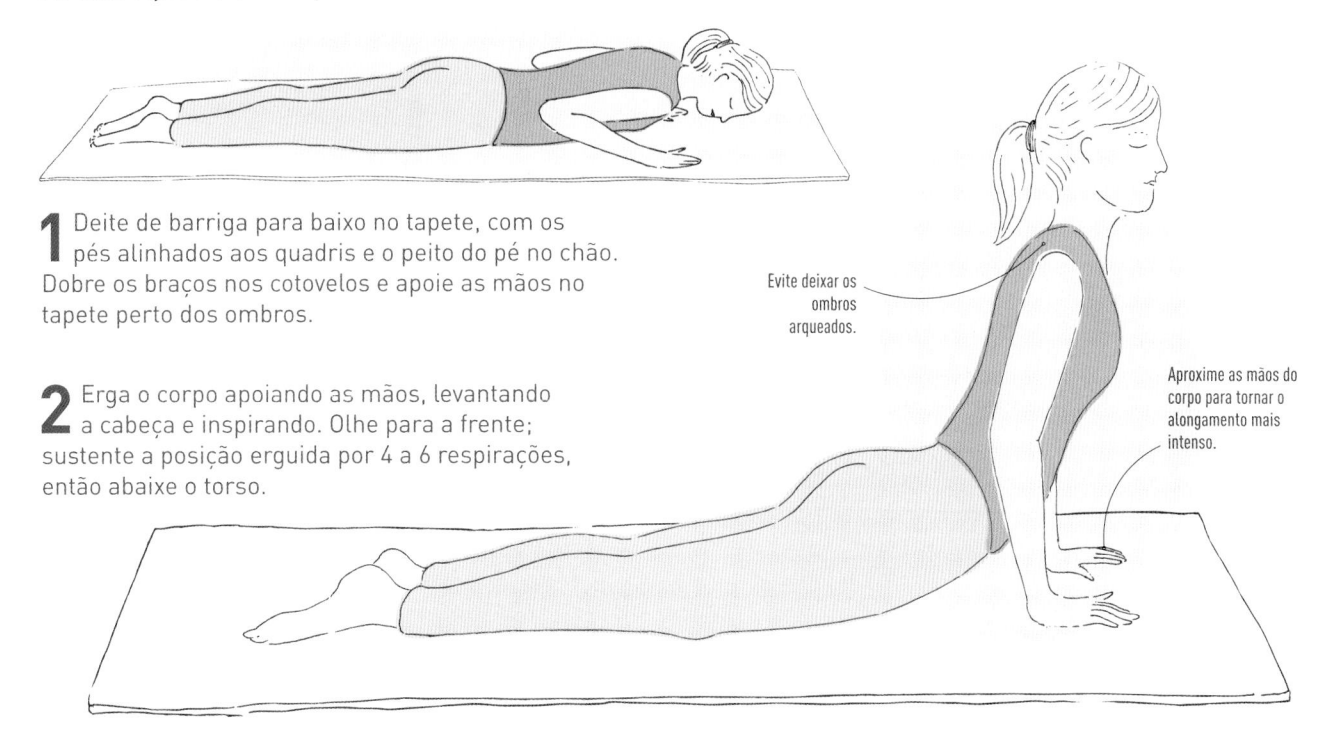

1 Deite de barriga para baixo no tapete, com os pés alinhados aos quadris e o peito do pé no chão. Dobre os braços nos cotovelos e apoie as mãos no tapete perto dos ombros.

2 Erga o corpo apoiando as mãos, levantando a cabeça e inspirando. Olhe para a frente; sustente a posição erguida por 4 a 6 respirações, então abaixe o torso.

Evite deixar os ombros arqueados.

Aproxime as mãos do corpo para tornar o alongamento mais intenso.

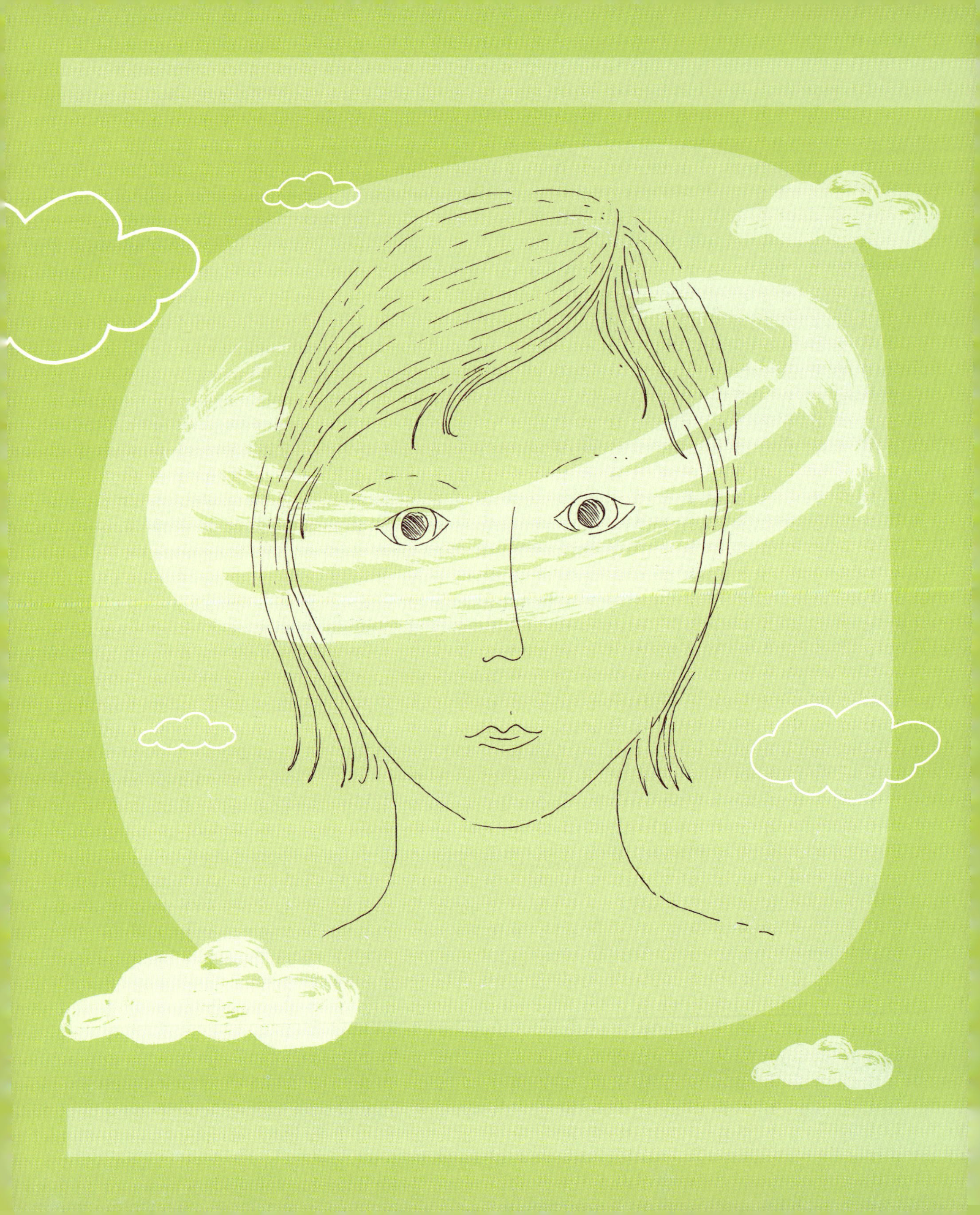

PLENA PRESENÇA O DIA INTEIRO

INTRODUZIR A ATENÇÃO PLENA EM SUA VIDA PERMITE QUE VOCÊ SE TORNE UMA PESSOA MAIS EQUILIBRADA, MAIS CONFIANTE E MAIS FELIZ, COM RELACIONAMENTOS MAIS GRATIFICANTES.

DESEMARANHAR
COMO ENCARAR MELHOR O ESTRESSE

O estresse pode permear todos os aspectos da nossa vida, com sua potente mistura de sintomas corporais e pensamentos ansiosos. A atenção plena ajuda você a desemaranhar os pensamentos que criam estresse e vê-los de uma forma que reduza sua intensidade.

Ele pode envenenar a felicidade, destruir pontes, bloquear nossas rotas de fuga: o estresse é o sabotador da vida moderna. Ele gera sintomas fisiológicos, como problemas cardíacos, má digestão e depressão, que ameaçam nossa saúde a longo prazo. Ataca quando estamos em baixa – com problemas de dinheiro ou de saúde – e fica pior se estamos em conflito com alguém, passamos por grandes mudanças na vida, como perda de emprego ou divórcio, ou nos vemos presos a situações que não temos como mudar. E agrava quaisquer dúvidas sobre o nosso desempenho de papéis – de marido, esposa, empregado, chefe ou cuidador.

Diagnóstico

O estresse é um mecanismo de autoproteção, que evoluiu para nos ajudar a lidar com ameaças percebidas, seja para nos envolver nelas ou evitá-las – a chamada reação de "lutar ou fugir". Faz liberar hormônios, como adrenalina e cortisol, e gera alterações físicas, como aumento da frequência cardíaca, para levar mais sangue aos músculos, preparando-nos para a ação. De modo similar, "tensão" no estômago é o sangue sendo redirecionado para onde é preciso.

Falsos e verdadeiros gatilhos

A reação de estresse surgiu há muito tempo na história evolucionária. Ele permanece nas nossas sociedades desenvolvidas, embora seja raro nos depararmos com risco à vida. Nosso estresse pode ser disparado por reveses nos relacionamentos ou na carreira; pode advir de nossos pensamentos (ver quadro abaixo); e às vezes a reação de lutar ou fugir é ativada quando não há nada sério em jogo, mas nosso ego se sente ameaçado – por exemplo, quando alguém é grosseiro ou nos despreza.

A atenção plena ajuda a fazer avaliações mais precisas de tais situações e nos diz se o agente de estresse é real. Você pode, por exemplo, ter raiva de um colega de trabalho e ver que essa raiva lhe causa estresse. Se adotar a atenção

---

DESFAZENDO OS NÓS

O estresse às vezes parece um grande nó emaranhado. Ao entrar no momento, num espírito de autoexame, somos capazes de desatar esse nó e ver suas várias pontas pelo que são de fato. Ao enxergarmos as causas do estresse com distanciamento, podemos adotar uma reação de atenção plena a cada uma das pontas desse nó.

ESTRESSE	REAÇÕES DE ATENÇÃO PLENA
Incapacidade de aceitar o que não dá para mudar.	Aceitação.
Atitude pessimista.	Consciência das várias possibilidades.
Autoimagem negativa.	Afastar-se do diálogo interno consigo mesmo.
Expectativas não realistas.	Não ceder à pressão do papel ou da opinião alheia.

ESTRESSE: O BOM E O RUIM

Doses moderadas de estresse em momentos específicos da vida podem ser boas. O estresse pode nos ativar, fazer enfrentar desafios e permitir, no processo, a descoberta de nossa força. Cria resiliência. Mas a repetição dessa reação de "lutar ou fugir" ou sua ativação crônica, sem voltar à homeostase (condições corporais estáveis), leva a mais estresse tóxico, que nos exaure, estreita nossos horizontes e sobrecarrega nossos recursos interiores. A atenção plena é a melhor maneira de lidar com essas situações.

plena, irá perceber essa raiva se manifestando. Ela pode ser um alerta para um autoexame. Será que tem fundamento a raiva em relação a essa pessoa, ou a causa da emoção está em outro lugar, em alguma frustração passada? Identificando a verdadeira emoção e dando-lhe nome, deixa de ter raiva do colega.

Atenção plena e estresse

Muitas vezes reagimos ao estresse remoendo memórias e lógicas emocionais (válidas ou não). Mas uma reação de atenção plena dirige nossa atenção para os dados brutos do momento – o coração que disparou ou os músculos tensos –, não para a história que estamos construindo para explicar nosso estresse e decidir como lidar com ele. Focando no corpo, o instante de alarme passa logo. Ficamos menos excitados e por menos tempo; o próximo gatilho então não se soma ao último estresse. Você volta ao presente, ao seu alicerce, mais preparado para lidar com o próximo evento.

FEEDBACK ESTRESSANTE

Um ciclo de realimentação ocorre sempre que uma causa resulta num efeito que por sua vez realimenta e fortalece essa causa. Isso ocorre com o estresse: um estressor inicial dispara sintomas fisiológicos de estresse, pensamentos ansiosos contínuos e às vezes comportamentos reativos ou de recusa. Se não lidarmos com isso, essas reações irão reforçar o estresse (ver abaixo). Sintomas individuais de estresse, como fadiga e insônia, também podem ser agravados pelo próprio ciclo negativo de realimentação. Nas páginas seguintes, veja mais sobre aplicar atenção plena para romper esses ciclos negativos.

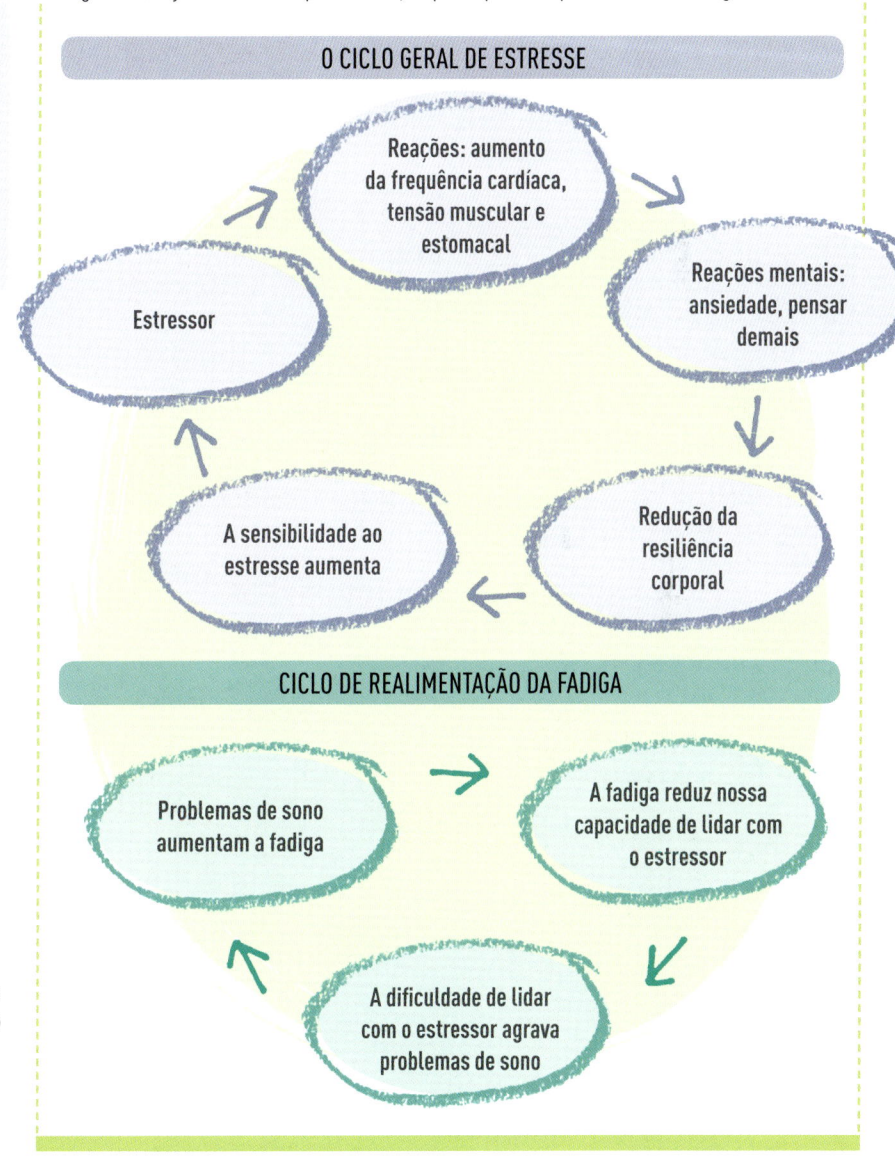

O CICLO GERAL DE ESTRESSE

- Estressor
- Reações: aumento da frequência cardíaca, tensão muscular e estomacal
- Reações mentais: ansiedade, pensar demais
- Redução da resiliência corporal
- A sensibilidade ao estresse aumenta

CICLO DE REALIMENTAÇÃO DA FADIGA

- Problemas de sono aumentam a fadiga
- A fadiga reduz nossa capacidade de lidar com o estressor
- A dificuldade de lidar com o estressor agrava problemas de sono

CALMA INTERIOR
COMO ALIVIAR O ESTRESSE

A atenção plena lida com o estresse sem tentar eliminá-lo ou corrigi-lo. Ela nos permite ter maior consciência dos pensamentos, emoções e sensações que o sustentam. Com a ajuda dessa consciência, abrimos possibilidades e agimos de modo condizente.

Prazos apertados, frustrações e exigências geram muito estresse; isso também vale para questões relacionadas a uma autoimagem ruim. Com isso, às vezes o estresse passa ser sentido como parte de nossa identidade. Mais do que familiar, ele passa a parecer normal.

Mas quando o estresse gera sintomas como insônia e incapacidade de se concentrar, você não funciona mais de modo eficaz. Não só a felicidade começa a parecer um sonho impossível, como você pode ter pouco sucesso em muito do que tenta fazer – inclusive preservar os relacionamentos. Como isso faz você se sentir mal, você acaba preso a mais um ciclo de feedback autodestrutivo (p. 157).

Estratégias antiestresse

Entender seu estresse é o ponto de partida para lidar com ele. Você terá que reconhecer e resistir às tendências de evitar lidar com problemas, como a procrastinação de decisões difíceis ou a busca de refúgio na bebida ou em comer demais. Use o mapa de estresse da página ao lado para ajudá-lo a detectar os sintomas de estresse. Estenda sua autocompreensão à contribuição que a família e os amigos podem dar. Algumas pessoas imaginam que recorrer à sua rede de apoio é falta de autoconfiança. Mas isso é subestimar o valor da empatia: a prática da atenção plena leva a uma sintonia fina com seus relacionamentos, para que você, ao ser atingido pelo estresse, conte com uma importante fonte de energia amorosa. Recorrer aos outros aumenta seus recursos e ajuda a reequilibrar as coisas.

Outros pontos-chave para lidar com o estresse são a capacidade de se acalmar quando as emoções brotam sem controle (pp. 130-1) e de fazer avaliações razoáveis da sua situação com base nos fatos disponíveis. Compreender como as emoções podem nublar seu julgamento por exagerar alguns dados e suprimir outros é parte da autoconsciência alimentada pela meditação de atenção plena. As emoções podem desencadear pensamentos negativos (cognição induzida por estados de ânimo), e isso só serve para realimentar o ciclo de estresse. Ao olhar com atenção plena para uma emoção intensa, sem cair no hábito de tentar resolvê-la pensando ou culpando a si mesmo por ter sentimentos indesejáveis, você pode reduzir muito sua influência negativa.

CONTROLE DO ESTRESSE

A autocompreensão com atenção plena facilita adotar algumas abordagens de senso comum para reduzir o impacto do estresse na sua vida:

- Evite o estresse desnecessário dizendo "não" quando for preciso e evitando pessoas ou situações que você sabe que irão estressá-lo. Priorize gastar seu tempo em coisas que sabe que são produtivas.

- Faça exercícios de respiração com atenção plena como um recurso rápido para ajudá-lo a lidar com situações que possam envolver estresse (pp. 96-9).

- Faça exercícios. Na vida moderna, onde lutar ou fugir não costumam ser reações adequadas a ameaças, o exercício aeróbico é um substituto útil. Oriente-se com seu médico se não tiver o hábito de se exercitar ou tiver algum problema de saúde. Caminhe com frequência e aproveite essa oportunidade para meditar com atenção plena.

- Durma bem. O cansaço pode elevar o nível de estresse ao fazer você pensar de modo irracional. Evite estimulantes antes de dormir.

- Coma saudavelmente. Um corpo bem nutrido lida melhor com o estresse. Tome um bom café da manhã, reduza cafeína e açúcar e não beba em excesso.

CALMA INTERIOR 159

MAPEIE SEU ESTRESSE

Os sintomas de estresse são os das reações comuns de lutar ou fugir: o estresse pode fazer você se sentir irritável, agitado ou retraído. Às vezes, faz você se congelar numa espécie de paralisia emocional. Identifique e enfrente seus sintomas com a ajuda desse mapa do estresse. Sob cada uma das quatro categorias de reação de estresse, há atitudes úteis que a atenção plena pode trazer.

RECONHEÇA OS SINAIS DO ESTRESSE

SEUS PENSAMENTOS
Diálogo interno negativo
Concentração difícil
Avaliação ineficaz
Pensamentos ansiosos
Memória fraca

Reconheça os pensamentos como falíveis, temporários e sintomáticos.

SEU COMPORTAMENTO
Isolar-se dos outros
Beber ou fumar
Comer demais ou muito pouco
Evitar responsabilidades
Hábitos nervosos

Reconheça o comportamento de piloto automático como evasivo e inútil.

SEU CORPO
Dores e desconfortos
Má digestão
Coração acelerado
Perda do interesse sexual
Insônia

Sustente essas experiências com uma atenção compassiva, permitindo que sigam seu curso ou que guiem você para as ações necessárias.

SUAS EMOÇÕES
Sentir-se oprimido
Irritabilidade
Inquietação
Tristeza
Solidão

Crie um espaço não reativo em que as emoções possam ser observadas, identificadas, possam crescer e diminuir e ser usadas potencialmente para gerar reações mais adequadas.

EVITAR A EVASÃO
COMO ENCARAR SEUS PROBLEMAS

Embora a atenção plena nos disponha a ver nossos pensamentos e emoções como realmente são e a reconhecer o que os faz brotar, nossa tendência habitual é buscar o afastamento do desconforto. Nossas duas rotas de fuga favoritas tendem a cair em duas categorias: distração e negação.

No tempo em que os humanos eram caçadores-coletores, fugir era uma reação válida à ameaça – em geral, era a única maneira de sobreviver quando um inimigo ou animal feroz aparecia. Mas, na sociedade atual, o estresse – e nossas reações a ele – assume formas mais complexas. Para começar, muito do estresse que enfrentamos é causado internamente, às vezes relacionado a eventos passados, e trazido à nossa atenção por sintomas físicos, como uma dor no pescoço ou nos ombros. Para complicar, ficamos estressados com o próprio estresse. Nossas antigas reações de fuga não funcionam contra tais inimigos. As reações de fuga dos dias atuais assumem formas criativas. Podemos tentar nos distrair indo às compras, malhando na academia, vendo um filme ou fazendo hora extra. Tais atividades são prejudiciais, pois distorcem nossos valores. Quando o trabalho, por exemplo, vira uma rota de fuga, passamos horas fazendo algo não pelo trabalho em si, mas como mera atividade substituta. Nossas reais prioridades, como os relacionamentos, a saúde, o contato com os filhos ou os amigos, sofrem com isso.

Claro, temos que reconhecer um fato essencial: que, ao fugir de um problema, nós o deixamos sem resolução. A fuga

MEDITAÇÃO DO ESTRESSE

Se você se sente forte para encarar seu verdadeiro eu, tente meditar em torno de um de seus estresses. Para isso, pratique a meditação da respiração ou a do corpo e respiração das páginas 96-9 e 106-9. Quando detectar uma reação ao estresse em seus pensamentos ou emoções, mantenha o foco neles – transfira-os para o laboratório de sua mente. Você pode também reviver uma situação de estresse após 5-10 minutos de meditação de respiração. Esteja à vontade em qualquer ponto da prática a seguir para voltar atrás, se achar que ficou muito perturbadora.

1 Tente perceber qualquer sensação física relacionada com o pensamento ou emoção estressante. Sustente-a na sua consciência do momento presente com atitude compassiva.

2 Ponha foco na respiração. "Leve a respiração" para as áreas do corpo onde você tem as sensações. Acolha as sensações em sua consciência aberta, como uma chave para a autocompreensão.

3 Dirija a atenção para a sua relação com essas sensações. Como se sente em relação a elas? Seja compassivo com elas, com você mesmo e com sua aceitação delas, numa tripla bênção.

CONHEÇA SUAS ROTAS DE FUGA

Qualquer atividade pode ser feita com atenção plena ou com espírito escapista. Alguns dos hábitos comuns de rejeição da experiência são listados abaixo. Conheça as rotas de fuga que você costuma usar e decida permanecer no momento para enfrentar seus problemas. Evitar a dor só a perpetua a longo prazo, enquanto a atenção plena permite aprender e extrair força de suas emoções negativas.

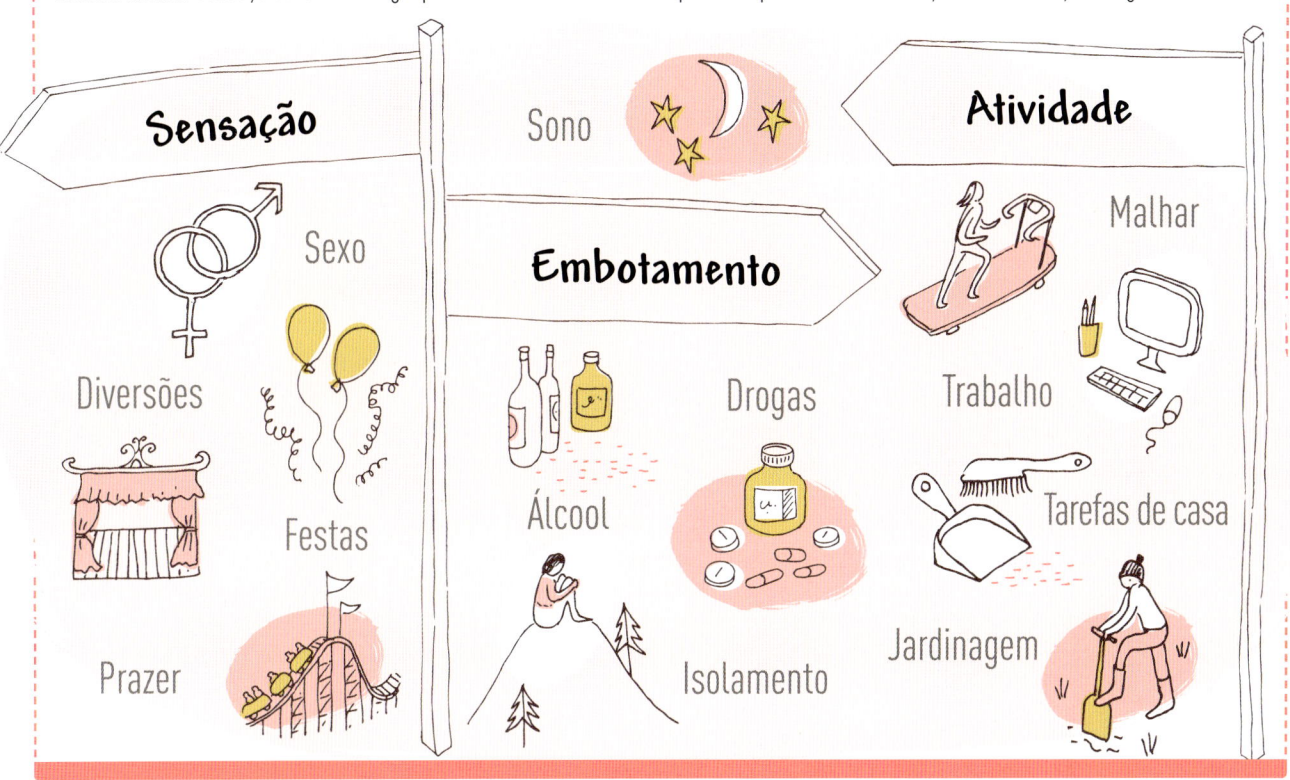

Sensação: Sexo, Diversões, Festas, Prazer

Sono

Embotamento: Álcool, Drogas, Isolamento

Atividade: Malhar, Trabalho, Tarefas de casa, Jardinagem

é apenas temporária: dura o mesmo tempo que a atividade substituta, mas assim que paramos e ficamos sozinhos de novo, fazendo nada ou tentando funcionar normalmente, o problema volta à tona – em geral, com mais força.

Evasão e equilíbrio
Uma mente ansiosa, que não confia nos próprios julgamentos, achará difícil distinguir as atividades de fuga das que são parte de uma vida equilibrada e formam um contrapeso às dificuldades. A autocompreensão com atenção plena esclarece a diferença. Passar tempo com amigos não é algo escapista; um relacionamento sexual pode ser, se não for parte de como você vê seu futuro.

Enfrentar os problemas
Um princípio-chave da atenção plena é que as experiências desagradáveis e as agradáveis são tratadas em termos iguais. Se você atenta para os seus pensamentos e emoções no momento presente com uma consciência deliberada, irá deparar com algumas verdades desconfortáveis a uma distância segura: não que não esteja envolvido nessas verdades, mas elas não têm poder sobre você, a não ser que recebam sua aprovação e o atraiam com suas histórias. Lembre-se de que a atenção plena não consiste em se afastar – e sim em se envolver.

O essencial é, a partir de seus encontros de atenção plena, aprender com as próprias experiências e acolher as descobertas desconfortáveis a respeito de si mesmo com um abraço compassivo de consciência, com atenção plena. Essa autocompaixão não é se proteger do desconforto, por fuga ou negação – é mais questão de se sentir plenamente consciente do seu desconforto, vendo como surge e reconhecendo-o como uma experiência com a qual se pode aprender e crescer.

MENTE AGITADA
COMO ENCARAR MELHOR A ANSIEDADE

Todos ficamos preocupados às vezes, mesmo sabendo que a ansiedade dificulta a felicidade. Mas para algumas pessoas a ansiedade, e a tensão que ela gera no corpo e na mente, persiste e interfere no dia a dia.

O medo é uma reação emocional a uma ameaça real: deparar com algum bandido, pensar na velhice e na morte e enfrentar um fracasso, tudo isso desperta medo. A ansiedade é bem próxima do medo e é causada por situações de estresse, que podem ser reais ou imaginárias. Se sua imaginação é ativa, isso é bom por um lado, mas pode acentuar suas ansiedades.

Um tipo ansioso
Muitas pessoas sofrem de ansiedade generalizada, que pode ser disparada até por pequenas questões. Os psicólogos não chegaram a compreender esse processo totalmente, mas parece haver alguns fatores que aumentam nossa tendência à ansiedade. Um histórico de estresse prolongado e de traumas antigos pode ser um dos fatores. A genética também pode entrar em jogo. Outro fator poderoso é a companhia de pessoas que sugiram, de modo direto ou por seu comportamento, que a vida é cheia de ameaças ou que a preocupação é útil para alertar a respeito de problemas.

Pessoas ansiosas também evitam lidar às vezes com situações problemáticas – isto é, situações às quais talvez pudessem reagir com emoções negativas.

Consciência da ansiedade
Como em todas as reações emocionais, entender é o primeiro passo para dissolver o padrão prejudicial. A ansiedade opera aplicando uma abordagem de solução de problemas a um futuro desconhecido, por meio de questões do tipo "e se?", que formam linhas especulativas lógicas. "E se eu perder o trem?", "E se não der para pagar o aluguel?", "E se minha filha sofrer um acidente?". Às vezes a ansiedade se autoalimenta: "E se eu ficar tão ansioso que não conseguir falar direito na reunião?". Ao "dar corda" a um pensamento preocupante, você pode acabar imaginando cenários

> **PREOCUPADO POR ESTAR SE PREOCUPANDO**
>
> A ansiedade aumenta quando aprisionada. Duas falsas crenças que fazem piorar as preocupações:
>
> ■ Não controlo as preocupações.
>
> ■ Vou ficar doente de preocupação.
>
> Esses são pensamentos negativos que podem ganhar autonomia se você lhes der corda. É o poder dos mitos pessoais. Mas, olhando esses pensamentos com atenção plena, você verá que tem a escolha de não ser atraído para o seu campo gravitacional. Desde que se comprometa a viver no presente, esses mitos irão perder sua força.

A preocupação me motiva a fazer as coisas.

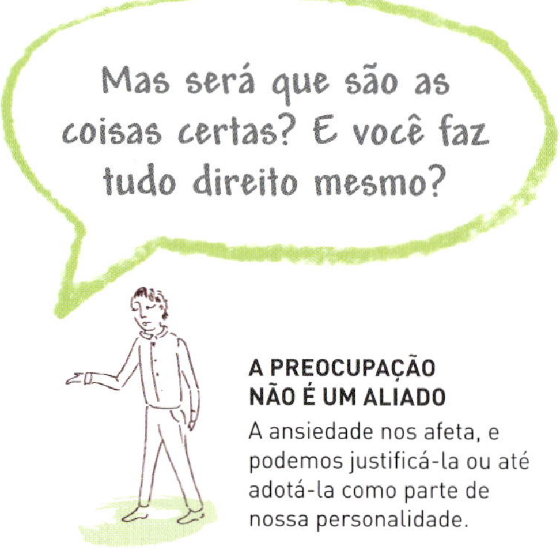

Mas será que são as coisas certas? E você faz tudo direito mesmo?

A PREOCUPAÇÃO NÃO É UM ALIADO
A ansiedade nos afeta, e podemos justificá-la ou até adotá-la como parte de nossa personalidade.

desastrosos. Além de entreter fluxos de pensamento inúteis, quem se preocupa está evitando encarar suas ansiedades no mundo real. A fuga, porém, só perpetua a ansiedade, ao evitar a possibilidade de ser invalidada por um resultado melhor do que o receado.

O papel que a atenção plena pode ter em lidar com nossas ansiedades, além de aumentar nossa resiliência por meio da meditação, gira em torno de duas abordagens principais. Primeiro, ela pode ajudar a identificar os meios falsos e inúteis que costumamos usar para lidar com as preocupações ou suprimi-las (ver abaixo). Segundo, ao focar a atenção no presente e incentivar-nos a abrir mão de pensar no futuro, ela pode nos treinar a fazer as pazes com a incerteza (p. 165).

COMO VOCÊ TENTA CONTROLAR SUA ANSIEDADE

Nenhuma das estratégias a seguir tem chance de funcionar para controlar a ansiedade. A atenção plena, que envolve aceitar em vez de controlar, é uma abordagem mais realista.

REPRIMIR AS PREOCUPAÇÕES
Isso esgota, pois exige grande esforço da vontade. E acrescenta outra preocupação: o pensamento de que seus esforços não estejam sendo tão bem-sucedidos quanto você esperava. Além do mais, ao esconder nossas ansiedades, podemos exibir vários tipos de comportamento compensatório, como tendências passivas ou agressivas.

TENTAR SE DISTRAIR
Isso prolonga o problema que está subjacente e pode levar a um comportamento extremo – como beber demais –, causando nova ansiedade.

ARGUMENTAR COM A PREOCUPAÇÃO
Essa abordagem esquece que a ansiedade é uma emoção, não se submete às regras do pensamento lógico. A razão sozinha não vence uma batalha levada nos termos da ansiedade.

PENSAMENTO POSITIVO
Isso soa promissor, mas também envolve entrar numa batalha de atitudes que pode ser desgastante. O pensamento positivo exige esforço constante, e na maioria das vezes a ansiedade sairá vencedora.

FIQUE ESTÁVEL
COMO LIDAR COM A ANSIEDADE

A ansiedade, uma reação emocional ao estresse, pode ficar tão habitual que você começa a se ver como alguém de temperamento ansioso. Na prática de atenção plena, ao acompanhar como sua vida se desenrola momento a momento, você verá que seus "momentos ansiosos" não precisam ser indicação de que você é uma "pessoa ansiosa".

A ansiedade opera no campo da ficção. Como estratégia de autoproteção que evoluiu nos primórdios da história da humanidade para nos proteger dos perigos, ela exagera as razões do medo, tecendo situações imaginárias que agem como advertências em relação a possíveis contratempos. A razão nos diz que viver em um estado de ansiedade é no máximo improdutivo e na pior das hipóteses prejudicial à saúde mental e física, mas entender isso ainda está longe de se fazer algo a respeito.

Terapia e atenção plena

Ao longo de décadas, psicólogos têm criado abordagens terapêuticas para lidar com a ansiedade e problemas relacionados. Uma das mais usadas é a Terapia Comportamental Cognitiva (Cognitive Behavioural Therapy, CBT), que questiona o conteúdo enganoso de nosso pensamento negativo (pp. 30-1). A atenção plena usa outra estratégia: deixa intacto o conteúdo que induz ansiedade e incentiva-nos a nos envolver com ele de outro modo, com uma consciência compassiva do momento presente. Dessa maneira, ela desafia nosso *ponto de vista*

FALAS POSITIVAS

Algumas pessoas usam a expressão "Sou ansioso" para indicar como se sentem em relação aos outros em seu diálogo interno.

Ao pensar "Sou ansioso", você se identifica com esse estado, como quando diz "Sou mulher" ou "Sou dentista". Mas seus pensamentos e emoções não estão vinculados à sua identidade. Adquira, portanto, o hábito de se expressar de outro modo: "Tenho pensamentos ansiosos" é mais fiel à situação real. Evite linguagem que perpetue uma autoimagem negativa, ao identificar você com suas emoções.

Como posso controlar minha ansiedade?

Não tente controlar. Melhor aceitá-la e aprender com ela. Mesmo que ela não vá embora, pelo menos você não desperdiçará tanta energia tentando lutar contra ela.

FANÁTICO POR CONTROLE
A ansiedade não é o oposto do autocontrole. É só outra emoção com a qual você pode aprender.

sobre a ansiedade. Pede-nos para reconhecer a verdade – que as ansiedades são experiências interiores fugazes; que é normal e esperado sentir ansiedade na vida. Aceitar isso é um grande passo para lidar com a ansiedade; em vez de evitar ou fugir dela, ficamos presentes e experimentamos totalmente seus sintomas. Em outras palavras, em vez de fugir de pensamentos aflitivos, nos abrimos a eles e vemos quanto são pouco confiáveis. Ao confrontar as ansiedades com atenção plena, você não faz nenhum esforço para evitá-las ou controlá-las. Ao contrário, reage a elas de um modo adequado à situação e aos seus valores e prioridades. Ao dar esse passo corajoso para encarar suas ansiedades, você inaugura uma relação nova, mais construtiva, com elas. Dá permissão à sua ansiedade para que ela, no devido tempo, se torne algo mais gratificante, pois não estará mais investindo energia nela.

> A atenção plena deixa intacto o conteúdo que induz a ansiedade e nos incentiva a tratá-lo com consideração compassiva.

LIDAR COM A INCERTEZA

A incerteza está presente na vida de todos, mas alguns lidam melhor com ela do que outros. Muitos de nós temos aversão ao risco e fazemos de tudo para evitar situações cujo desfecho seja incerto. Podemos também ver utilidade na ansiedade, pois a preocupação nos faz passar vários cenários na mente para que nenhum desfecho nos pegue de surpresa – já teremos previsto o pior que poderia acontecer. O diagrama abaixo contrasta essa ilusão com a realidade e mostra como avaliar a incerteza com atenção plena.

A ILUSÃO
O pior cenário foi previsto e aceito como possibilidade.

A REALIDADE
O futuro ainda é desconhecido; e o pesente é cheio de ansiedade.

Com atenção plena, aceite tanto a ilusão quanto a realidade da incerteza e então avalie as seguintes questões:

A incerteza é um problema para mim, mesmo sendo uma lei básica do universo? Por quê?

Que sensações, pensamentos e emoções experimento quando percebo em mim a necessidade de ter certeza?

Será que eu imagino, quando o futuro é incerto, que os maus resultados são mais prováveis que os bons? Por quê?

Será que não poderia aceitar a incerteza como ela é: Ou seja, não sei o que irá acontecer nem como irei reagir? Se eu não consigo aceitar isso, qual será a razão?

TEMPORAL À VISTA
COMO ENTENDER E LIDAR COM AS EMOÇÕES

Não podemos erradicar as emoções de nosso cenário interno, e nem é o caso: elas nos ajudam a ver o que é importante e podem servir de estímulos valiosos para ações construtivas. Mas algumas emoções – as que se tornaram habituais – acabam revelando-se prejudiciais se permitimos que criem raízes.

Ver as emoções como forças obscuras, problemáticas, que temos que suprimir ou domar, como um peão de rodeio montando um cavalo bravo, pode fazer sentido num romance literário, mas é algo distante da realidade. As emoções são fugazes – pesquisas sugerem que as brutas duram poucos minutos – e algumas são apenas um flash. Elas podem causar dano pela maneira como nós as perpetuamos sem saber.

Abordar as emoções com atenção plena não é reprimi-las nem tolerá-las. Há um caminho do meio: tratar as emoções com consciência – observar como surgem e como vão embora durante as tormentas de estresse em que nos envolvem. Ao reconhecermos a natureza transitória das emoções, somos menos definidos por elas e podemos colocá-las em seu lugar. Conforme nossa prática de atenção plena se fortalece, conseguimos explorá-las e usá-las para nos aproximar de nossas experiências interiores, a fim de achar a paz no meio da tormenta.

O percurso do ataque
Cada emoção negativa tem sua própria maneira de tomar de assalto a nossa tranquilidade e bem-estar. A raiva parece brotar de dentro de nós, o ressentimento borbulha, o ciúme nos faz sentir aborrecidos e deslocados, o medo nos deixa frágeis e instáveis.

Minhas emoções pegam o melhor de mim. Devo mantê-las guardadas para mim ou expressá-las?

Nenhuma das duas coisas. Deixe que sigam seu curso no seu corpo e na sua mente.

A ALTERNATIVA DA ATENÇÃO PLENA
A alternativa da atenção plena é ver a emoção dentro do quadro mais amplo da vida que acontece dentro e fora de nós. A emoção é tolerada e colocada dentro daquilo que, em termos científicos, poderíamos chamar de "quadro de atenção ampliado" – ou, em termos mais poéticos, uma "atenção mais espaçosa".

PLANO DE JOGO PARA LIDAR COM EMOÇÕES

A longo prazo, manter um programa de meditação de atenção plena nos incentiva a não lutar contra as emoções, a não ficar tentando fazer com que se comportem melhor, mas a vê-las como reflexos do corpo que se manifestam naturalmente. Para abordar as emoções com atenção plena à medida que surgem, e compreender as próprias reações, aplique os quatro passos abaixo.

1 RECONHEÇA
Se possível, dê nome à emoção – raiva, felicidade, solidão, medo, ciúme? Ou reconheça que há uma confusão de emoções misturadas. Dar nome é parte do processo de estar atento à própria emoção, e não ao conteúdo subjacente. Ao lhe dar nome, fortalecemos a consciência e a distinguimos das demais emoções, o que reforça a capacidade de nos separarmos dela.

2 ACEITE
Permita-se sentir a emoção. Não recorra a nenhuma censura, não faça julgamentos.

3 EXPLORE
Avalie os efeitos físicos da emoção e como, a partir dos sintomas, você define qual é a emoção que está sentindo.

4 DESCONECTE-SE
Escolha não se identificar com a emoção. Lembre-se de que ela é algo que está passando por você, e não algo vinculado a você. Saiba distinguir entre o eu e o mim. Não embaralhe as coisas.

Quando uma emoção começa a se manifestar, em geral a reconhecemos e então começamos a pensar, usando-a como base para narrativas dolorosas. Assim, se sentimos raiva de alguém, ficamos repassando suas ofensas na mente. Se estamos com medo, nos vemos na imaginação dentro do pior cenário possível. Em nossas desorientadas tentativas de "lidar com" a emoção, começamos a reviver (re-pensar) a situação que a originou, reencenando a história implícita... e com isso, é claro, realimentamos a emoção várias e várias vezes, sem perceber. Mas se pusermos foco não na situação, mas no que sentimos, nas sensações físicas que a situação nos fez experimentar – como tremer, corar, suar e gaguejar –, então a emoção deixará de ser alimentada pelo pensamento. Seguirá seu curso e irá embora, como o ar que expiramos. Ter atenção plena permite que as emoções se formem, cresçam e diminuam, até sumirem, do seu jeito, naturalmente.

Ao dominar esse modo de lidar com as emoções, alcançamos um ponto de virada na vida. É preciso praticar muito, mas, depois de aprender a não reagir à emoção com o pensamento, vemos como isso é libertador. As emoções são vivenciadas mais livremente, exigem menos energia; e em sua forma "pura" (não mais exageradas e reformuladas pelas narrativas que evocam) podem ser usadas para nos guiar na definição do que está em jogo a cada momento da vida.

MUDANÇAS
COMO LIDAR COM ELAS

Quer procuremos mudanças, quer elas nos sejam impostas por forças externas, temos que ter força mental e flexibilidade para nos adaptar às novas circunstâncias. A atenção plena nos incentiva a enfrentar as dificuldades, em vez de suprimi-las.

Marcas no batente da porta para indicar o crescimento de uma criança nos lembram que a vida é mudança. A decadência dos idosos da família também. Mas nosso próprio envelhecimento tende a evoluir muito devagar para que tomemos consciência dele. E nossa vida em casa e no trabalho (filhos à parte) pode ter uma aparência de algo permanente, refletindo escolhas feitas no passado. Mas é quando parecemos tranquilos e felizes que grandes mudanças fora do nosso controle – de perda do emprego a danos por acidentes – promovem choques em nossa vida. Nessas horas podemos perder a chance de fazer mudanças *positivas*, por estarmos habituados ao status quo.

A arte do ajuste

Quando há grandes surpresas, lidar com elas é um processo de muitos estágios – como cozinhar uma refeição complicada. Aplicar atenção plena a quaisquer mudanças da vida conforme elas ocorrem, e adequar-se às situações que evoluem à sua volta e às mudanças na mente e no corpo, tudo isso nos prepara para o inesperado. A atenção plena nos torna mais flexíveis para nos ajustar à mudança e aceitar os pensamentos e emoções que ela traz.

Quando mudanças difíceis ocorrem, é natural ficar triste, sofrer, sentir raiva e procurar algo ou alguém para culpar. A meditação de atenção plena ajuda a reconhecer essas reações sem ser engolido por elas, e abrir a mente para

A EXPERIÊNCIA DA MUDANÇA

A psiquiatra americana Elizabeth Kübler-Ross (1926-2004) descreve um ciclo de experiências, em sete estágios, que as pessoas atravessam durante o luto. Temos experiências similares ao lidar com outras grandes mudanças na vida. Emoções como culpa, raiva e frustração ocorrem geralmente nos estágios do choque, negação e inconformidade, mas podem ressurgir nos estágios de recuperação. Tenha atenção plena às emoções e aos pensamentos negativos para passar melhor pela transição.

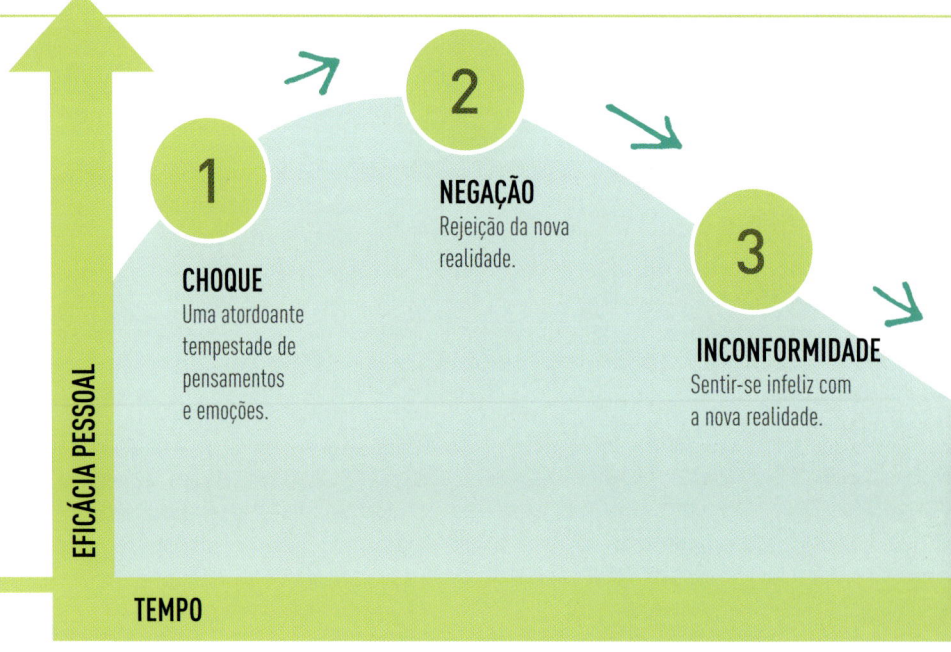

1 CHOQUE
Uma atordoante tempestade de pensamentos e emoções.

2 NEGAÇÃO
Rejeição da nova realidade.

3 INCONFORMIDADE
Sentir-se infeliz com a nova realidade.

EFICÁCIA PESSOAL

TEMPO

PLANO DE CINCO PONTOS PARA AS MUDANÇAS

A atenção plena deixa você mais bem equipado para aceitar e adaptar seu pensamento às mudanças. Aqui estão algumas ações específicas:

- **Mantenha suas meditações de atenção plena**. Se relaxou um pouco, retome o ritmo diário.
- **Aceite seus pensamentos e emoções** com uma atenção plena compassiva.
- **Dê tempo para se ajustar** – defina seu ritmo, não importa o que os outros digam.
- **Seja fiel às suas prioridades e valores**: não se esqueça das coisas que não mudaram.
- **Comunique-se** – extraia força dos outros quando disponível.

as opções disponíveis – os caminhos que levam à vida que você escolher.

Proteger sua autoimagem

Muitas pessoas que passam pelo estresse de mudanças sentem-se pressionadas a projetar para os outros e para si mesmas a imagem de que são fortes e destemidas, ocultando quanto se sentem vulneráveis. Isso pode fazê-las deixar de pedir ajuda quando mais precisam. A atenção plena não só faz você perceber que a vulnerabilidade é aceitável, mas também mostra que relutar em aceitar ajuda de amigos e familiares denota uma espécie de orgulho. E mesmo que você peça ajuda a eles, o orgulho ainda pode prejudicar, ao impedir que você diga exatamente de que modo podem ajudar.

A capacidade humana de se adaptar a novas circunstâncias é impressionante; mas há pessoas que se sentem incapazes de aceitar mudanças, pois se convenceram de que isso é impossível. A atenção plena ajuda nisso também, diluindo o poder de diálogos internos como "Não consigo aprender a fazer de outro jeito", ou "Sou velho demais para mudar de hábito", desestimulando nosso apego ao passado. A mudança nos dá a grande oportunidade de aprendermos a respeito de nós mesmos e, no processo, de ficarmos mais fortes e mais sábios.

A atenção plena nos leva a aceitar os pensamentos e emoções que a mudança traz como consequência.

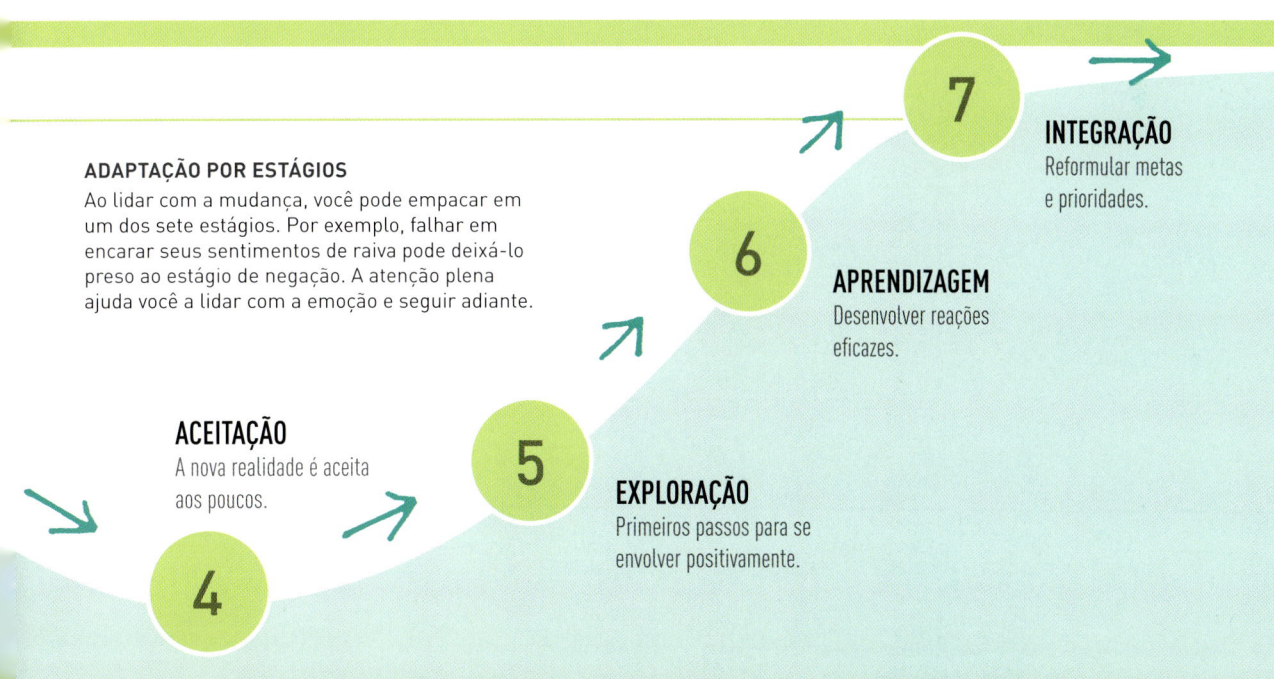

ADAPTAÇÃO POR ESTÁGIOS

Ao lidar com a mudança, você pode empacar em um dos sete estágios. Por exemplo, falhar em encarar seus sentimentos de raiva pode deixá-lo preso ao estágio de negação. A atenção plena ajuda você a lidar com a emoção e seguir adiante.

4

ACEITAÇÃO
A nova realidade é aceita aos poucos.

5

EXPLORAÇÃO
Primeiros passos para se envolver positivamente.

6

APRENDIZAGEM
Desenvolver reações eficazes.

7

INTEGRAÇÃO
Reformular metas e prioridades.

"Aprenda a desejar que tudo venha a acontecer exatamente do jeito que acontece."

Epiteto (c. 55–c.135)

NÃO AO PILOTO AUTOMÁTICO!
COMO SE REINVENTAR

Reinventar-se parece impossível, mas a atenção plena ensina que comportamentos e pensamentos que você acredita serem fixos dependem de sua permissão. Opte com atenção plena pelas suas verdadeiras prioridades na vida, e os hábitos perderão força.

No modo piloto automático, são nossos hábitos que escolhem por nós. Nossas habituais tendências, desejos e aversões, preferências e preconceitos parecem definitivos: com o tempo, achamos impossível mudar.

Tais hábitos erguem muros invisíveis à nossa volta, restringem nossa liberdade e nos impedem de alcançar todo o nosso potencial para a felicidade.

Isso pode se dar em qualquer área da vida – terminamos um relacionamento por sermos incapazes de perdoar uma ofensa antiga; ou podemos lutar em vão para não engordar ou parar de gastar muito. Tudo isso está submetido ao poder do hábito, movido pela repetição, até que se torna parte de nossa vida.

Resolução e intenção
Tomar uma resolução, em geral no ano-novo, é um jeito tradicional de quebrar hábitos, mas raramente funciona. Uma resolução é uma declaração de firme intenção, mas não se apoia em um poder real. É como usar um coador para represar um riacho: é a ferramenta

FOCO NA ILUSÃO

Ter atenção plena é ser honesto consigo – dispor-se a ver as coisas como são e a reconhecer essa percepção. Dirigir a consciência para as ilusões inerentes aos seus hábitos (à dir.) irá drenar finalmente seu poder compulsivo. Então você destruirá mais uma ilusão: a de que seus hábitos são seus para sempre.

FALSO CONFORTO EM EXCESSO
- Comida
- Bebida
- TV
- Sono
- Compras

São coisas neutras em si, mas podem criar dependência.

FALSA SENSAÇÃO DE CONTROLE
- Pensar demais
- Analisar demais
- Prever demais

Você acredita que desse jeito resolve problemas – mas não é bem assim.

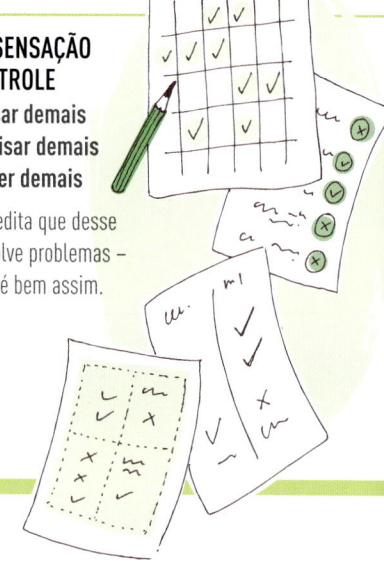

NÃO AO PILOTO AUTOMÁTICO!

QUEBRE O CICLO DO HÁBITO

O diagrama abaixo mostra duas consequências de nos guiarmos por maus hábitos – a esquiva e a estagnação. A atenção plena é a chave para transformar hábitos improdutivos, prejudiciais, em atitudes saudáveis, proveitosas. Com consciência de si, no presente, assumimos responsabilidade por nós e fazemos mudanças de longo prazo que melhoram nossas chances de bem-estar e felicidade.

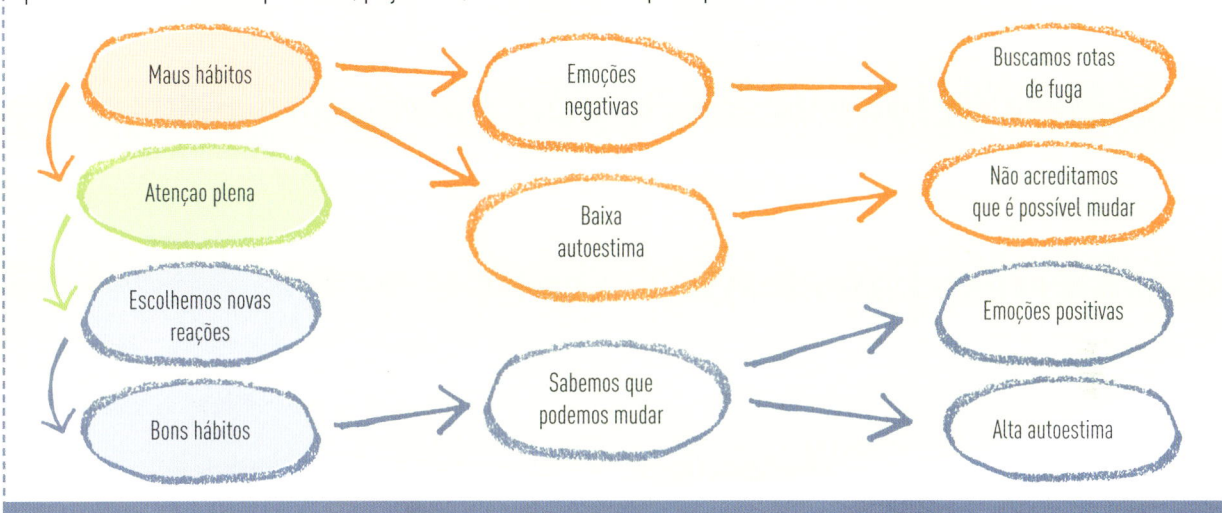

```
Maus hábitos ──→ Emoções negativas ──→ Buscamos rotas de fuga
    ↓                   ↓
Atenção plena          Baixa autoestima ──→ Não acreditamos que é possível mudar
    ↓
Escolhemos novas reações                  ──→ Emoções positivas
    ↓
Bons hábitos ──→ Sabemos que podemos mudar ──→ Alta autoestima
```

errada para uma mudança. No máximo, permite uma trégua. Para lidar com os hábitos de modo eficaz, é preciso mergulhar mais fundo em nós mesmos, com atenção plena, e formular intenções sentidas de modo pleno. Os padrões que nossos hábitos criam não são difíceis de discernir, mesmo que a experiência seja desconfortável. Se você não fizer esse autoexame com atenção plena, o mais provável é que fuja de suas descobertas. A base da mudança é aceitar com compaixão as reações habituais a certos disparadores e às consequências usuais dessas reações. Sua intuição terá um papel--chave, pois, quando atua com atenção plena no momento, é mais sábia que o piloto automático, ajuda a reconhecer seu padrão habitual e mostra quanto ele é prejudicial. Confie na intuição para alertá-lo das reais prioridades e das escolhas a fazer para ser fiel a elas.

Mudar com atenção plena
Por meio da atenção plena, você aos poucos coloca tudo sob o guarda-chuva da percepção consciente. Qualquer ação que faça precisa de seu reconhecimento e de sua permissão. Há um lugar na mente em que você é livre para fazer suas escolhas. A atenção plena leva você a esse lugar e lhe dá o poder de fazer as coisas de um modo diferente.

FALSA SENSAÇÃO DE ESQUIVAR-SE
- Procrastinar
- Dizer "sim" quando é "não"

Você evita o confronto – mas isso só cria ansiedade, pois você sabe que terá que encarar a questão uma hora ou outra.

FALSA SENSAÇÃO DE EVITAR RESPONSABILIDADE
- Falta de pontualidade
- Desapontar as pessoas
- Dizer "só desta vez"
- Mentir
- Fazer fofocas

Você deixa de levar em conta consequências inevitáveis.

POSSO E MEREÇO
A CONSTRUÇÃO DA AUTOCONFIANÇA E DA AUTOESTIMA

Com o tempo, acumulamos dúvidas sobre nosso valor e competência, e elas podem virar um poderoso mito e bloquear o caminho para a felicidade. A atenção plena ajuda a dissolver nossos diálogos internos negativos e propõe um ciclo positivo de autoestima cada vez maior.

Quando a autoestima é baixa, os padrões de pensamento ficam contaminados pelo desânimo. Tornam-se habituais e fixam mensagens de insegurança e crítica – você é tímido, estúpido demais, desajeitado, gordo. Mesmo que receba mensagens positivas de seu interior ou de outras pessoas, é provável que se diluam no meio de tantas vozes negativas. Se você duvida de seu valor e competência, também não deve confiar nos pensamentos e julgamentos que faz a seu respeito. Então, como sair desse ciclo negativo?

É aqui que a atenção plena pode ajudar. Quando observa os pensamentos com atenção plena no momento presente, sem fazer julgamentos, você pode constatar quando não estão sendo úteis. A atenção plena desacelera seus padrões de pensamento habituais e incentiva você a parar e observá-los melhor.

Identificar a baixa autoestima
Insegurança e baixa autoestima podem se insinuar em sua vida de vários modos; e quanto antes você notar isso, mais cedo poderá agir com atenção plena e evitar a formação de hábitos negativos.

Você sente que falhou quando não acontece o que esperava? Por exemplo, se uma amiga fica dias sem ligar, você imagina que ela está ocupada ou fica pensando se você fez algo errado? Culpar-se indica baixa autoestima.

Você vai bem com amigos e família, mas perde confiança em situações em que está sendo julgado (numa entrevista, por exemplo) ou *sente* que está sendo julgado (numa festa, por exemplo)? Se isso é habitual, pode indicar um problema de insegurança. A atenção plena ajuda a superar esses lapsos de confiança de curta duração, para que você não se torne esquivo – e comece a evitar situações em que sabe que irá se sentir vulnerável.

Construir a confiança
A autoconfiança afeta como nos sentimos em relação a nós mesmos, nosso modo de ser com os outros e nossa capacidade de relaxar. Aumenta a chance de felicidade, ao permitir perceber nosso potencial. Acreditar em nós e ter confiança de que nossos esforços não serão invalidados pelo medo de fracassar são atributos-chave que a atenção plena favorece ao tapar nossos ouvidos para o canto da sereia do diálogo interno negativo.

> Insegurança e baixa autoestima podem se insinuar de modo sutil em sua vida.

PLANO DE SEIS PONTOS PARA VIVER COM AUTOCONFIANÇA

Se você não progride por falta de autoconfiança – e isso é algo reforçado por diálogos internos negativos –, tente esse plano.

1 **Aceite seus erros** com autocompaixão.
2 **Diante de um desafio** não se deixe assaltar por preocupações sobre sua capacidade.
3 **Busque alimentar seu sucesso** com sua pura intenção – não com o desejo de apagar seu registro de fracassos passados.
4 **Seja você mesmo** – a atenção plena lhe mostra quem você é e como encontrar e ir atrás das oportunidades que surgem.
5 **Concentre-se nas coisas em que é bom** – mesmo que os outros não percebam isso.
6 **Dê uma contribuição** – saber que você fez diferença irá aumentar sua autoestima.

O CICLO POSITIVO DA AUTOESTIMA

No ciclo vicioso da baixa autoestima, duvidar de si mesmo faz você baixar suas metas e não conseguir alcançá-las – o que só o leva a duvidar ainda mais. A ansiedade também tem seu papel, ao tirar seu foco. Por meio de atenção plena, você descarta a influência sabotadora das baixas expectativas e se afasta das preocupações com desempenho. O sucesso – mesmo que se limite a fazer você saber que fez o melhor que podia – aumenta sua confiança e dá início a um novo ciclo positivo de crescimento pessoal.

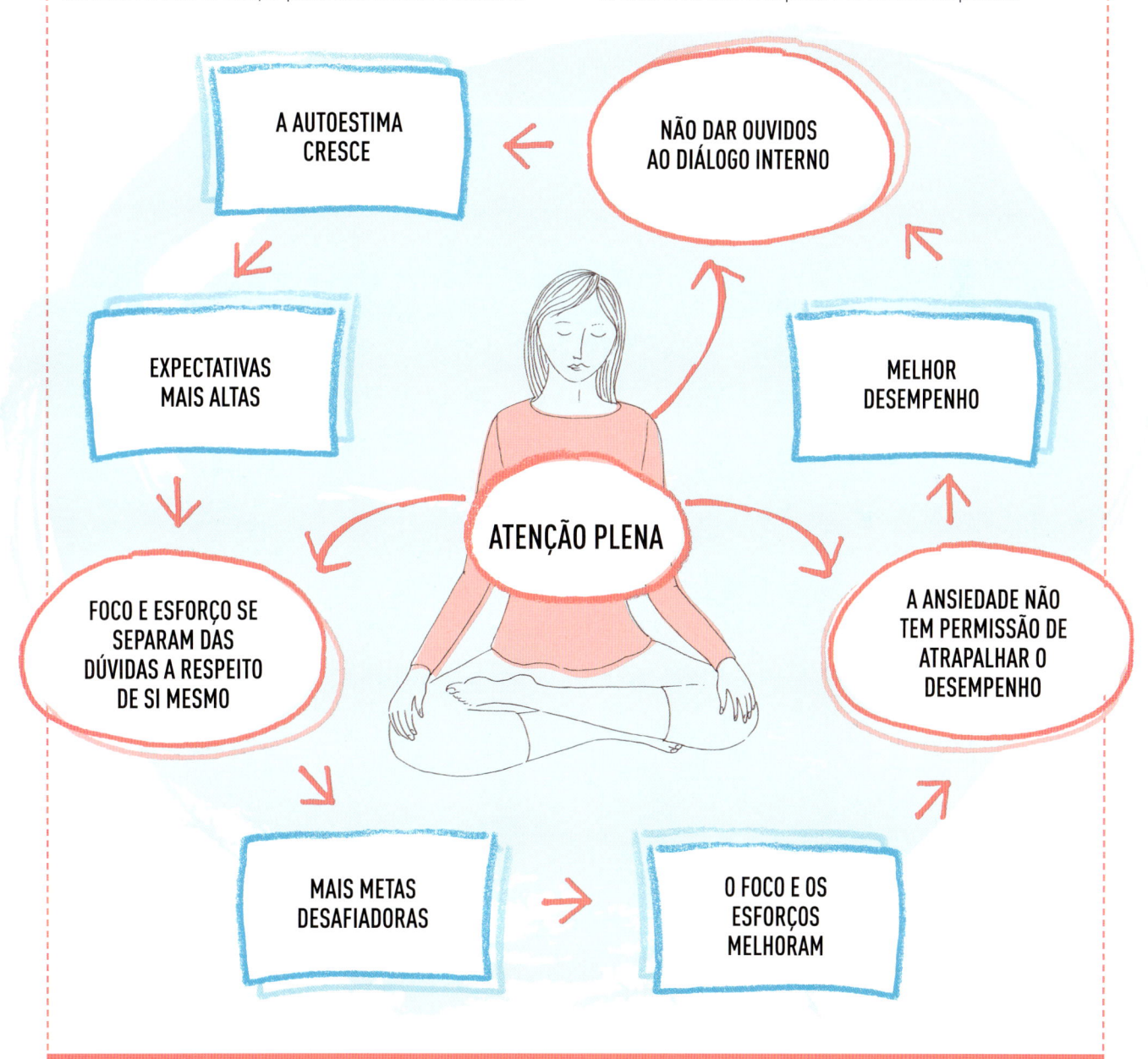

ATENÇÃO PLENA

- NÃO DAR OUVIDOS AO DIÁLOGO INTERNO
- A AUTOESTIMA CRESCE
- EXPECTATIVAS MAIS ALTAS
- FOCO E ESFORÇO SE SEPARAM DAS DÚVIDAS A RESPEITO DE SI MESMO
- MAIS METAS DESAFIADORAS
- O FOCO E OS ESFORÇOS MELHORAM
- A ANSIEDADE NÃO TEM PERMISSÃO DE ATRAPALHAR O DESEMPENHO
- MELHOR DESEMPENHO

EM SETE RESPIRAÇÕES
COMO TOMAR DECISÕES

Nossas decisões são em parte intuitivas, em parte racionais. A emoção pode distorcer a avaliação – a ansiedade, por exemplo, nos faz hesitar –, e nossas escolhas podem ser tingidas pelo que os outros pensam de nós. A atenção plena, aprimorando pensamentos e foco, pode evitar essas ciladas.

Nós pensamos, decidimos e então, com intenção deliberada, agimos. Algumas pessoas são naturalmente decididas, outras inclinam-se a oscilar entre as opções antes de decidir. Mas mesmo os tipos mais decididos podem descobrir, ao enfrentar circunstâncias complexas, que precisam de um tempo extra para escolher um curso de ação no qual se sintam confiantes.

No Japão medieval, dava-se a um samurai um tempo de sete respirações para tomar uma decisão. Às vezes, no mundo moderno, isso é possível, até fácil, mas nossos primeiros pensamentos não são necessariamente os melhores. Grandes decisões, por exemplo sobre mudar de casa ou de emprego, beneficiam-se de análise e reflexão.

Desafio e complexidade

As emoções podem afetar a tomada de decisões de duas maneiras. Você pode ver com bons olhos uma oportunidade

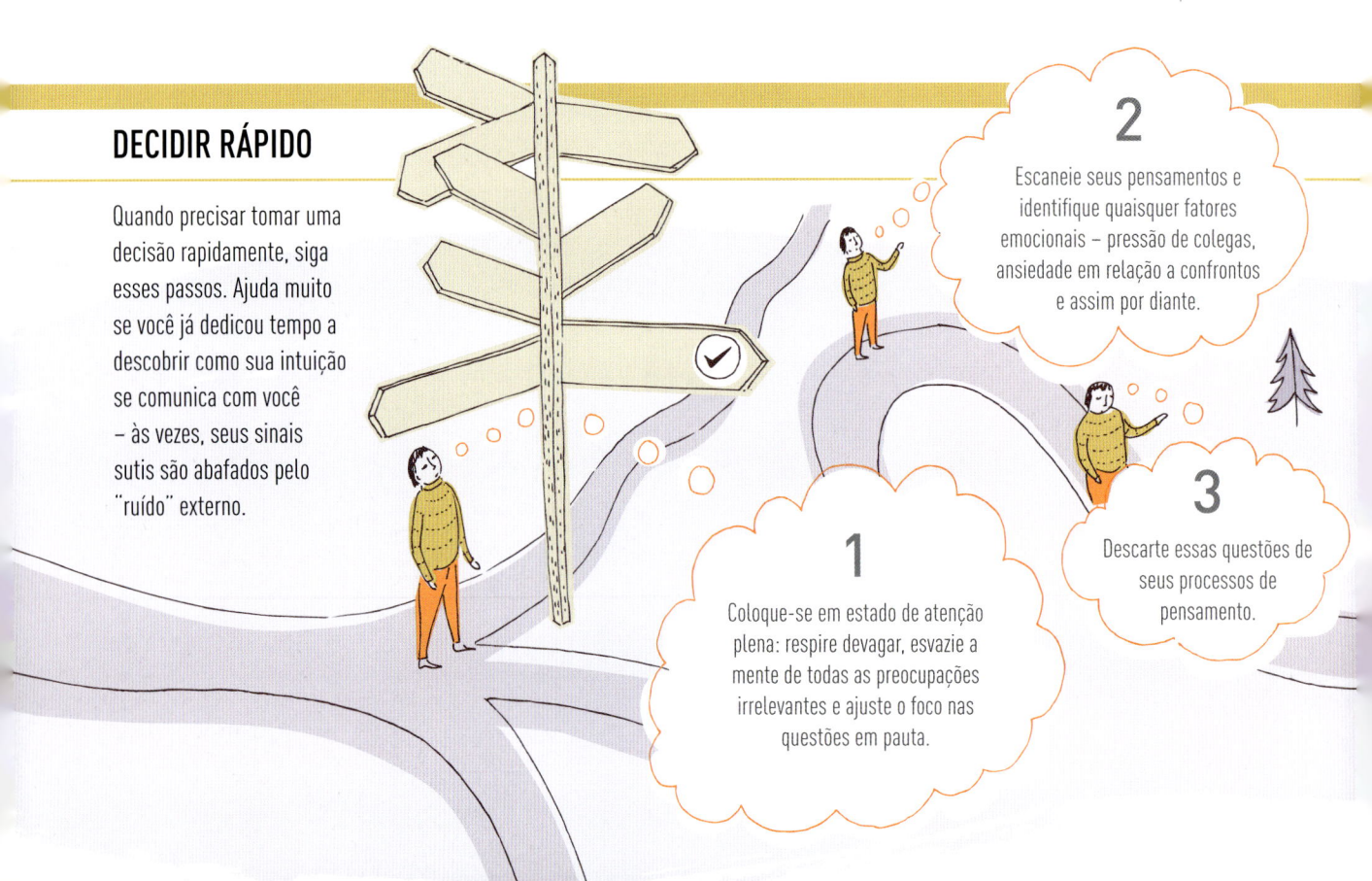

DECIDIR RÁPIDO

Quando precisar tomar uma decisão rapidamente, siga esses passos. Ajuda muito se você já dedicou tempo a descobrir como sua intuição se comunica com você – às vezes, seus sinais sutis são abafados pelo "ruído" externo.

1 Coloque-se em estado de atenção plena: respire devagar, esvazie a mente de todas as preocupações irrelevantes e ajuste o foco nas questões em pauta.

2 Escaneie seus pensamentos e identifique quaisquer fatores emocionais – pressão de colegas, ansiedade em relação a confrontos e assim por diante.

3 Descarte essas questões de seus processos de pensamento.

porque simpatiza com a pessoa que a oferece; ou pode recusar outra chance porque exige que se afaste muito de sua zona de conforto.

Tendemos a ficar em conflito diante de desafios. Por um lado, podemos nos deleitar com a possibilidade de expansão e até de ganhar aclamação pela realização; mas, por outro, podemos duvidar de nossa capacidade e ter medo de fazer papel de bobo. Ao banir preocupações desnecessárias e fortalecer a nossa autoestima, as meditações de atenção plena podem diluir essa carga emocional em volta de um desafio e fazer-nos aceitá-lo de modo mais direto. "Talvez dê certo, talvez não, mas por que não tentar?"

Dupla ansiedade

Ao tomar decisões, muitos mostram uma dupla ansiedade: preocupam-se não só com os aspectos negativos das opções em jogo, mas também por não saberem se estão tomando a decisão *certa*. O estresse dessa incerteza pode persistir depois que se consuma a ação e virar uma questão para qual não costuma haver resposta: "Teria sido melhor se tivesse decidido B em vez de A?". A atenção plena não lida com situações hipotéticas, atravessando boa parte da névoa que envolve as tomadas de decisão. À medida que você se torna mais sereno e autoconsciente, passa a aceitar que o passado não tem volta. Mesmo um arrependimento vira um desperdício inútil de energia mental; afinal, preocupar-se por não saber se você *deveria* estar arrependido é também uma dupla ansiedade.

A atenção plena ajuda a diferenciar as respostas intuitivas das respostas reativas.

A ATENÇÃO PLENA MELHORA A TOMADA DE DECISÕES

A atenção plena ajuda a tomar melhores decisões na vida porque:

- Reduz o estresse, que interfere na clareza de pensamento.
- Facilita que você se concentre nos aspectos essenciais.
- Torna menos provável que você se disperse.
- Ajuda a filtrar a tagarelice mental.
- Libera você de padrões de comportamento passados.
- Aumenta a autoestima e torna as escolhas mais confiantes.
- Ajuda você a resistir à pressão das emoções.

4 Envolva-se na lógica da situação de modo neutro e pondere suas opções com cuidado.

5 Pergunte-se o que sua intuição lhe diz para fazer. Atente para as dicas de suas antenas internas – elas confirmam sua avaliação racional? Se não, você imagina por que sua intuição está lhe mandando uma mensagem diferente?

6 Abra um espaço em sua mente para a sua escolha final entre as possibilidades.

7 Faça a escolha de maneira clara e decidida, sem olhar para trás, para possíveis arrependimentos.

PENSAR DIREITO
COMO RECONHECER DESVIOS EMOCIONAIS

A mente é uma ferramenta incrível, mas sofre desvios de todo tipo – em geral, por influência das emoções. Acreditamos estar sendo lógicos ao usarmos termos como "porque" e "portanto" para descrever os processos de pensamento, mas as emoções podem dar um golpe e comandar nossas decisões em lugar do intelecto.

Uma mente não treinada, sem experiência em meditação, tende a ser mais reativa em suas decisões e permitir que padrões de experiência antigos se repitam. Exemplo clássico é o da pessoa que escolhe sempre o mesmo tipo de parceiro, apesar de seu histórico de rompimentos; ou de alguém que demora para largar um mau hábito, achando sempre que dessa vez será a última. A atenção plena vê cada decisão à luz das suas prioridades e valores, que com frequência significam valorizar a visão de longo prazo e fazer sacrifícios no curto prazo. Ao adotar

PENSAMENTO DISTORCIDO

Quando pensamos de modo egoísta, em geral saímos perdendo no final – não só moralmente. Desvios emocionais distorcem nossa capacidade de alcançar um bom resultado. Isso fica evidente no "jogo do ultimato" – um cenário imaginado por teóricos da economia. Imagine que alguém lhe dá 100 reais com a condição de que você divida com um conhecido, digamos, a Maria. Você pode oferecer uma parte igual à sua ou menor, mas se ela rejeitar a oferta, os dois ficarão sem nada. Maria também conhece as regras do jogo. A lógica sugere que você ofereça o menor valor possível – digamos 1 real. E sugere que ela irá aceitar, afinal, 1 real é melhor que nada. Mas quando o jogo é jogado, o resultado costuma ser diferente.

Quero ficar com o máximo de dinheiro pra mim.

Espero que ele me ofereça algo justo.

a atenção plena na tomada de decisões, é importante fazer uma distinção entre viver no momento e viver para o momento. Dizer a si mesmo "Danem-se as consequências, eu quero isso agora e então vou fazer e pronto" está longe de ser uma atitude com atenção plena. A plena presença não é um par de antolhos: o sentido da atenção plena é ampliar sua perspectiva, e não torná--la mais estreita.

> Tirar o foco do que aconteceu no passado e do que pode acontecer no futuro ajuda a tomar melhores decisões agora.

REDUZIR A TENDENCIOSIDADE EM DECISÕES IMPORTANTES

Uma consciência ampliada do momento presente oferece um antídoto a muitos erros nas tomadas de decisão. Um erro comum, chamado "desvio de custos irrecuperáveis", reflete nossa tendência de insistir num caminho por já termos investido tempo, dinheiro e esforço nele. É uma expressão do mundo dos negócios, mas vemos isso também no cotidiano – veja os exemplos abaixo. Pesquisa feita em um dos mais destacados institutos de negócios do mundo, o INSEAD, mostrou que breves sessões de meditação de atenção plena reduzem muito a vulnerabilidade a esse tipo de desvio.

- **Investir muito num relacionamento**, mas descobrir que há diferenças difíceis de conciliar. Em vez de romper, e partir para uma nova busca de felicidade emocional, insistir no relacionamento.

- **Investir na carreira numa empresa** e conhecer muito bem como ela opera, mas sem ter espaço para uma promoção. Em vez de levar o conhecimento e competência para outra empresa, ficar, mesmo se sentindo infeliz.

- **Comprar ingressos** para um concerto de música, mas o parceiro está gripado, e o tempo, instável. Em vez de aceitar perder o dinheiro do ingresso, o casal vai ao concerto mesmo assim, para não desperdiçar o dinheiro. O concerto é ruim e voltam para casa os dois doentes.

EMPATIA
COMO SINTONIZAR-SE COM OS OUTROS

> "Se quer que os outros sejam felizes, pratique a compaixão. Se você quer ser feliz, pratique a compaixão."
>
> Sua Santidade o 14º Dalai Lama

Nossas conexões com os outros, enriquecidas pela atenção plena, são uma grande fonte de felicidade. Boa parte disso vem de poder oferecer – não só nossos sentimentos cordiais e amorosos, mas também, quando preciso, nossa compaixão na prática.

Não podemos ler os pensamentos dos outros, nem eles os nossos. Por que, então, não nos sentimos totalmente sozinhos? A resposta é que criamos profundas conexões em nossos relacionamentos. Conhecer alguém começa com uma simples troca de informações, mas isso pode evoluir para uma cumplicidade, uma sensação de afinidade mesmo quando estamos fisicamente afastados. A empatia é essa compreensão intuitiva das outras pessoas – o que nos faz gostar, perdoar e sentir afeto pelos outros, porque compartilhamos sua vida emocional. A empatia é parente de duas outras virtudes: a simpatia e a compaixão.

Conexão com atenção plena

Pesquisas mostram que a meditação estimula a parte do cérebro chamada ínsula, que parece ter papel-chave na nossa empatia pelos outros (pp. 110-1). Segundo esses achados, a autoavaliação feita por quem medita regularmente aumenta a capacidade de empatia e permite que esta se estenda além dos nossos conhecidos, para as pessoas em geral. Isso enriquece nossos relacionamentos e nossa capacidade de comunicação.

A meditação com atenção plena começa com o eu, o centro de nossas conexões, e de início dirige nossa compaixão para o interior no momento presente, para os nossos próprios pensamentos e emoções. Somos tentados a nos envolver com eles, mas em vez disso, como nossa escolha é a atenção plena, simplesmente os reconhecemos com afeto, como um pai acolhe um filho. No processo de autodescoberta nos tornamos mais serenos, e ao mesmo tempo a consciência se expande. É como se, ao dirigir nosso poder de empatia para um grande jarro dentro de nós, ele ficasse cheio e transbordasse em prol dos outros.

Dar mais

Ao continuar praticando e nos afastarmos das fatigantes batalhas internas contra pensamentos negativos e emoções carentes, nos vemos capazes de dar mais. Além disso, ao

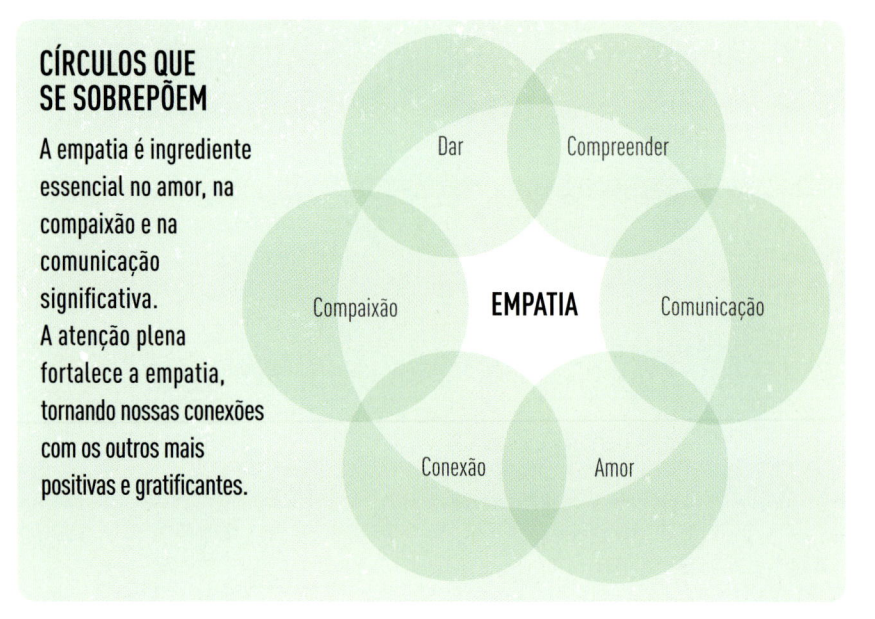

CÍRCULOS QUE SE SOBREPÕEM

A empatia é ingrediente essencial no amor, na compaixão e na comunicação significativa. A atenção plena fortalece a empatia, tornando nossas conexões com os outros mais positivas e gratificantes.

Dar • Compreender • Comunicação • Amor • Conexão • Compaixão • **EMPATIA**

COMO DESENVOLVER EMPATIA

Somos todos empáticos em algum grau: humanos evoluíram em grupos sociais nos quais a empatia era uma vantagem adaptativa. Alguns têm fontes profundas de empatia, capazes de intuir os sentimentos alheios, e outros podem se tornar mais empáticos pela prática da atenção plena. Alguns psicólogos acreditam que nossas reservas naturais de empatia dependem do grau de intimidade nos relacionamentos-chave da primeira infância. A seguir, cinco passos práticos e simples para introduzir maior empatia na sua vida diária.

2 SEJA ABERTO
Preconceitos bloqueiam a compreensão. Identifique os seus em relação a pessoas e ponha-os de lado ao falar com elas.

3 OUÇA
Ouça realmente o que os outros dizem e tente entender seu estado emocional.

4 SEJA CURIOSO
Converse com todo mundo – passageiros do ônibus, garçons, balconistas. Pergunte educadamente sobre a vida deles.

1 FAÇA ALGO DIFERENTE
Tente fazer coisas que viu outros fazendo, mas nunca tentou fazer. Coloque-se no lugar dos outros por alguns momentos.

5 FAÇA ALGO BOM
Tenha o compromisso de ajudar alguém que precise de ajuda. Acompanhe esse compromisso.

pensar em nós *sem julgamentos* (uma expressão-chave na definição de atenção plena), acabamos estendendo essa tolerância aos outros. Nossa melhor compreensão nos torna mais conscientes de nossos valores, e, como nossa empatia foi despertada, sentimos mais intensamente a importância dos outros. Como nós, muitos humanos estão também dando o melhor de si para superar limitações, definir suas prioridades e encontrar sua própria versão da felicidade. Em vez da decepção, é o perdão que se torna nossa reação natural.

Empatia na prática

A empatia dirigida a uma pessoa que está sofrendo não é uma experiência confortável, pois é sentir algo que o outro sente, projetando-nos naquele ser. Mas seria afastar-se demais da atenção plena voltar as costas à realidade só porque é perturbadora. A atenção plena torna você mais consciente de todo sofrimento, sem se absorver tanto nele a ponto de perder o poder de ajudar. É aí que entra a compaixão. Podemos defini-la como o braço executivo da empatia, baseada num sentimento de afeto, mas fluindo de um manancial de força, já que em sua plena presença você sabe que precisa ser forte para atender à sua prioridade mais urgente – oferecer o afeto e o apoio que você sente que o outro precisa.

CONEXÕES MAIS PLENAS
COMO APRIMORAR OS RELACIONAMENTOS

Talvez você passe tempo com algumas pessoas por mero hábito, ou porque se trata de sua família ou círculo social. Embora a atenção plena dissolva padrões de hábito, isso não significa que você deve romper essas conexões. O melhor é revê-las com atenção plena e checar se você está contribuindo também para suas imperfeições.

Todo relacionamento tem potencial de enriquecer sua vida. Sem dúvida, algumas pessoas colocam muros que limitam a abertura para os outros ou então abordam a vida de um jeito muito diferente, que você talvez ache inaceitável, mas sempre vale a pena fazer alguns questionamentos. Será que você não ajudou também a erguer esses muros? Essa diferença não poderia também ser atraente, pela nova visão que oferece, em vez de ser uma razão para você evitar o contato? Qual é a real razão do seu desconforto com essa pessoa? A atenção plena é capaz de ajudar a responder isso.

Primeiras impressões
É fácil fazer julgamentos apressados dos outros com base em fatores como a aparência, o emprego, os amigos ou outros fragmentos de informação. Muitas pessoas formam opiniões definitivas sobre os outros com base num primeiro encontro rápido. Mas se você for capaz de uma consciência mais ampla, verá que as primeiras impressões são uma base frágil para tirar conclusões.

Cultivar conexões
Expandir sua consciência dos outros e as possibilidades de conexão irá torná-lo mais receptivo. Você verá quanto um sorriso seu, uma piada ou um cordial bom-dia podem levá-lo longe. Qualquer ato de consideração ou bondade, seja de que lado for, pode tornar um relacionamento mais afetuoso. A atenção plena, ao definir melhor suas escolhas, evita que você julgue os outros de modo estreito e restrinja o tipo de relacionamento que acha adequado ter com eles. Você verá além dos clichês culturais e descobrirá seu jeito de fazer contatos humanos que enfatizem a proximidade.

PRATIQUE A BONDADE AMOROSA
A meditação de bondade amorosa, descrita nas páginas 138-41, é uma maneira curativa de pensar com afeto e compaixão nos outros – não só naqueles mais próximos, mas também em conhecidos mais distantes. Inclua-a em sua meditação regular, reservando tempo para fazê-la pelo menos uma vez por semana.

SAIBA PERDOAR
Fique atento a quaisquer sinais de ressentimento de sua parte: pergunte a si mesmo o que o está impedindo de perdoar. As pessoas podem ter errado no passado, mas foque o presente e dê-lhes a oportunidade de voltar para a sua vida num relacionamento em outras bases.

CONEXÕES MAIS PLENAS 183

Uma conexão verdadeira com alguém é uma experiência vital que você sente em todo o seu ser.

PRATIQUE A COMPAIXÃO
Procure maneiras de converter sua empatia pelos outros em ações práticas de compaixão. Seja receptivo aos seus colegas de trabalho e vizinhos, assim como às pessoas mais próximas a você. Pense nas necessidades das outras pessoas e em como pode ajudá-las.

COMUNICAÇÃO COM ATENÇÃO PLENA
Seja aberto e flexível em sua comunicação. Se perceber que há padrões habituais se firmando, fique bem atento e escolha outro modo. Cuidado não só com palavras, mas também com mensagens não verbais, e reaja com boa vontade. Use o toque quando apropriado, assim como palavras afetuosas. O distanciamento irá então se dissolver.

PLANO DE CINCO PONTOS PARA RELACIONAMENTOS MAIS SATISFATÓRIOS

PROCURE EVITAR CONFLITOS
Nas desavenças, se sentir em você alguma perturbação ou frustração, pare e preste atenção plena às suas emoções. Evitar conflitos é oferecer a você e ao outro a dádiva de um remédio preventivo para o relacionamento. Não permita que sua sensação de estar certo o tire dos trilhos.

MAPEIE E QUESTIONE
Mapeie seus relacionamentos mais importantes, com círculos sobrepostos para indicar o grau de proximidade. Escolha dez pessoas, entre família e amigos. Pergunte-se:

- Como eu alimento esses relacionamentos?
- O que eu gostaria de mudar neles?
- O que eu posso fazer para que essas mudanças ocorram?
- Para cada um deles, há algo que eu possa fazer agora como gesto de amor e compromisso?

Anote suas respostas e veja como pode usá-las para enriquecer os relacionamentos. Trace um plano para fazer "coisas boas" acontecerem em cada relacionamento.

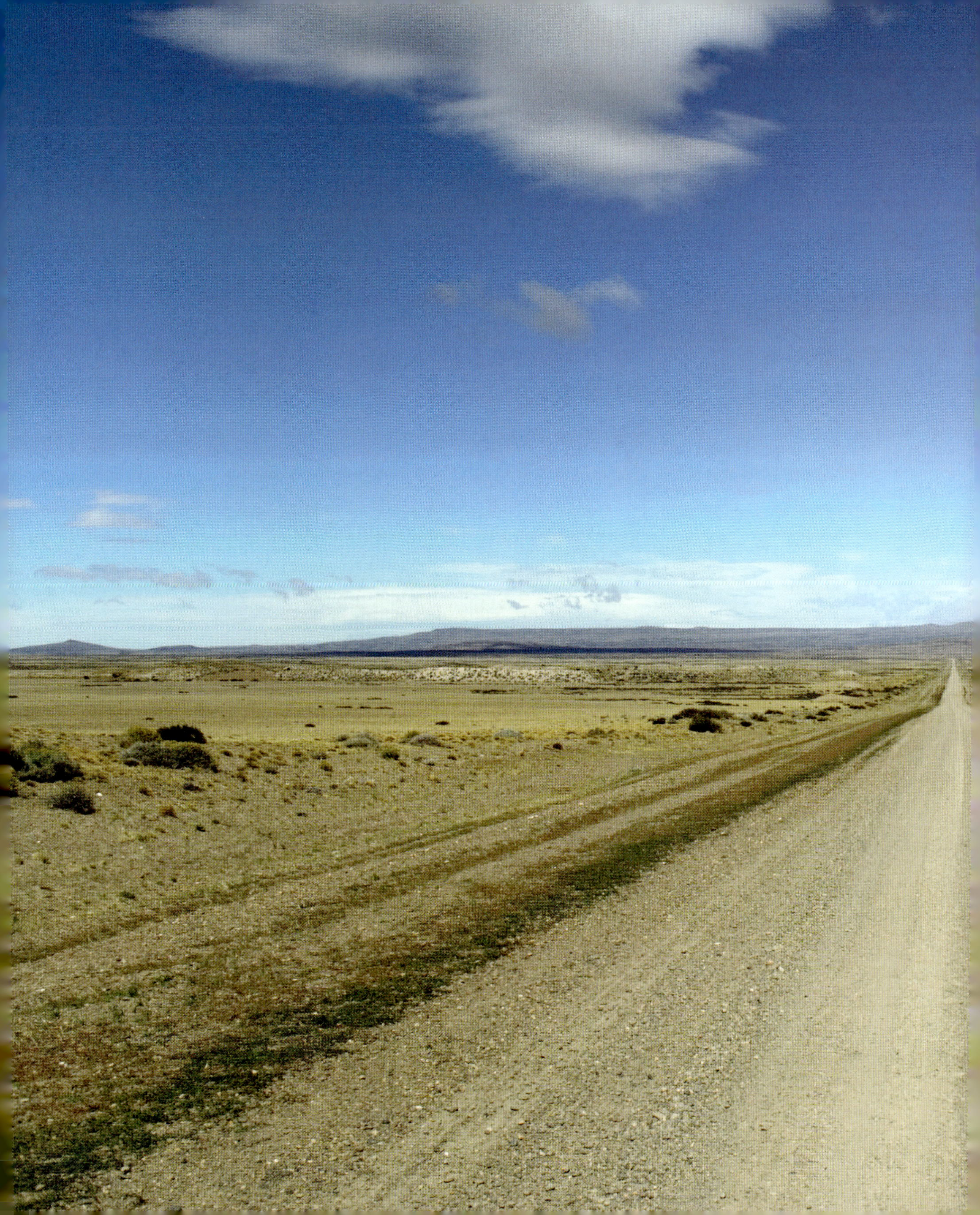

Você não pode trilhar o caminho
antes de se transformar
no próprio caminho.

Provérbio zen

ATENÇÃO PLENA A DOIS
APRIMORANDO UM RELACIONAMENTO

Num relacionamento estável, a familiaridade pode criar padrões habituais de pensamento e reação. Alguns problemas tornam-se recorrentes. Quando reações automáticas se instalam, os dois parceiros ficam tensos e briguentos. Manter um relacionamento vivo e amoroso requer abertura, verdade e compromisso.

Com a familiaridade da relação amorosa, é comum passar a atacar verbalmente o parceiro – como se o censor que costuma inibir a expressão de certas emoções tivesse sido demitido. Às vezes nossa relação mais íntima parece ser a mais difícil. Relacionamentos românticos trazem felicidade, mas também são um teste. Isso ocorre em parte porque nos tornamos dependentes da continuidade do amor do parceiro, de sua bondade e paciência – ou sejam quais forem as qualidades que viemos a esperar dele. O medo de ser magoado pode deixar você irritado, suscetível – e criar o risco de sabotar aquilo que lhe é tão caro. A atenção plena ajuda a ficar mais calmo e centrado e inibe reações no piloto automático que possam descambar para uma briga. Ela desestimula reações defensivas, pois nos faz questionar suposições precipitadas que podem se manifestar de repente de nossa insegurança.

ESTATUTO DO RELACIONAMENTO

Seguir essas orientações irá ajudar a manter seu relacionamento ajustado. Alguns pontos tratam de tensões potenciais, outros de tornar o vínculo ainda mais rico.

ACEITE MUDANÇAS
Não espere que seu parceiro vá continuar igual ao que era quando vocês se conheceram – as pessoas mudam. Não fique procurando a pessoa que o outro já foi. Ele ainda é, mas também mudou.

SEJA AUTÊNTICO
A atenção plena treina você na autenticidade. Seu relacionamento não precisa se enquadrar em padrões estabelecidos, desde que tenha por base a bondade amorosa. Permita que sua parceria seja não convencional e deixe de lado ideias preconcebidas sobre como um casal "deveria" ser.

ARGUMENTOS ADEQUADOS
Quando o parceiro expressar emoções, não tente argumentos racionais para mostrar que elas são insensatas. Tenha empatia. Explorem juntos as emoções. Faça perguntas sensíveis para que ambos entendam as emoções.

VOCÊ NÃO É UMA AUTORIDADE
Não imagine que sua atenção plena ou qualquer outra qualidade que veja em você lhe dê o direito de exercer autoridade moral sobre seu parceiro. Nada de exercer poder – mesmo com as melhores intenções. Você é um aliado, não um líder.

Pessoas que vivem juntas tendem a guardar certas ofensas no inconsciente, e, quando o desentendimento explode, essas mágoas vêm à tona, e a coisa esquenta. Isso soa como clichê, mas tem um fundo de verdade psicológica. O hábito da atenção plena minimiza esses atritos inúteis, ainda mais quando há o complemento de práticas de atenção plena compartilhadas, como o exercício de olho no olho (à dir.). Também é útil adotar uma comunicação com atenção plena, quer definindo momentos específicos para isso, quer decidindo, mesmo no meio de uma discussão, passar a seguir princípios de atenção plena, como não julgar, comunicar-se com calma e clareza e ouvir de fato o outro.

A atenção plena cria um espaço no qual o vínculo amoroso pode florescer. Conforme cada um vai ficando mais autoconsciente, a relação se fortalece. Em particular, casais que são bons em lidar juntos com o estresse tendem a criar vínculos estáveis.

APRENDA COM FEEDBACK
Não fique na defensiva quando seu parceiro disser honestamente como se sente. Pare e absorva a mensagem que ele passa. Pergunte-se qual a maneira mais positiva e amorosa de reagir. Agradeça ao parceiro pela sua honestidade.

TENTEM NOVAS COISAS JUNTOS
Sem abandonar os interesses individuais, arrume tempo para compartilhar novas experiências com o parceiro. Quando tentarem coisas novas cada um por sua conta, compartilhem sempre e façam planos de fazer juntos da próxima vez, se o outro também mostrar interesse.

OLHO NO OLHO

Alguns orientadores de atenção plena que trabalham com casais propõem exercícios que chamam de "diádicos" – um termo científico para interações dentro de um par. Tente o exercício olho no olho descrito a seguir para promover a aceitação mútua e a intimidade. Use um cronômetro se quiser, para ajudar a passar de um estágio a outro do exercício.

1 Você e seu parceiro sentam-se eretos, um de frente para o outro. Disponham as cadeiras de modo que seus rostos fiquem a cerca de 1 metro de distância.

2 Olhem para os olhos um do outro (mais do que dentro dos olhos) e façam isso sem expressar reações a qualquer sensação de desconforto ou vulnerabilidade que for despertada. Permaneçam atentos à própria experiência: o ponto não é comunicar, e sim observar. Façam isso por cerca de 5 minutos.

3 Agora, em vez de apenas olhar, os dois penetram nos olhos um do outro. Imagine que por trás dos olhos está a pessoa. Vocês não estão apenas olhando, estão se conectando. Façam isso por outros 5 minutos.

4 Por fim, ainda sustentando o olhar, pense em como seu parceiro é bom, nas qualidades que aprecia nele; e pense também na sua excelência intrínseca. Passem mais 5 minutos curtindo, na verdade amando o amor recíproco de vocês dois.

ATENÇÃO PLENA SEMPRE QUE NECESSÁRIO

A ATENÇÃO PLENA É UMA FERRAMENTA MUITO ÚTIL PARA LIDAR COM QUALQUER TIPO DE DESAFIO, DESDE TER SUCESSO NO TRABALHO E NO ESPORTE ATÉ LIDAR COM ÉPOCAS DIFÍCEIS NA VIDA.

CRESCER E APRENDER
EFICÁCIA NOS ESTUDOS

Aprender é uma das atividades mais gratificantes da vida, mas dominar novas habilidades e conhecimentos exige prestar atenção plena a uma série de problemas potenciais, como duvidar de si mesmo e ter pouca motivação. A atenção plena torna a aprendizagem efetiva e mais recompensadora.

APRENDER A VIDA INTEIRA

Aprender não é algo que você faz apenas quando precisa obter uma qualificação. A atenção plena pode ajudar você a assimilar lições que enriqueçam sua vida e contribuam para a sua felicidade e a dos outros. A seguir, algumas lições que você pode aprender com a prática da atenção plena:

- Pensamentos, emoções e comportamentos interagem.
- O amor supera inseguranças e reservas.
- A vida é maravilhosa e surpreendente.
- Pessoas comuns são capazes de gestos de extrema grandeza.
- As crianças têm enorme sabedoria.
- As preocupações do ego são muito ilusórias.

Aprender um assunto envolve mais do que ser consciencioso e ter boa memória. Em ambientes formais, como escolas e faculdades, você também precisa lidar com uma série de pressões e estresses. As emoções podem entrar em cena em qualquer aprendizagem concentrada – criando dúvidas sobre sua capacidade e seu domínio das matérias –, e você terá que ser capaz de lidar com isso com calma, sem deixar que comprometa seu desempenho.

Se não lidar bem com as emoções, o pensamento e a motivação podem ser afetados, e ficará difícil para você definir prioridades.

Sob pressão

Quando você estuda, a melhor maneira de evitar ficar oprimido por quaisquer dificuldades que possa experimentar é a atenção plena – na forma tanto de meditação regular quanto de atitudes no dia a dia. Quer seus desafios se relacionem com a autoconfiança, com o estresse de equilibrar aprendizagem e vida doméstica, quer com a necessidade de absorver uma imensa quantidade de conteúdo, você achará útil a atenção plena para manter seus estudos nos trilhos. Podem surgir dispersões de dentro (seus problemas não resolvidos) ou de fora (a atração de prazeres fora dos estudos). Quando seus amigos ou seu parceiro não estão sob a

O plano curricular assusta. São muitas matérias! Como é que eu vou conseguir estudar tudo isso?

Do mesmo jeito que você leva a vida – uma hora, um dia por vez.

PROJETOS DE ESTUDOS
A atenção plena ajuda a evitar que você fique emocionalmente tenso com um programa de estudos muito extenso.

mesma pressão, sempre haverá a tentação de cabular aula. Esse comportamento de evasão é o componente "fugir" da reação "lutar ou fugir" ao estresse; oferece a via de menor resistência, mas quase sempre gera culpa, frustração e fracasso. Praticar atenção plena dá a você espaço para escolher suas ações à luz de suas prioridades – em vez de sucumbir a reações reflexas – e honrar seu compromisso de aprender.

Fluência nos estudos
Quando o estudo vai bem, você entra no "estado fluente" e fica totalmente absorvido na sua tarefa, sem sentir o tempo passar. Não se esqueça de atentar às necessidades do corpo também, não só às da mente. Faça de vez em quando uma meditação curta de respiração – a cada hora, se possível. Harmonize suas sensações corporais e atente para sinais de advertência. Durma bem e adote uma dieta equilibrada.

COMO A ATENÇÃO PLENA AJUDA VOCÊ A APRENDER

Há evidências de que praticar a atenção plena muda a maneira de reagir ao estresse – talvez por influir em como o córtex pré-frontal interage com estruturas mais antigas do cérebro que regem o medo e outras emoções (pp. 110-1). Educadores reconhecem que essa prática também ajuda a preparar a mente para aprender, melhorando o desempenho nas áreas listadas abaixo:

MEMÓRIA
Permite que você guarde vários itens separados de informação na mente, enquanto os processa como um todo.

CONCENTRAÇÃO
Permite que você se aplique à tarefa que está fazendo e assimile bem tudo o que lê ou ouve.

PLANEJAMENTO
Permite que você mapeie uma sequência de trabalho durante qualquer sessão particular de estudo.

RACIOCÍNIO
Facilita acessar a lógica para avaliar evidências e tirar conclusões razoáveis.

SOLUÇÃO DE PROBLEMAS
Faz você lidar melhor com quaisquer contradições no material de estudo e superar dificuldades de compreensão.

MULTITAREFA
Equilibra a aprendizagem com outras exigências e permite que você priorize melhor as tarefas.

CONFIANÇA
Aumenta a confiança na capacidade de dominar um assunto, o que melhora a autoestima.

CLAREZA MENTAL
Permite que você mantenha as questões emocionais separadas da tarefa que estiver fazendo.

VIGOR MENTAL
Facilita você se envolver com seu estudo por períodos mais longos, sem se entediar tanto.

MOSTRE O QUE SABE
COMO IR MUITO BEM NOS EXAMES

Em época de provas, estudar pode ser particularmente estressante. A atenção plena ajuda a lidar bem com a expectativa, a intensidade e o período após os exames (a preocupação com o resultado). Provavelmente não conseguiremos evitar totalmente o estresse, mas é bom saber que é possível torná-lo tolerável.

Um exame se aproxima, como um asteroide em rota de colisão. Essa é sua oportunidade de alcançar as notas que precisa, e você terá que enfrentar esse teste mesmo que não esteja bem preparado ou se sinta ansioso naquele dia. As técnicas de atenção plena podem ajudá-lo a controlar o estresse diante da prova. Se já não estiver fazendo isso, inicie um programa de meditações de respiração e de corpo e respiração (pp. 96-9 e 106-9) pelo menos duas semanas antes da primeira prova e mantenha no período dos exames. Uma meditação antes de dormir pode ajudar a esvaziar a mente e impedir a insônia. Nunca use álcool como auxílio para dormir.

Quando estiver estudando e surgirem pensamentos negativos em sua mente, simplesmente constate-os, dê-lhes um

O PALIATIVO 7/11

Esse exercício de respiração pode ser feito em qualquer lugar, mesmo depois de você se sentar na carteira em que vai realizar a prova. Fazer a expiração durar mais do que a inspiração estimula o mecanismo natural de relaxamento do corpo.

FAÇA ALGUNS 7/11s:
- De vez em quando, durante o exame.
- Sempre que sentir ansiedade ou estresse.
- Imediatamente antes de responder a alguma questão da prova.
- Logo após terminar a prova.

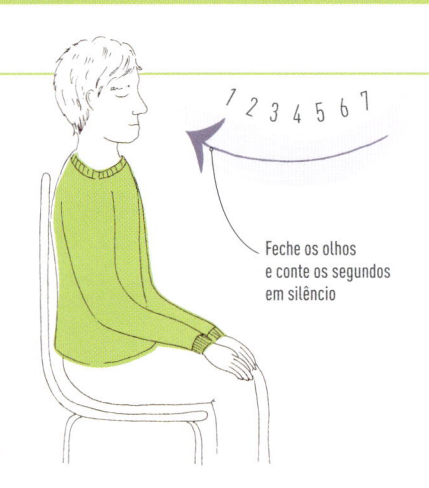

Feche os olhos e conte os segundos em silêncio

1 Inspire pelo nariz, pelo tempo que durar a sua contagem mental até 7.

2 Solte o ar pela boca, pelo tempo que durar a sua contagem mental até 11.

O QUE OBSERVAR NA MEDITAÇÃO DE ATENÇÃO PLENA

Nas meditações de respiração e de corpo e respiração, tente observar:

- Sintomas físicos de fadiga. Perceba-os e depois veja se consegue mudar algo em seu estilo de vida para ajudar – como ir mais cedo para a cama.

- Sintomas físicos de estresse. Anote-os. Diminuem quando você faz mais meditação?

- Fatos, imagens e ideias em seus pensamentos. Deixe que vão embora: guarde-os para a sua próxima sessão de revisão.

- Dúvidas que aparecem sempre como pensamentos ou emoção. Perceba e deixe que vão embora.

3 Mantenha esse ritmo de respiração e contagem por uns 5 minutos, ou faça só duas ou três inspirações e expirações, se tiver pouco tempo.

nome e, com delicadeza, volte à tarefa que estiver fazendo. A cada hora mais ou menos, faça o exercício de respiração 7/11 (ver abaixo) e atente para a postura; sentar-se direito (p. 94) ajuda a manter-se alerta.

Se tiver feito simulados, não se preocupe com os resultados: são só um teste, e agora você enfrenta um desafio mental diferente. A história não precisa se repetir, embora possa, se você achar que vai. Encare a euforia pós-exame com atenção plena, pois ela pode ter efeitos danosos, mesmo naqueles que são avessos a se deixar levar por ela. A repentina liberdade pode ser maculada pela compulsão de checar suas respostas e especular sobre seu desempenho. Afaste reflexões sobre seu valor, afinal você não terá noção dele antes de saber o resultado. Além disso, mais tarde também poderá se sentir num limbo, sem rumo. Dê-se um tempo para ajustar-se de novo à vida normal.

ADMINISTRAR O TEMPO DO EXAME

Administrar o tempo é crucial em uma prova: é ruim ficar sem tempo para responder as questões com a devida calma. A seguir, dicas para administrar bem o tempo do exame.

- **Exercite-se em simulados** para ter noção de seu ritmo. Defina tempos adequados (simulando um exame de verdade) e escolha um ritmo que lhe permita responder bem às questões antes que o tempo se esgote.

- **Agora dispense o relógio**. Tente outro simulado e anote a hora em que começou. Só olhe o relógio de novo quando terminar. Continue ensaiando até ganhar um senso instintivo do ritmo certo.

- **Faça uma afirmação a você mesmo** antes do exame: "Vou escrever as melhores respostas que puder no tempo disponível. Vou administrar o tempo como for preciso".

- **Não deixe que o assunto o absorva demais**. Lembre-se: entre as dispersões possíveis, uma delas é o próprio assunto. Você está fazendo um exame, e não uma tese que vai contribuir com algo decisivo para o conhecimento humano.

O EMPREGO É SEU
COMO SE SAIR BEM EM UMA ENTREVISTA DE TRABALHO

É pouco provável que você seja interrogado de modo mais intenso e direto, ou tenha as qualidades pessoais mais esquadrinhadas, do que numa entrevista de emprego. A atenção plena oferece uma maneira de se apresentar com maior confiança e dizer as coisas certas, superando a tensão nervosa de uma entrevista.

As mãos transpiram, o estômago ferve, o coração acelera... e então você diz coisas que não pretendia dizer, pois a mente não tem mais o controle das suas palavras. Uma entrevista pode ser algo sofrido. Às vezes parece um experimento destinado a fazer você trazer à tona todos os pensamentos negativos a seu respeito – as confusões sobre quem você é, o que deseja e o que tem a oferecer (se alguém for tonto o suficiente para aceitar). Se essa for a sua imagem em uma entrevista, esta pode acabar confirmando-a, já que é o medo do evento, tanto quanto outros

MUITO À VONTADE: NÃO HÁ NINGUÉM MELHOR

Ao entrar na sala de entrevistas, você está em casa. Pesquisou bastante a empresa e conhece seu currículo de trás para a frente, além de dados que não mencionou nele. Você é o maior especialista do mundo no assunto em que será examinado – você mesmo. Ninguém poderia representá-lo melhor. Essa é a sua zona de conforto.

Evite clichês e gírias – Não solte frases feitas, como "Sou um cara muito comunicativo". A atenção plena envolve dizer o que você sente de fato, do seu jeito, e não imitar o que outros dizem.

Se você enfrenta uma banca, **lembre-se de que é apenas um grupo de indivíduos** pagos para realizar seu trabalho: são em maior número do que você, mas isso não o torna mais fraco.

> Estar no momento ajuda a se concentrar na conversa e atentar para dicas importantes, que irão ajudá-lo a se apresentar da melhor maneira.

fatores, que pode sabotar o seu desempenho. Por trás desse medo há vários fatores, quase todos associados à insegurança em relação ao próprio desempenho.

O que pode dar errado?
Se você de fato representa um papel, o jeito de se apresentar na entrevista terá um tom de desespero. Por exemplo, se você não gosta do seu emprego atual, sem querer poderá reclamar do seu atual empregador – algo muito comum e que nunca faz você contar pontos. Sobre suas metas, talvez você expresse bobagens pretensiosas a respeito de querer fazer uma diferença no mundo. E, questionado sobre suas fraquezas, talvez deixe evidente que está falando só das que espera que possam ser vistas como positivas – ser meticuloso demais, por exemplo. Se isso lhe soa familiar, talvez seja porque já tenha se visto agindo assim antes.

Soluções de atenção plena
Muitas pessoas temem entrevistas justamente porque acham que irão cair em um padrão de respostas previsível, como os mostrados acima.

A meditação de atenção plena pode ajudar a coibir essas tendências, ao aguçar seu foco, aumentar a autoestima e manter a ansiedade e o estresse sob controle. Você ficará totalmente envolvido com a conversação, e com isso não acabará dizendo coisas só porque soam certas. E, como estará mais à vontade, sua personalidade irá transparecer – não será visto como alguém que treinou para dar respostas ensaiadas, mas alguém capaz de um diálogo genuíno.

Meditações de respiração
Se você ainda não medita regularmente, comece com as meditações de respiração e de corpo e respiração (pp. 96-9 e 106-9) assim que decidir procurar uma vaga. Planeje praticá-las regularmente pelo menos por algumas semanas. Experimente fazer algumas respirações 7/11 (pp. 192-3) para acalmar os nervos enquanto espera ser chamado. Durante a entrevista, siga as orientações abaixo para garantir um desempenho o mais natural e eficaz possível, mostrando todas as suas habilidades e qualidades – entre elas, o controle de si com atenção plena.

Fale no seu ritmo, no seu tom – o entrevistado com atenção plena não imita inconscientemente o jeito de falar do entrevistador.

Não se deixe abalar por surpresas, como observações diretas a você, um tom impessoal ou uma pergunta capciosa. Tenha consciência da sua surpresa, ou desapontamento, mas distancie-se disso. Não julgue quanto a entrevista está indo bem ou mal.

Deixe o entrevistador comandar o diálogo – mas responda cada pergunta integralmente, tendo o cuidado de cobrir todos os pontos relevantes que quiser destacar. Só introduza outros pontos se tiver como encaixá-los naturalmente na conversação.

PAGO POR UM OBJETIVO
ATENÇÃO PLENA NO TRABALHO

O trabalho, para quem tem sorte, envolve um objetivo, uma gratificação e a companhia de colegas gentis. Mas para muitos significa mais estresse, sobrecarga e incerteza. Cada vez mais se reconhece o papel da atenção plena como a chave para tornar o local de trabalho um ambiente mais feliz, criativo e produtivo.

Cada vez mais pessoas praticam a atenção plena no trabalho, com frequência incentivadas por seus chefes. Empresas líderes promovem cursos de meditação, incentivam os funcionários a fazer retiros remunerados ou têm salas de meditação dentro da empresa.

Estudos sobre essas iniciativas relatam inúmeros benefícios, como melhor comunicação, reações mais comedidas a situações de estresse, maior harmonia nas equipes, soluções mais rápidas de conflitos no local de trabalho e aumento do pensamento não convencional. Os negócios colhem esses benefícios na forma de aumento de produtividade e de maior inovação.

Estresse e sobrecarga

O estresse se espalha pelo local de trabalho. Em países industrializados, só fica atrás dos distúrbios músculo-esqueléticos no número de dias de trabalho perdidos devido a doenças. Predomina nos que têm entre 35 e 54 anos, que trabalham o dia todo em tarefas no setor de saúde, educação e públicas. Um estresse de trabalho leve é mais a norma do que a exceção – em parte porque as empresas são competitivas, e a necessidade de bater a concorrência pode levar a horas extras, menos recursos e maior insegurança comercial. As organizações também podem gerar estresse devido à grande complexidade de seu funcionamento.

Quando o estresse e a sobrecarga de trabalho são endêmicos, há tensões entre os colegas e fica difícil as pessoas perceberem todo o seu potencial.

Se a pressão do trabalho aumenta, tendemos a abrir mais espaço para ele em nossa vida e abandonamos atividades de lazer ou reduzimos o tempo compartilhado com a família ou os amigos. Isso só reforça o estresse e a fadiga – porque as atividades abandonadas são justamente as que nos dão vitalidade. A meditação de atenção plena ajuda a cortar essa espiral descendente, pois permite ver onde estão nossos reais interesses e a agir a partir disso – por exemplo,

OBTENÇÃO DE BONS RESULTADOS

Participantes de um programa de atenção plena implantado por uma grande seguradora britânica em 2010 avaliaram os resultados e deram o seguinte retorno:

88% relataram "uma capacidade muito aumentada de manter o foco".

76% relataram "grande aumento dos relacionamentos positivos dentro de suas equipes".

68% relataram "grande aumento da eficácia pessoal e da produtividade".

60% relataram "grande aumento da capacidade de combater o estresse".

MUDANÇAS NO TOPO

No fim da década de 1990, alunos de escolas de negócios eram vistos nos cafés lendo *A arte da guerra*, clássico de 2 mil anos atrás, sobre táticas militares, do estrategista chinês Sun Tzu. Hoje a leitura favorita talvez seja um dos muitos livros sobre atenção plena de Jon Kabat-Zinn, Mark Williams ou John Teasdale. A atenção plena nos negócios ficou muito tempo associada a Ellen J. Langer, professora de psicologia de Harvard, que a definiu como "o processo de perceber ativamente novas coisas". Cada vez mais as ideias do MBSR de Kabat-Zinn e do MBCT de Williams e Teasdale (pp. 30-1) são usadas em treinamentos de liderança. Um conceito-chave para altos executivos é renovação – o uso da atenção plena para renovar o eu, reparando o dano causado pelo estresse de liderar.

priorizando a família e não as horas extras. Os trabalhadores ficam mais felizes e produtivos quando conseguem administrar seu estresse, ser objetivos, responder e não apenas reagir e demonstrar compaixão consigo e com os outros. A atenção plena ajuda as pessoas a alcançar esses objetivos, mas pode oferecer muito mais coisas.

Desapegar-se da autoimportância, não ficar tão impaciente com tarefas que você julga abaixo do seu nível; não sentir inveja de quem se destaca; ficar mais aberto aos outros e menos centrado em você; perceber e dominar mais detalhes. Todos esses aspectos estão no âmbito da atenção plena. O resultado é que o trabalho ganha novo sentido na sua vida, com um objetivo mais definido e tornando-se mais gratificante.

LISTA DE DIREÇÕES POSITIVAS

Veja abaixo os principais benefícios comprovados da atenção plena no trabalho. Você pode usar a lista para uma autoavaliação. Copie-a no seu diário e meça seu progresso à medida que trabalha com meditações de atenção plena para alcançar esses objetivos.

A ATENÇÃO PLENA AJUDA OS FUNCIONÁRIOS A:

- ✓ Curtir mais seu trabalho.
- ✓ Ter abordagens mais flexíveis.
- ✓ Ter maior consciência dos fatores relevantes para o seu trabalho.
- ✓ Ter melhor relacionamento com os colegas de trabalho.
- ✓ Aceitar melhor seu papel.
- ✓ Ter metas de trabalho mais realistas.
- ✓ Ver os problemas mais como desafios do que como ameaças.
- ✓ Ter maior consideração pelos colegas.
- ✓ Pensar menos em recompensas materiais.
- ✓ Ser mais capaz de avaliar a sua contribuição.
- ✓ Ter maior probabilidade de encontrar fontes de satisfação fora do trabalho.
- ✓ Ficar mais calmo sob pressão.

OLÁ, PLATEIA!
COMO FALAR COM CONFIANÇA

Falar em público desperta os piores medos nas pessoas. Expõe-nos a um exame, que é sentido com muita intensidade, pois envolve o controle de cada aspecto do nosso desempenho. A atenção plena pode tornar isso reconfortante, em vez de assustador.

Sempre que você se dirige a uma plateia, seu objetivo é comunicar-se no momento. Se prestar atenção à plateia, ela irá prestar atenção em você. Mas é fácil que essa dinâmica emperre. A insegurança e os diálogos internos negativos podem fazer você se voltar para dentro, afastando-se da plateia, e você irá se dispersar se ficar a toda hora avaliando como está se saindo. Se captar sinais de tédio naquele mar de rostos, sentirá que seu desempenho se deteriorou. Pronunciará as palavras, mas não estará mais dentro delas. Esse distanciamento vai contra você, pois comunicar-se requer foco.

Conforto e continuidade
Para ir bem numa fala, procure vê-la no contexto mais amplo da vida. Trabalhe sua ansiedade acessando a toda hora o momento presente – o ponto de vista a partir do qual você enxerga medos como experiências passageiras, que não têm a ver com quem você é. A coisa mais crucial é colocar foco naquilo que você está dando e não se preocupar com o que as pessoas estão assimilando disso. A meditação de atenção plena talvez não elimine seu nervosismo quando falar, mas lhe dará uma atitude positiva diante de eventuais ansiedades. Se você encaixar a atenção plena em sua vida e completar com um exercício curto de respiração antes da fala, terá melhor chance de ser espontâneo, controlado e expressivo. Conseguirá chegar aos seus ouvintes, no momento presente, em vez de se afastar deles intimidado e com medo.

> Quando está no momento, você é relaxado, expressivo e espontâneo.

IDENTIFIQUE OS ASPECTOS QUE DESPERTAM ANSIEDADE

Como em qualquer ansiedade, olhe para o seu medo de falar em público no próprio momento e entenda o que o desencadeia.

Ao identificar cada aspecto de ansiedade, tenha uma reação reconfortante, para descartar o medo e aumentar a confiança.

ASPECTO	REAÇÃO
O local é pouco familiar.	O local ressalta a novidade e a aventura.
Há uma grande plateia esperando por mim.	É apenas uma fala, não importa quantos ouvidos estejam ouvindo.
Há pessoas ouvindo cuja opinião é considerada muito importante.	As pessoas irão me ver do jeito que eu escolhi me apresentar.
A plateia é diferente de mim (por exemplo, no gênero ou no seu perfil).	Não tenho como adivinhar quais podem ser os preconceitos das pessoas.
Posso me enrolar com as palavras.	Ninguém vai se importar muito com isso.
As pessoas não vão gostar de mim e vão querer discordar do que eu disser.	Convidaram-me para falar porque estou qualificado para isso.

PLANO DE SEIS PONTOS PARA UMA FALA COM ATENÇÃO PLENA

A longo prazo, a atenção plena pode ajudá-lo a explorar o que deixa você ansioso e por quê, mas há várias estratégias de curto prazo para reduzir a ansiedade. Por exemplo, algumas pessoas têm preferência por exercícios de respiração ou fazem uma caminhada com atenção plena antes da sessão. Abaixo, algumas orientações simples para ajudá-lo a fazer o seu melhor no grande dia.

1 PREPARE TANTO O CONTEÚDO QUANTO A EXPOSIÇÃO
Se você é ansioso, talvez ache que ensaiar muito é estressante e acabe ficando mal preparado. Domine bem o texto ou as anotações e reserve muito tempo para praticar.

2 FAÇA CONTATO
Antes de começar a falar, olhe para a plateia e procure sentir uma conexão. As pessoas estão fazendo a parte delas ficando quietas e ouvindo. Envie-lhes ondas de bondade amorosa, agradecendo-lhes por isso. Agora faça a sua parte.

3 COMECE DECIDIDO
Comece sua fala com voz firme e confiante, para que os hábitos negativos não tenham espaço para se insinuar. Começar hesitante, na esperança de que irá ganhar confiança, não funciona.

4 EVITE A ARMADILHA DAS NOTAS
Se você trouxer notas, certifique-se de que sabe a que se referem – a memória pode falhar na hora. Se for improvisar a partir delas, cuidado para não se perder. É bom trazer os tópicos escritos, mas também ajuda memorizar algumas frases-chave.

5 APRENDA COM O "SIM, E..."
Atores que improvisam usam o recurso do "sim, e...", que envolve aceitar o momento como é e então acrescentar algo. Em vez de interromper o fluxo, fique com o que está rolando. Improvise de vez em quando para se conectar com a plateia.

6 USE A RESPIRAÇÃO COMO ÂNCORA
Encaixe várias pausas curtas nas quais possa fazer contato com as sensações da sua respiração. Use essa técnica para se estabilizar. Extraia energia do chão, imaginando que ela entra no seu corpo junto com as inspirações.

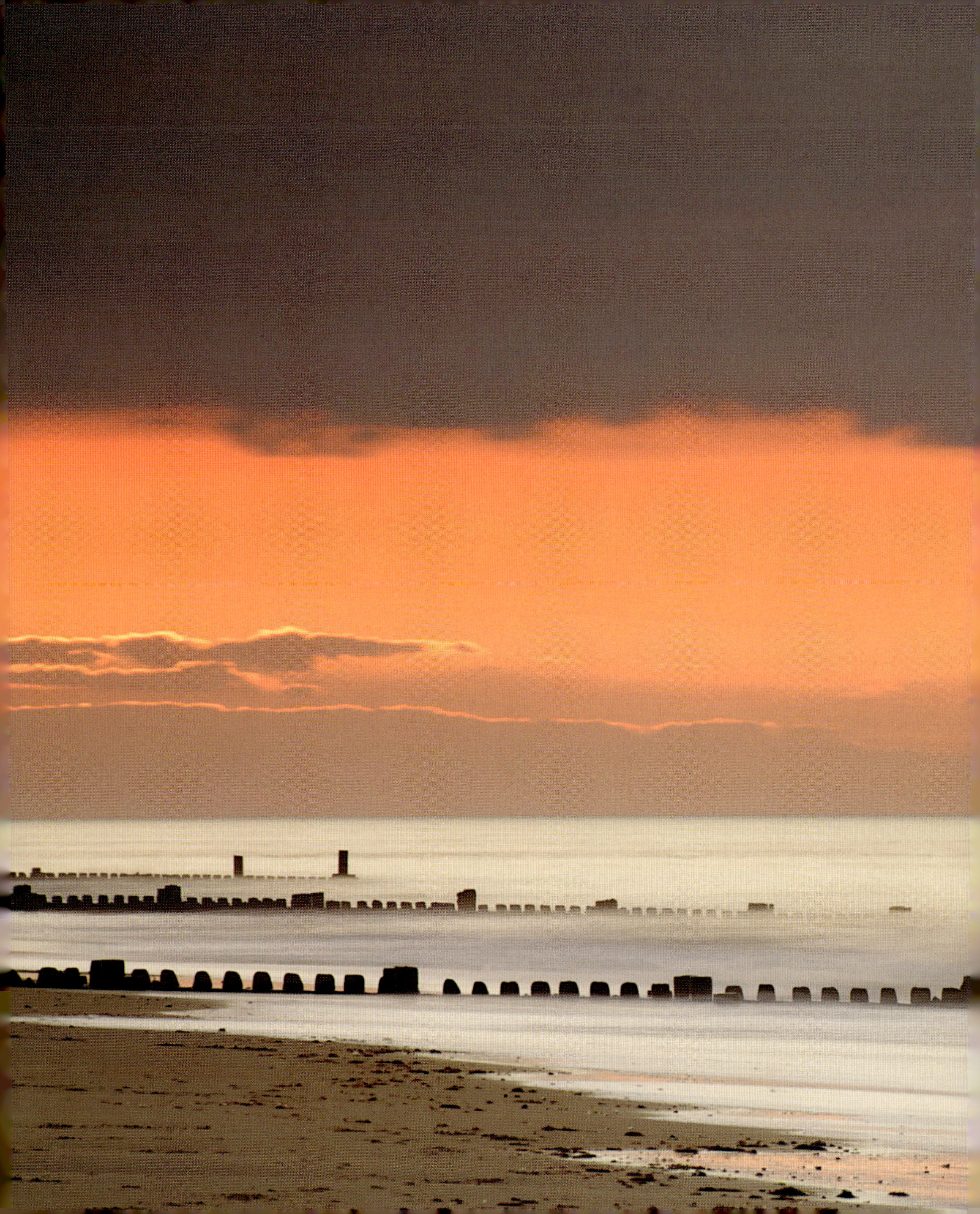

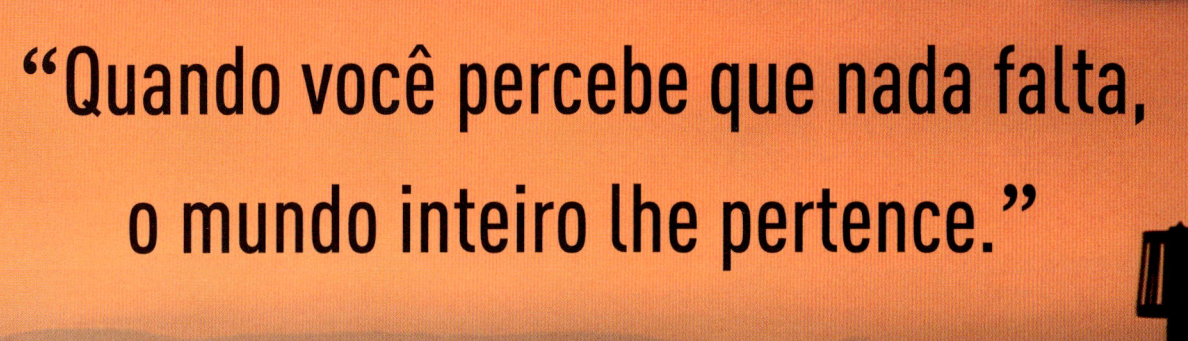

"Quando você percebe que nada falta, o mundo inteiro lhe pertence."

Lao Tsé (c. 694-c. 531 a.C.)

ATENÇÃO PLENA EM MOVIMENTO
APTIDÃO FÍSICA AQUI E AGORA

Como preparação para o esporte ou outra atividade física, a prática regular da atenção plena é tão crucial quanto a aptidão. Ela treina você a ficar focado e motivado, em sintonia com o que seu corpo lhe diz (por exemplo, quando parar), e ajuda a manter ansiedades ou frustrações sob controle.

Qualquer que seja seu esporte ou atividade física favorita, é benéfico atentar às mensagens que o corpo envia. Ouvindo o corpo, você aprende a confiar nas sensações e mostra autocompaixão – bondade curadora em relação a você mesmo. Ambos são cruciais para a saúde e o bem-estar.

Antes de correr, malhar ou treinar, ou depois de se aquecer, sintonize-se com esses sinais e avalie que nível de esforço seu corpo está apto a encarar. Se em determinado dia ele lhe diz que está cansado, ou que um músculo da coxa está dolorido, ouça e repense a atividade. Faça uma corrida mais curta, ou uma caminhada com atenção plena, ou simplesmente descanse.

Alongue com atenção plena

Alongar com atenção plena ajuda a resolver áreas problemáticas, aumenta a flexibilidade e melhora o âmbito do movimento. Traga a atenção ao grupo muscular onde sentir tensão. Feche os olhos e respire lentamente umas dez vezes, dirigindo o ar, na imaginação, para os músculos em pauta.

Psicólogos do esporte sabem que pensar demais num exercício pode fazê-lo parecer mais cansativo. A prática de atenção plena ajuda nisso também, pois faz mente e corpo trabalharem em harmonia. Um exemplo é não colocar o foco no término do exercício, já que isso cria uma espécie de desejo. Ao contrário, acolha o fluxo dos movimentos de modo plenamente consciente. Assim como a atenção plena pode melhorar o

ATENÇÃO PLENA EM MOVIMENTO

MALHAR COM ATENÇÃO PLENA

Combine exercício mental e físico permanecendo no momento quando estiver malhando e sintonize-se com as sensações. Foque a respiração e o ritmo do movimento. Não se disperse com música ou televisão. Atenção plena ao malhar:

- Melhora sua eficácia.
- Diminui o risco de lesões.
- Aumenta o prazer que você extrai da atividade.
- Promove uma relação saudável e carinhosa com seu corpo.

desempenho físico, o exercício pode favorecer a atenção plena. Estudos de cientistas do esporte alemães com corredores amadores concluíram que os níveis percebidos de atenção plena aumentaram muito em um período de 12 semanas de treinos, em parte porque os corredores ficaram mais conscientes de suas sensações – respiração, batimento cardíaco e temperatura – e em parte porque o exercício promoveu mudanças neurológicas que ajudaram os corredores a manter o foco.

DOR NA MENTE OU NO CORPO? A ESCOLHA DO CORREDOR

A dor pode vir da mente ou do corpo. A dor de um corredor costuma ser mental – uma sensação de frustração com as limitações do corpo ou de impaciência pela distância a percorrer. Deixe que pensamentos do tipo "Não consigo mais" passem e vão embora da sua mente e ponha foco na respiração e nas passadas. O que o seu corpo lhe diz? Faça um scan do corpo (pp. 120-5) e pergunte-se o que está funcionando bem e o que precisa de ajustes. Defina seu ritmo a partir disso. Pare se o corpo mandar, mas não confie tanto na mente se ela enviar essa mesma mensagem. Siga as dicas abaixo para eliminar o esforço desnecessário da sua corrida.

Imagine uma corda atada à sua cabeça, puxando-a para cima em direção ao céu. Não curve os ombros, nem abaixe a cabeça. Correr ereto, com os ombros alinhados aos quadris, coloca menos pressão no corpo.

Veja e ouça os seus passos, e concentre-se em encurtar e silenciar suas passadas. Isso permite que você cubra a mesma distância com menor esforço. E reduz o impacto e a possibilidade de danos às articulações.

Levante os braços mais alto em vez de deixá-los balançando de um lado para outro. Isso suaviza o impacto no chão. E quanto menos você oscilar para os lados, menor será a tensão sobre joelhos, quadris e costas.

JOGAR E GANHAR
EXCELÊNCIA NO ESPORTE

Os vários esportes fazem exigências diferentes ao corpo e à mente – força, coordenação e resistência, para citar algumas. Mas todos os esportistas de sucesso têm uma característica em comum – a atenção plena, que é descrita em termos mais tradicionais como "ter foco", "estar ligado" e ter atitude mental "vencedora".

Ao praticar esporte, há muito espaço na mente para "diálogos internos" negativos, como lamentar chances perdidas, resmungar após uma má jogada, alegar falta de sorte ou más condições e achar que nosso desempenho poderia – e deveria – ter sido mais preciso. Meditações de atenção plena ajudam a moderar esses diálogos mentais inúteis, oferecendo um antídoto para a voz em nossa cabeça que diz "Inútil!", "Burro!", "Desista!".

Ao ter atenção plena aos pensamentos, podemos perceber melhor quando uma atitude derrotista está se instalando ou dispersões e frustrações minam nosso foco; assim podemos então redirecionar a atenção para o momento. A meditação regular também controla nossa tendência natural a nos fixarmos nos erros, repassando-os na mente como videoclipes. Quem não medita pode ver a derrota como uma punição por mau desempenho, mas a atenção plena leva a aceitar a derrota e passar para a próxima sessão de treinamentos.

Visualização criativa
Psicólogos do esporte estimulam os jogadores a imaginarem cenas de vitória – por exemplo, marcar o gol

O QUE CRIA UM GRANDE VENCEDOR?

Muitos atributos do talento ou postura mental de um atleta vencedor são aprimorados pela prática da atenção plena.

Use a lista abaixo para saber da influência da atenção plena nessas qualidades e veja como melhorar seu desempenho esportivo.

HABILIDADES PARA O ESPORTE	BENEFÍCIOS DA ATENÇÃO PLENA
Atenção.	Ajuda a entrar num estado inspirado.
Foco.	Torna você menos suscetível a se dispersar por dor, sede ou incidentes do jogo.
Determinação.	Ajuda a fazer a jogada certa.
Comunicação corpo-mente.	Melhora a rapidez e a precisão da resposta.

POSTURA MENTAL PARA O ESPORTE	BENEFÍCIOS DA ATENÇÃO PLENA
Calma.	Ajuda a superar o medo e a ansiedade.
Autocompaixão.	Ajuda a superar a culpa e a vergonha.
Confiança.	Incentiva uma mentalidade vencedora.
Aceitação.	Faz você lidar melhor com a derrota.

ESTIMULAÇÃO ÓTIMA

Os psicólogos do esporte definem o estado mental dos atletas em torno de dois eixos: envolvimento (grau de comprometimento) e estimulação (nível de expectativa na atividade). Um atleta que não está nem estimulado nem envolvido está simplesmente entediado; e o que está estimulado e envolvido está ligado. Estimulação sem envolvimento leva a ansiedade, e um atleta que está envolvido mas não estimulado está relaxado demais. Atletas competitivos almejam um "ponto suave" em que excitação e envolvimento se equilibrem.

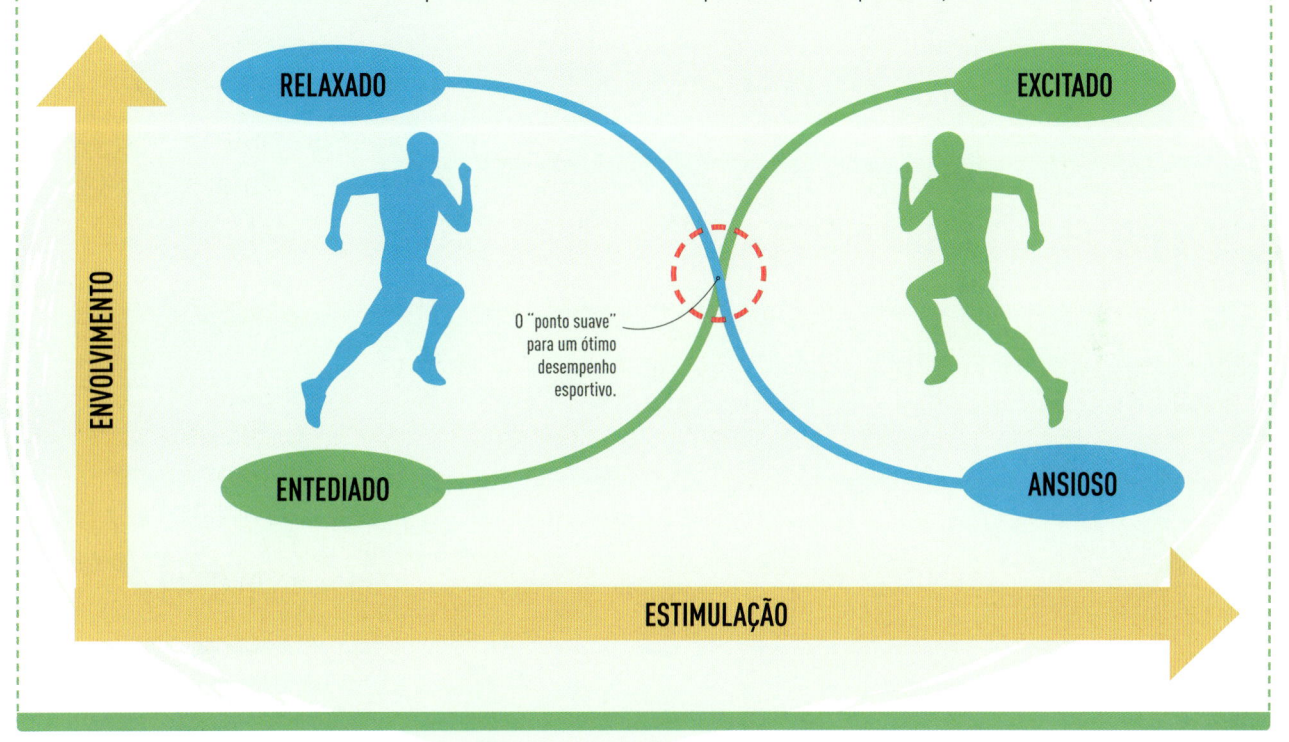

RELAXADO — EXCITADO — ENTEDIADO — ANSIOSO

O "ponto suave" para um ótimo desempenho esportivo.

ENVOLVIMENTO

ESTIMULAÇÃO

decisivo numa partida ou subir ao alto do pódio para receber uma medalha de ouro. Essa visualização é útil para motivar antes de um evento, mas não cabe no campo, quadra ou pista, onde o desempenho ótimo pede foco total e o mínimo de autojulgamento, de preocupação com o resultado da corrida ou jogo. Pensar durante o jogo na taça que você pode ganhar não é o caminho para alto desempenho com atenção plena – é uma dispersão e pode impedir você de ficar inspirado.

Plano de jogo

Para melhorar seu desempenho, monte um programa de treino com atenção plena, como o esboçado a seguir.

Faça meditações de respiração e de corpo e respiração todo dia, durante o período de treinamentos, e faça a meditação de respiração pouco antes do início da competição.

Faça os alongamentos próprios do seu esporte com atenção plena, percebendo as sensações de cada músculo.

Faça aquecimentos de atenção plena – enquanto relaxa, atente para o que está acontecendo com seu corpo e com sua energia e seu nível de estimulação.

Faça movimentos com atenção plena – isto é, esteja presente ao cumprir as ações cruciais que caracterizam seu esporte, como sacar no tênis ou fazer a virada no fim da piscina na natação.

Estenda a atenção plena ao evento todo – reveja seus progressos depois e, se houver, nos intervalos ou períodos de descanso durante a partida.

> Uma postura de atenção plena é aceitar a derrota e passar para o próximo treino.

NEGÓCIO FECHADO!
COMO NEGOCIAR

A negociação dura perdeu prestígio no mundo empresarial, dando lugar a estilos que focam mais o relacionamento, as soluções criativas e a preparação do terreno para uma futura cooperação. A atenção plena contribui muito para as negociações e torna essa abordagem esclarecida mais eficaz.

As negociações assumem várias formas – podem envolver profissionais hábeis numa reunião formal para fechar um novo contrato ou um tratado internacional, ou então um grupo de amigos numa barganha, por exemplo, sobre a venda de um carro.

Em termos amplos, você pode abordar uma negociação com um desses dois objetivos – alcançar o maior ganho possível ou alcançar um ganho ótimo. A primeira é chamada às vezes de posicional ou negociação dura; em geral, é uma variação pouco sofisticada de uma pechincha na feira. Os dois lados movem-se de uma posição extrema em direção a uma posição conciliatória, aceita por ambas as partes. É como num jogo de cartas: o sucesso em geral vem de esconder sua força, blefar e outras táticas. O objetivo das duas partes é fazer o mínimo de concessões. Hoje, porém, a maior parte das negociações em todos os campos tende a ter uma

> As habilidades de negociação que colocamos na mesa são similares às que levamos para a mesa da cozinha.

TIPOS DE NEGOCIADOR

Qual seu estilo natural de negociar? Se sentir que se encaixa em uma dessas características "desatentas" abaixo, tente aplicar as habilidades de atenção plena da próxima vez que estiver envolvido em negociações.

NEGOCIADORES COM ATENÇÃO PLENA TÊM FOCO MAIS AMPLO:

- Os **adaptáveis** gostam da solução conjunta de problemas. Reagem intuitivamente a sinais sutis dados pelas pessoas com quem estão negociando.

- Os **colaboradores** gostam de lidar com problemas difíceis e achar soluções criativas. Têm bom nível de consciência e se comunicam bem, tendendo a reunir informações detalhadas sobre os fatores relevantes.

NEGOCIADORES "NÃO ATENTOS" TÊM FOCO MAIS ESTREITO:

- Os **esquivos** não gostam de conflitos, preferem um e-mail a uma negociação presencial. Em geral, acham difícil não mostrar ansiedade e têm dificuldades em definir suas metas.

- Os **competitivos** gostam de ganhar, usam abordagens estratégicas para alcançar metas. Evitam o "ganha-ganha".

- **Conciliadores** tendem a concluir o negócio às pressas. Em geral são inclinados demais a fazer concessões e não têm tempo para tentar examinar o quadro mais amplo da negociação.

FAZENDO CRESCER O BOLO: A ARTE DA NEGOCIAÇÃO POR VALOR

A atenção plena equipa você com um conjunto de habilidades que são úteis na "negociação por valor" – o estilo de negociação que visa não apenas "dividir o bolo", mas "expandi-lo": isto é, liberar mais benefícios para todos os envolvidos. As características essenciais da negociação por valor e a contribuição que a atenção plena pode dar estão mostradas a seguir.

- **Trata a situação como um problema compartilhado**: atenção plena, por meio de compaixão, incentiva a empatia entre as partes.

- **Satisfaz as verdadeiras necessidades das duas partes**: a atenção plena, ao expandir a consciência, permite identificar com precisão essas necessidades.

- **Apoia-se na confiança**: a atenção plena, ao incentivar a atenção não egoísta, cria uma atmosfera em que a confiança pode florescer.

- **Busca resultados novos, equitativos**: ao liberar-nos dos padrões passados de comportamento, a atenção plena nos abre para novos modos de pensar.

- **Usa a criatividade para gerar benefícios para ambas as partes**: a atenção plena, nutrindo a intuição, incentiva soluções criativas.

NEGOCIAÇÃO POR VALOR: GANHA-GANHA

visão mais ampla do relacionamento e visa um resultado do tipo "ganha-ganha", no qual os interesses implícitos dos dois lados sejam atendidos na medida do possível. É a chamada "negociação por valor" e idealmente termina com respeito e confiança mútuos, e com a sensação de que a negociação foi boa para todos, deixando espaço para futuras negociações. A confiança, uma vez estabelecida, pode ser uma ferramenta poderosa para as duas partes se abrirem, compartilhando informações, o que cria possibilidades para os dois lados. A atenção plena apoia tal estilo de negociação.

Atenção plena à sala

A "tática" de negociação mais eficaz é ter atenção plena ao momento, com foco total em reagir ao que é dito, e alerta a tudo o que ocorre na sala. Às vezes afloram emoções. Se perceber sinais disso na pessoa com quem negocia (uma risada nervosa, um desvio no olhar, uma caneta que cai no chão), talvez deva suspeitar das palavras sendo ditas. Suas emoções também podem ser reveladoras e indicar prioridades inconscientes, que você pode tanto ignorar como levar em conta – ao mesmo tempo em que se distancia delas e das narrativas que a ela podem estar associadas. O fato de observar pensamentos, emoções e sensações corporais em uma negociação, e mesmo assim continuar livre para agir, permitirá que você se conduza com habilidade e sabendo reagir de modo adequado.

SEJA HONESTO
COMO CONTAR VERDADES DIFÍCEIS

De que maneira a atenção plena se traduz no seu trato com os outros? Isso implica dizer a verdade sempre? E já que a atenção plena envolve compaixão, como lidar com o dilema de ter que contar uma verdade difícil – como dizer isso com delicadeza?

Viver no momento quando você está com outra pessoa difere muito de viver no momento quando você está sozinho. Há uma série de transações em jogo enquanto os pensamentos são compartilhados e expressos em palavras, e enquanto essas palavras são interpretadas e respondidas. Além disso, pode haver um diálogo sutil em linguagem corporal. Ter plena presença em tais circunstâncias é estar muito atento ao que está sendo dito, ao que você diz e a todas as implicações. Também significa reagir a gestos, sorrisos e outros sinais, sejam intencionais ou não.

Nem sempre é fácil dizer o que você pensa, especialmente quando se trata de sentimentos. Mas a atenção plena, como vimos, tem o potencial de aprimorar sua comunicação, e se você se compromete a levar a vida com atenção plena, irá com frequência se expressar de modo claro e aberto – embora se mantenha reservado em relação ao que não quer dizer.

Será que eu digo ou não?
Todos escondemos informações ou opiniões sobre as pessoas, quando julgamos isso apropriado. Somos especialmente reservados quando se trata de revelar a verdade sobre nós mesmos, e o mundo conectado de hoje tem até um termo – "oversharing" – para indicar quem compartilha demais informações pessoais. Por instinto, evitamos fazer isso com estranhos ou com quem não faz parte de nosso círculo íntimo. Mas podemos sentir, às vezes, o desejo de não nos abrirmos com pessoas que já conhecemos bem.

Às vezes o motivo é simplesmente que você prometeu manter segredo. Mas uma razão mais comum para suprimir uma verdade é o desejo muito

> Nem sempre é fácil dizer o que pensa, ainda mais quando se trata de emoções.

> Por que nos faz tanto mal não ser sincero, exagerar, deixar de mencionar alguma coisa ou contar uma evidente mentira?

> Porque isso vem do medo ou do desejo que pensem bem de nós – e fortalece o poder que essas emoções exercem sobre nós.

VERDADES QUE CURAM
Dizer a verdade pode ser uma maneira de ser bom com os outros e conosco, mas precisa ser feito com compaixão.

compreensível de evitar causar sofrimento ou desconforto – a você mesmo ou à outra pessoa.

O problema de ocultar uma verdade difícil tem dois aspectos. Primeiro, isso traz uma energia negativa para o seu relacionamento com você mesmo e com a pessoa de quem esconde algo; se você tem plena presença, será bem consciente dessas tensões internas. Segundo, expor a verdade pode ter consequências imprevisíveis. Em particular, você pode temer uma reação emocional da pessoa, mas não tem ideia do quanto pode ser intensa ou da forma que poderá assumir. Talvez sinta que seu relacionamento com ela é distante demais para que você seja útil como fonte de consolo – e nesse caso talvez imagine que ficará embaraçado quando a emoção brotar e você não puder fazer nada a não ser ficar assistindo. Ou a verdade pode ser tão dolorosa que você tenta protelar seu impacto o máximo possível, por bondade. Tais pensamentos são comuns em relação, por exemplo, a dar notícias sobre falecimento ou traição.

Momentos de verdade

Dar um tempo, até encontrar o melhor momento, revela compaixão – desde que seja sua real motivação, e não uma procrastinação covarde. A experiência com meditação de atenção plena irá ajudá-lo a não ficar em pânico quando chegar a hora e a não ter a presunção de querer prever a reação que a outra pessoa poderá ter.

Todos temos a tentação de reprimir emoções quando ouvimos notícias perturbadoras diante de alguém que não é nosso parceiro ou da família. Mesmo amigos próximos, em especial se os dois são homens, observam limites e podem relutar em mostrar sinais de perturbação diante do outro. A atenção plena em geral envolve compreender e respeitar essas reticências – e, mesmo assim, expressar compaixão, de um modo que você julgue que não irá constranger o outro. Um leve toque pode dizer tudo.

DICAS PARA NOTÍCIAS DIFÍCEIS

Quando você precisa dar uma notícia difícil a alguém, não fique tão preso à sua dificuldade em fazer isso a ponto de não perceber os sinais emitidos pela pessoa com quem você fala. Tenha atenção plena às próprias emoções e distancie-se delas. Considere os seguintes parâmetros antes de decidir como dar a notícia:

- Sua relação com a pessoa.
- A necessidade moral de lhe contar essa verdade.
- A importância para o bem-estar dela em saber da verdade.
- A urgência ou não de ela tomar conhecimento dessa notícia.
- A importância de escolher a ocasião mais adequada para transmitir essa informação.

Depois de avaliar esses pontos, decida quando e como irá falar. Dê a notícia com sensibilidade, respondendo de modo flexível às reações da pessoa. Mantenha-se compassivo e paciente mesmo que a pessoa não receba nada bem a notícia.

PEDINDO DESCULPAS COM ATENÇÃO PLENA

Um dos principais tipos de fala verdadeira com que nos deparamos é ter que pedir desculpas – ser honesto conosco e com a outra pessoa sobre algo que a tenha magoado ou desapontado. Veja as dicas para pedir desculpas com atenção plena:

- Confesse sem omitir nada – senão sua confissão será enganosa.
- Não dê justificativas, mesmo sendo válidas – é como se autoisentar de culpa, e torna menos sincero o pedido de desculpas.
- Permita que vejam suas imperfeições – o que significa baixar suas defesas.
- Reformule a ideia de um pedido de desculpas e veja-o como um presente de ambas as partes. Você presenteia com a revelação de suas falhas; e recebe o presente da autenticidade – a outra pessoa se relaciona com você do jeito que você é –, podendo ainda ganhar de presente o perdão.

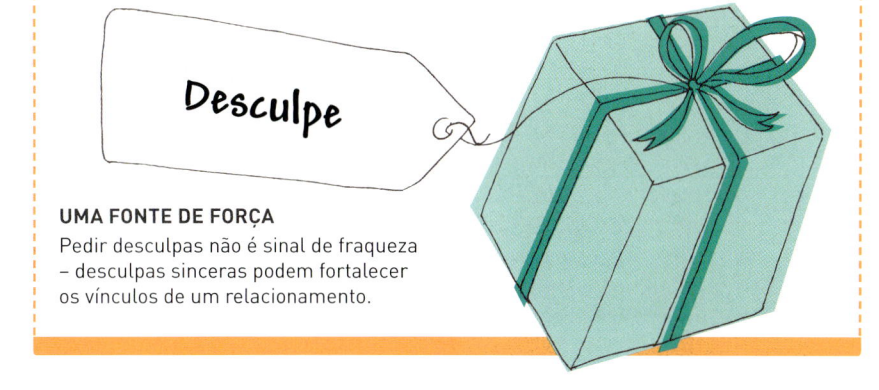

UMA FONTE DE FORÇA
Pedir desculpas não é sinal de fraqueza – desculpas sinceras podem fortalecer os vínculos de um relacionamento.

A VEZ DELES
CRIAR FILHOS COM ATENÇÃO PLENA

Fazer brincadeiras com crianças envolvendo atenção plena e meditações simples oferece aos pais e professores o prazer de ver mentes jovens crescendo com autoconsciência – além de ser divertido para todos. Atividades com atenção plena como as descritas aqui podem mostrar às crianças o que significa ter um pensamento ou sentimento e deixá-lo passar, voltando a focar o presente.

A fase ideal para a criança aprender atenção plena é dos 6 aos 10 anos, quando ainda está aberta a novas maneiras de pensar e ávida para explorar seu mundo. Ela ganha uma compreensão melhor de si, aumenta seu poder de se concentrar e de lidar com as emoções e aprende a gerenciar melhor as muitas ansiedades da infância – por exemplo, sobre lição de casa, autoimagem e amizades.

Primeiros tempos
Ao brincar, as crianças já passam um bom tempo "no momento". Uma criança de 3 ou 4 anos que pega algo que nunca viu e fica revirando, mexendo e olhando fixo, está envolvida em atenção plena. Só que muito do que ela normalmente faz é ditado por adultos, e suas reações obedientes a comandos como "escove os dentes" tendem a ser automáticas. Depois do café da manhã, a criança quer sair e brincar, ou então fica apreensiva com a lição de matemática daquela manhã. Uma mente dispersa, no piloto automático, também é algo familiar à criança.

Enquanto os adultos escolhem introduzir atenção plena em sua vida por meio de vários tipos de meditação

SEMENTES DE PENSAMENTO

Um bom modo de mostrar a uma criança como pensamentos e emoções funcionam é usar uma analogia simples. Se a criança se chateou com algo, essa mesma coisa pode aliviá-la. Pegue um pote grande de vidro com tampa e várias sementes que afundem na água – as secas flutuam, mas muitas irão afundar se molhá-las primeiro.

1 Encha o pote de água e jogue as sementes dentro. Tampe, chacoalhe o pote e coloque-o em frente à criança.

2 Peça à criança para se concentrar na respiração e ao mesmo tempo olhar as sementes, como se fossem seus pensamentos, girando pela água, afundando devagar até se assentarem no fundo.

3 Explique à criança que, ao pensar na respiração, seus sentimentos e pensamentos se assentam, como as sementes. É como se ela tivesse o poder de fazê-los se assentar simplesmente por estar pensando em outra coisa.

formal, você talvez precise de um pouco de imaginação e sentido de diversão para envolver a criança. Um bom jeito de começar é pedir que ela escolha um objeto favorito – talvez um brinquedo – e que o desenhe. Então peça que ela olhe o objeto de novo, mais de perto, e gaste mais tempo percebendo os detalhes. Quando ela desenhar agora o objeto, incluirá mais aspectos. Pergunte como a criança se sentiu ao olhar uma coisa mais de perto: ela achou que viu o objeto mais como uma câmera o faria?

A consciência da respiração também funciona bem: as crianças às vezes se surpreendem – e se divertem – vendo como é difícil manter o foco. Elas podem achar difícil entender o que significa prestar atenção à respiração. Uma ideia é que coloquem um brinquedo sobre a barriga e foquem a atenção no movimento de sobe e desce.

Explorar a consciência

A partir daí, uma progressão natural é propor uma variação do scan do corpo (pp. 120-5), em que a criança atente para as sensações. Peça que ela descreva seus movimentos em volta do quarto ou do jardim. Diga para ela andar bem devagar, pois está em cima de lajotas muito frágeis e deve tentar não quebrar nenhuma. Peça que se concentre no que acontece no corpo dela a cada movimento e que descreva isso. Diga que ela tem superpoderes de visão e audição, para deixar o exercício mais divertido, e incentive-a a manter o foco conforme anda pelo ambiente.

Se seus filhos não se interessarem por essas atividades de atenção plena, tente outra abordagem. Tenha atenção plena nisso também e encare o sucesso e o fracasso com equanimidade.

> As crianças vão se surpreender – e se divertir – vendo o quanto é difícil manter o foco.

SENDO UM GATO

Essa meditação (dita em voz alta para a criança) transmite uma mensagem essencial – que os pensamentos passam pela mente e podem ser observados, como se fosse por outra pessoa.

1 Feche os olhos. Você é um gato no chão, olhando para a toca do rato no rodapé, esperando que saia de lá para pegá-lo.

2 Todo pensamento que você tem, além de pensar no gato e no buraco, é um desses ratos. Apenas fique sentado ali e agarre cada pensamento que sair da toca.

3 Você está tão ocupado sendo o gato e olhando para a toca que não tem nenhum pensamento? O que acontece se você continua fazendo isso? Com certeza algum pensamento logo vai aparecer.

EM CRISE
COMO LIDAR COM TEMPOS DIFÍCEIS

Não há quem não tenha sua cota de problemas, mas em geral somos flexíveis e nos adaptamos bem às situações. A atenção plena nos dá outra estratégia de vida: ao acolher o sofrimento, em vez de lutar contra ele, damos a nós mesmos a melhor oportunidade de atravessar a turbulência e manter nossa vida andando.

Deixada por sua conta, a mente foge das dificuldades e vai em direção ao desejo. Mas há problemas tão grandes e opressivos que nos vemos incapazes de ir além da sua sombra.

A longo prazo, fazemos bem a nós mesmos ao decidir enfrentar as dificuldades em vez de evitá-las. Insistir em se sentir infeliz é lutar contra a realidade, e todas as lutas internas são cansativas e em última instância malsucedidas. O melhor jeito de escapar de uma armadilha é ver como funciona e então desmontá-la por partes: não há como ficar preso a um mecanismo que foi feito em pedaços.

Táticas para tempos difíceis
Quando você vive tempos difíceis, seus problemas atuam em dois níveis. Primeiro, temos o problema básico – uma doença, uma perda ou uma

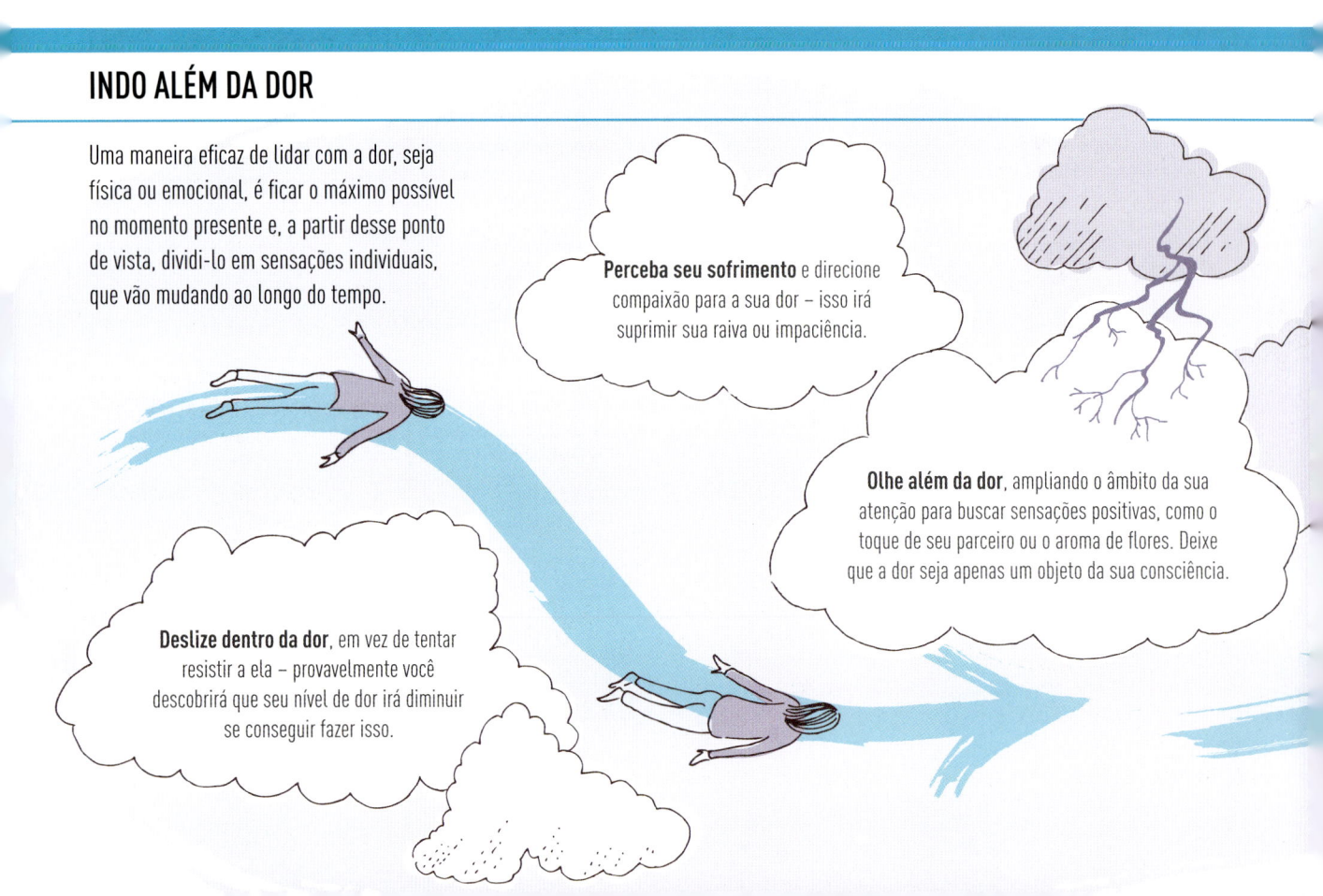

INDO ALÉM DA DOR

Uma maneira eficaz de lidar com a dor, seja física ou emocional, é ficar o máximo possível no momento presente e, a partir desse ponto de vista, dividi-lo em sensações individuais, que vão mudando ao longo do tempo.

Perceba seu sofrimento e direcione compaixão para a sua dor – isso irá suprimir sua raiva ou impaciência.

Olhe além da dor, ampliando o âmbito da sua atenção para buscar sensações positivas, como o toque de seu parceiro ou o aroma de flores. Deixe que a dor seja apenas um objeto da sua consciência.

Deslize dentro da dor, em vez de tentar resistir a ela – provavelmente você descobrirá que seu nível de dor irá diminuir se conseguir fazer isso.

fatalidade ou decepção muito grave. Essa é a realidade que você precisa encarar, entrar em acordo com ela, já que é factual, não pode ser revertida. O problema secundário é o sofrimento da mente. Esse se baseia totalmente na nossa reação ao problema básico; em geral começa com um julgamento – "isso não deveria estar acontecendo" –, o que leva a uma emoção, como raiva, medo, frustração ou desesperança. A emoção não pode ser controlada ou eliminada num passe de mágica, mas podemos resistir ao seu convite ao sofrimento com uma atitude de atenção plena. Algumas dores na vida são inevitáveis, mas o sofrimento é uma escolha nossa, baseada em uma rejeição a essa dor e na aceitação das aflições que ela traz. Podemos ver a verdade disso se explorarmos com atenção plena a dor física. Tente fazer isso da próxima vez que tiver dor de cabeça ou qualquer outro sintoma de dor. Ao atentar para o que estiver sentindo, descobrirá a sensação simples – a própria dor – e, junto com ela, sua resistência a essa sensação. A resistência é em parte física – um grupo de músculos tensos em volta da fonte da dor. Se relaxar esses músculos, um por um, sentirá o desconforto diminuir.

Compaixão pela angústia

Assim como você tensiona os músculos reagindo à dor, pode tensionar a mente. É possível relaxar também essa tensão, por um movimento da mente. É nessa hora que você libera o sofrimento. Em vez de se manter afastado da dor, se move em direção a ela, com compaixão e delicadeza, experimentando-a como pura sensação – desapegando-se de ficar pensando em como ela está fazendo você se sentir infeliz.

A respeito de saber

Qualquer problema na vida pode ser abordado de modo similar. Não quer dizer que você não se dará permissão de ter emoções, ou de chorar: significa apenas que não permitirá que o sofrimento monte residência permanente no seu ser, roubando-lhe as chaves de todas as suas escolhas. Com frequência a coisa que ameaça seu bem-estar é o que você pensa, não tanto alguma sensação real. É ficar pensando no que aconteceu ou no que pode vir a acontecer. Ficar no presente leva pensamentos como esses para um segundo plano da sua mente, onde eles perdem seu poder de fazer mal.

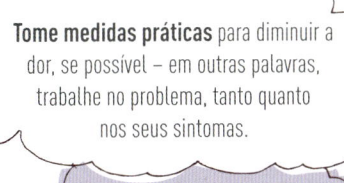

Tome medidas práticas para diminuir a dor, se possível – em outras palavras, trabalhe no problema, tanto quanto nos seus sintomas.

Nossa capacidade de crescer e mudar, de viver como somos de fato, momento a momento, mesmo em horas difíceis, é invencível, se escolhermos que seja assim.

CUIDAR COM ATENÇÃO PLENA
COMO DEMONSTRAR COMPAIXÃO NA PRÁTICA

"Seja um arco-íris na nuvem de outra pessoa", disse a poeta Maya Angelou. Embora potencialmente estressante, cuidar de uma pessoa amada pode também ser gratificante e reavivar seu relacionamento. O segredo é estar sintonizado tanto às suas necessidades como às da pessoa dependente – e sempre focado no agora.

Assumir os cuidados de alguém pode cobrar um alto preço do seu bem-estar físico e mental. Com o tempo, a compaixão pode virar "fadiga de compaixão", e então sua mente consciente passa a ser dominada por ansiedade, estresse e atitudes negativas – sentimentos agravados pelo pouco valor que a sociedade dá a quem é cuidador. Com isso pode vir também uma sensação de não ser mais quem se é, de isolamento e pouca realização pessoal – ainda mais se você cuida de alguém com uma doença crônica, com poucas perspectivas de melhora.

A atenção plena permite manter o senso da própria vida mesmo sendo responsável pelas necessidades de

O MAPA DO CUIDADOR

Cada cuidador tem uma situação particular, e nem todos estamos igualmente equipados para lidar com as exigências que nos são feitas. Respeitar nossa dignidade e a de quem depende de nós é essencial para uma relação saudável. As dicas a seguir, simples e com base em atenção plena, podem ser uma boa guia.

Veja seus cuidados como doação – como gratidão pelo que você recebeu daquela pessoa.

Disponha-se a acolher o que receber – por exemplo, atos de bondade ou comentários positivos.

Permita que o dependente participe o quanto possível – envolvendo-o nas decisões a tomar.

CUIDAR COM ATENÇÃO PLENA

> **Não perca a noção da própria vida por atender às necessidades de outra pessoa.**

alguém e achar valor na experiência do momento presente, investindo no relacionamento, explorando aspectos do vínculo além das questões práticas de cuidar. Quem cuida há muito tempo tem que evitar que sua tristeza empática se torne energia negativa. A atitude positiva vem de se sentir positivo. Estar no momento o quanto possível ajuda a reduzir queixas pelo tempo perdido ou ansiedades em relação ao futuro.

Pensar que "Essa será minha vida até que eu não consiga mais e seja obrigado a buscar auxílio profissional" mostra-se inútil, por ser especulativo e reativo, mas também porque é estreito em sua visão implícita do potencial da vida. Ficando no momento, as horas felizes – de contato, risadas e reações espontâneas – se tornarão possíveis, se você conseguir juntar forças para sair da sombra dos sofrimentos. Trazer sua vitalidade para a situação pode diminuir essa sombra. De todo modo, dar é parte importante da felicidade, pois vem de um claro sentido de propósito e de trazer suas melhores qualidades para o primeiro plano.

Desperte para o outro

Evite papéis estereotipados – em particular a ideia do cuidador como ativo e do dependente como passivo. A atenção plena leva a uma relação integral com a pessoa, acolhendo as preocupações e interesses dela e valorizando formas ricas de conexão. Evite que velhas rusgas aflorem. Se surgirem tensões, perdoe e desculpe-se – mesmo sentindo que não tem culpa.

Cuidar de idosos pode ser fisicamente exaustivo, e é preciso estar atento ao que o seu corpo lhe diz a respeito das tensões em curso. O scan do corpo com atenção plena (pp. 120-5) é uma boa maneira de se sintonizar. Partilhar suas meditações pode ser uma experiência curativa para ambos.

Pessoas no estágio inicial de demência podem achar a ênfase no momento presente compatível com suas preocupações em relação à perda de memória e suas ansiedades sobre o futuro.

JUNTO COM A COMPAIXÃO

A compaixão pode vir misturada a outras emoções quando você já é cuidador há muito tempo. Se notar que isso ocorre, atente para suas emoções e eventuais negatividades e veja se algum dos fatores a seguir se juntaram à compaixão. Nesse caso, perdoe-se pelo sentimento e opte por não deixar mais que se manifeste.

- Frustração pela condição de cuidador lhe ter sido imposta.
- Achar que você não está recebendo estímulo suficiente.
- Sentir que a pessoa não valoriza seus esforços.
- Estar perdendo amigos e ter vontade de sair mais.
- Não enxergar um final próximo para a sua situação.
- Rememorar com tristeza dias mais felizes.

Socialize com a pessoa – traga os amigos. Ofereça o máximo de estímulo possível. Providencie muitas surpresas agradáveis.

Promova equilíbrio – reserve tempo para os seus interesses e para ver amigos. Cuide da própria saúde por meio de uma boa dieta e exercício.

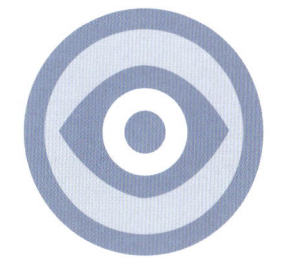

Comunique seu amor por meio do toque e do olhar, além das palavras. Um olhar afetuoso é algo que nutre muito.

Não se sinta grato por períodos de calma sem se sintonizar com o que está por trás da calma – vontade de se eximir ou o início de uma depressão?

AMANHÃS COM ATENÇÃO PLENA
O FUTURO VIVE AGORA

A essa altura você sabe o suficiente para pôr em prática a atenção plena. Use este livro como lembrete e inspiração e procure ler textos mais avançados. Acima de tudo, entre mais fundo em você, conecte-se ao momento e viva a história de sua experiência em tempo real, que é onde reside a verdadeira felicidade.

Introduzir a atenção plena em sua vida deve ter mudado você de várias maneiras. Se você se sentia empacado, incapaz de obter satisfação, talvez sinta agora que está a caminho de encontrar a felicidade (pelo menos, vislumbres dela), conforme vive em atenção plena, saboreando suas experiências.

Se antes você sentia que fracassava sempre em alcançar suas metas, ou que uma vez alcançadas elas não eram o que prometiam ser, então talvez sinta agora que sua busca frenética terminou. Você pelo menos está livre para olhar em volta, em vez de olhar para a frente.

Não se preocupe se nenhum dos cenários acima descreve como você está agora na vida. Ter atenção plena é focar na experiência direta, e isso é diferente para cada indivíduo. Ao longo do dia, os momentos se sucedem, e a atenção plena ensina que se estivermos presentes enquanto isso se dá, teremos uma chance melhor de não perder a felicidade por mera desatenção.

Se achou meditar algo transformador, vai querer continuar tecendo esse fio de experiência em sua vida. A essa altura, já sabe o suficiente para ser capaz de identificar por sua conta, de modo intuitivo, a melhor maneira de fazê-lo. Pode, por exemplo, ler textos sagrados budistas, como o *Dhammapada* ou o *Sutra do Coração*, para abrir sua mente. Ou praticar ioga, tai chi ou pilates para trabalhar com atenção plena no seu corpo. Ou apenas continuar se nutrindo das meditações de atenção plena, aprendendo com isso.

Muitas pessoas gostam da estrutura de um retiro de atenção plena organizado – cuja extensão vai de um dia a uma semana, e costuma ter orientação de um professor, praticante experiente. Avalie bem o programa antes. Muitos desses retiros têm um componente agregado de relaxamento de férias.

Afine sua prática

Se você não viu benefícios palpáveis de sua prática de atenção plena, pergunte-se qual seria a razão. Foi seu ceticismo que o impediu de ter um compromisso maior? Será que não se empenhou o bastante e meditou menos tempo que o estipulado, ou pulava um dia ou dois, ou praticava apenas quando via que tinha uma meia hora sobrando, em vez de se dar a honra de reservar tempo para ela? Nesse caso, por que não tenta de novo, com uma intenção mais clara e firme? Sintonize-se com você, no aqui e agora, e permita-se viver de uma maneira mais plena.

> Os três portais com os quais nos comunicamos com o mundo são o corpo, a fala e a mente. Tenha atenção plena para experimentar sensação, conexão e abertura no momento presente, conforme este nos dá a sua bênção.

SEU REDUTO EM CASA

Um retiro é uma maneira gratificante de aprofundar sua prática pessoal de atenção plena e aprender mais sobre você. Se preferir não participar de um retiro organizado, reserve um dia ou meio dia para criar um retiro em sua casa, passando um período mais longo em atenção relaxada. Desligue televisão, computador e telefone (abra exceção para o telefone se estiver preocupado com uma possível emergência) e experimente fazer algumas das atividades meditativas relacionadas abaixo.

Faça várias práticas de atenção plena – inclua pelo menos duas longas sessões de meditação.

Faça uma caminhada, ou alguns alongamentos suaves – nada muito extenuante.

Faça refeições simples, com atenção plena, mas evite lanches e bebidas alcoólicas.

Passe um tempo lendo ou em outras atividades calmas, como jardinagem.

Encontre uma pequena tarefa que precisava ser feita – como arrumar uma gaveta. Faça-a com atenção plena.

Se você for criativo, passe 1 ou 2 horas dedicado a um de seus projetos.

ÍNDICE

7/11, exercício de respiração relaxante 192-193, 195

A

abertura 39
Acceptance and Commitment Therapy (ACT) 31
adaptabilidade 168-9
afirmações 20-1, 50-1, 80-1, 112-3, 128-9, 136-7, 142-3, 170-1, 184-5, 200-1
alongamento *ver* ioga
amabilidade 30
amizade 24-5
amor e amizade 24-5
análise *ver* autoanálise
andar na intempérie 132
aprender a vida toda 63, 190
"arejado", significado de 10
arrumações 76
árvore, meditação da 146
atenção plena natural 40-1
atenção plena perene 148-9
atenção plena, predisposição 40-1
autoabsorção 41
autoanálise 57
   meditação corpo e respiração 106
   questionário 58-9
autocompaixão 86
   ver também compaixão
autocompreensão 54-5
autoconfiança *ver* confiança
autoconsciência 13, 40-1, 207
   e meditação 120-1
   em crianças 210-1
autocrença 26-7
autocrítica 26-7, 42, 73
autodescoberta 38-9
autodesenvolvimento 32-3
autoestima
   e confiança 174-5
   e negatividade 100
   e tomada de decisões 177
autoexploração 48-9
autoidentidade 70-3, 86
   persona pública 70-1
   questionário 74-5
   verdadeiro eu 72-3
autoimagem 169
autojulgamento *ver* julgamento
automapear o estresse 159, 161
automotivação 145
autorrealização 27
avaliação da personalidade 38-41, 48-9

B

Boccio, Frank Jude 151
bondade amorosa, meditação da 25, 29, 138-41, 182
bússola, mente como 42-3

C

caminhada, e meditação 132-5, 217
cansaço 107, 158
capacidade de observação 73, 86
capacidade de ouvir 56, 181
capacidade de pensar 12, 79, 178-9
   pensamentos intrusos 44, 92-3, 100-1
celulares 18, 35, 57
cérebro, ciência da meditação 110-1
ciência da meditação 110-1
ciúmes 166
Cognitive Behavioural Therapy *ver* Terapia Comportamental Cognitiva

ÍNDICE 219

compaixão
   autocompaixão 86
   como cuidador 214-5
   e contar a verdade 209
   em crises 213
   na prática 183
   ver também empatia
comunicação
   autoconfiança 66
   confiança para falar em público 198-9
   distúrbios da atenção 67
   e confiança 66
   e cuidados 214-5
   empatia 29, 138-41, 180-1
   estranhos, falar com 18, 57, 67, 182
   foco no presente 67, 68
   habilidade de se comunicar 18, 57, 66-7, 148
   linguagem corporal 41
   nos relacionamentos 183, 187
   questionário 68-9
concentração
   e dispersões 14-5, 23, 60-1
   e estresse 158
   melhora na 12, 33
   questionário 64-5
confiança
   e autoestima 174-5
   e comunicação 66
   e felicidade 25, 174
   e os estudos 191

   falar em público 198-9
   plano para viver com confiança 174
consciência 39
consumismo 35, 77
corpo e respiração, meditação 106-9, 192-3, 205
cortisol (hormônio do estresse) 12
crianças
   compartilhar com 76-7
   jogos com atenção plena 210-1
criatividade 79, 207
   meditação e imaginação 144-7, 217
crises, lidar com 212-3
cuidadores 214-5
culpa, passada 46-7, 54

D

Davidson, Dr. Richard 24
demência 215
depressão 30-1
desempenhar um papel 59
devaneios 60-1, 144
dez tendências que moldam o mundo 34-5
diário da atenção plena 53, 149
dieta 158, 172, 217
difusão e aplicação global 32-5
dispersão mental *ver* dispersão
dispersões
   e concentração 14-5, 23, 60-1

   e os estudos 190-1
   pensamentos intrusos 44, 92-3, 100-1
divagações mentais 60-1
dizer a verdade 208-9
dor
   dos corredores 203
   identificar-se com a 71
   redução da 13, 212-3

E

educação e estudo 190-3
"efeito funil", evitar o 27
Einstein, Albert 145
elefante, fazer desaparecer um 101
emoções
   ciúmes 166
   e contar a verdade 208-9
   e crises 212-3
   e sentimentos, diferença entre 103
   efeitos das 158, 159
   inveja 104-5
   lidar com 102-3, 106, 130-1, 166-7
   meditação 102-3, 106, 130-1
   medo 162, 166, 167
   plano de jogo 167
   raiva 166, 167
   reviver negatividades 43

empatia 180-1
    meditação da bondade amorosa 29, 138-41
    ver também compaixão
envolvimento em políticas públicas 34
escolas de negócios 33
especulação 43
esporte *ver* exercício
estranhos, falar com 18, 57, 67, 182
    ver também relacionamentos
estresse 12, 156-9
    automapeamento 159
    ciclo de feedback 157, 158
    como evitar 160-1
    disparadores 156-7
    e concentração 158
    e meditação 158, 161
    exames 192-3
    Redução de Estresse Baseada em Atenção Plena (MBSR) 30-1, 114
    sintomas físicos 159, 160
estudar 190-3
exames, ir bem nos 192-3
exercício de respiração para relaxar (7/11) 192-3, 195
exercício olho no olho 187
exercícios 33, 158, 202-5, 217
    corrida 203
    meditação andando 132-5
experiência, aprender com a 62-3

experiências envolventes 34
extroversão 39
Eysenck, Hans 38

F

felicidade
    avaliação 78-9, 82
    e confiança 25, 174
    e relacionamentos 24-5, 79
    "índice do ânimo" 24
    pilar dourado 82-3
foco 15, 16-7, 203, 210, 212-3
forças armadas, programa "Coping Strategies" 33

G

George, Bill 33
gratidão 25

H

habilidade de conversação 18, 57, 66-7, 148
habilidade para ler 60-1, 217
habilidade para negociar 207
hábitos 54-7
    como romper 54-5
    mapear os bons e os maus 55
    mudar os improdutivos 56-7
    ver também piloto automático

hatha ioga *ver* ioga
Hayes, Steven C. 31

I

ida e volta do trabalho 19, 148
identidade *ver* autoidentidade
identificação de problemas 75
ignorância, admissão da 59
imaginação
    com atenção plena 144-7
    meditação da bondade amorosa l25, 29, 138-41, 182
imperfeição, aceitação da 34
incerteza e risco 62, 63, 165
inferioridade, complexo de 54
INSEAD, escola de negócios 179
inteligência emocional 41
inveja, lidar com a 104-5
ioga 150-3
    lótus e meio-lótus 95
    postura da cadeira 152
    postura da criança 153
    postura da cobra 153
    postura da montanha 152
    ver também meditação do scan do corpo

J

jardinagem 23, 77, 95, 148, 217
Jobs, Steve 33

jogo do ultimato 178-9
julgamentos
   autojulgamento 26, 104-5
   ciclo 105
   foco sem 16-7, 45
   hábito de julgar 57
Jung, Carl 38, 53

K

Kabat-Zinn, Jon 12, 24, 30, 31, 32, 73, 88, 96, 197
Kübler-Ross, Elizabeth 168

L

Langer, Ellen J. 197
lar e o círculo íntimo 76-7, 217
Lee, Cyndi 151
liderança, treinamentos em 33
linguagem corporal 41
linguagem, imagem vs palavra 35

M

manter-se ocupado 56-7
mapear, mapear o próprio estresse 159, 161
meditação 86-153
   atenção plena à respiração 29
   bondade amorosa 25, 29, 138-41, 182
   cadeira 94, 98, 108
   caminhada 132-5, 217
   ciência da 110-1
   "cinco obstáculos" 107
   cinco sentidos 127
   corpo e respiração 106-9, 192-3, 205
   e autoconsciência 120-1
   e estresse 158, 161
   emoções, lidar com 102-3, 106, 130-1
   estresse de exames 192-3
   imaginação com atenção plena 144-7
   meditação da árvore 146
   meditação do lago 146
   meditação para iniciantes 91
   meditação corpo e respiração 90, 192-3, 205
   montanha, imaginar-se uma 144-7
   pensamentos intrusos, lidar com 44, 92-3, 100-1
   percepção da folha 116-7
   percepção da moeda 118-9
   postura birmanesa 95
   scan do corpo 33, 120-5, 130
   sensações corporais 94, 99, 106-9, 116-9, 131-3
medo 162, 166, 167
memória 12, 126, 191, 199
   demência 215
mídia e comércio 34
Mindfulness-Based Cognitive Therapy (MBSR) ver Terapia Cognitiva Baseada em Atenção Plena
Mindfulness-Based Stress Relief (MBSR) ver Redução de Estresse Baseada em Atenção Plena
miscelânea cultural 35
mitos sobre a atenção plena 10
modo "fazer" 42-3, 96, 149
modo "ser" 42-5, 96, 149
momento presente, viver no 11, 44-5
   crises, lidar com 212-3
   e demência 215
   meditação da respiração de 5 minutos 99
   meditação do corpo e respiração 106-9
   tomada de decisões 176-9
montanha, imaginar-se uma 144-7
motivação 145
movimento ver meditação andando
multitarefa 14, 191
mudança, lidar com 168-9

N

negatividade 130-1, 159
   e saúde 30-1
   livrar-se da 52-3, 100, 130-1
   meditação da bondade amorosa 25, 29, 138-9, 182
negociações 206-7

níveis de ansiedade
  com distanciamento 162-3
  como traços de personalidade 162-3, 164
  consciência 12, 162-5
  culpas passadas 46-7, 54
  e conversação 66, 67
  e falar em público 198-9
  e medo 162
  estratégias dispersivas 163
  lidar com 163, 164-5
  preocupação, reprimir 163
  pensamento positivo 163
  Terapia Comportamental Cognitiva 30-1, 164-5
novidade nos relacionamentos 19

O

olfato como portal da memória 126
opinião dos outros 58, 59

P

paciência, aprender a ter 34-5
padrões, quebrar os estabelecidos 18-9
papéis, e persona pública 70-1
passado, lidar com o 46-7, 54
passividade 45
pensamento positivo 163
pensamentos divagantes 16-7
pensamentos intrusos 44, 92-3, 100-1
  ver também dispersões
percepção de uma folha 116-7
persona pública 70-1
pilar dourado, e o sentido da vida 82-3
piloto automático 54, 55, 172-3
  e tarefas repetitivas 22, 43
  poder do 18-9, 52
posses, e arrumações 77
postura birmanesa 95
postura da cadeira, ioga 152
postura da cobra, ioga 153
postura da criança, ioga 153
postura da montanha, ioga 152
posturas de lótus e meio-lótus, ioga 95
potencial, realização do próprio 26-7
  avaliação da personalidade 38-9
  mudança de hábitos 56-7
preocupação *ver* níveis de ansiedade
privacidade, perda da 35
problemas de atenção 14-5, 44, 45, 67
processo de aprendizagem 62-3
  educação e estudos 190-3
procrastinação 19, 173
programas de autoajuda 26

Q

quatro pilares da atenção plena 28-9

questionários
  autoanálise 58-9
  autoexploração 48-9
  autoidentidade 74-5
  comunicação 68-9
  concentração 64-5

R

raiva 166, 167
raízes budistas 28-9, 151, 217
raízes tradicionais 28-9
reações nos relacionamentos 186
reações, exibição involuntária 43
realizações 70-1
relacionamentos 180-3
  amizade 24-5
  casal com atenção plena 186-7
  comunicação 183, 187
  dizer a verdade 208-9
  empatia 180-1
  estatuto 180-7
  estratégias para vencer o estresse 158
  exercício olho no olho 187
  meditação da bondade amorosa 25, 29, 138-41, 182
  novidades, introdução de 19
  tendenciosidade em decisões 179
  ver também estranhos, falar com
relaxamento, e desligar 42-3
rememorar 43

respirar e respiração
    7/11, exercício de respiração para relaxar 192-3, 195
    e atenção plena 148
    falar em público 199
    meditação corpo e respiração 106-9, 192-3, 205
    meditação da respiração e atenção plena 29
    meditação de respiração de 5 minutos 99
    respirações para iniciantes 91
    técnicas para crianças 211
ressentimento, lidar com 104-5
revolução digital 34
risco e incerteza 62, 63, 165
roda da verdade 29
Roda do Darma 29
roda, mente como uma 42-3
roupa, meditação 94
RU, envolvimento de políticas públicas 34

S

satisfação *ver* felicidade
satisfação instantânea 34-5
saúde e bem-estar 13, 30-1, 79
    dieta 158, 172, 217
    exercício *ver* exercício
scan do corpo 203, 205, 211
    e desempenho esportivo 205
    e dor do corredor 203
    meditação do 33, 120-5, 130
    para crianças 211
Scouller, James 33
sensibilidade 39
sentar com consciência 94-5
sintomas físicos do estresse 159, 160
solução de problemas 42, 172, 191
sonolência 107, 158

T

tarefa de arrumar a cama 77
tarefas chatas 22-3, 77
tarefas repetitivas 22-3
Teasdale, John 197
telefone celular 18, 35, 57
tempestades mentais 57
Terapia Cognitiva Baseada em Atenção Plena 30-1, 114
Terapia Comportamental Cognitiva 30-1, 164
Terapia de Aceitação e Compromisso (ACT) 31
terapia de compras 35, 77
Thompson, J. Walter (JWT) 34-5
tolerância 181
tomada de decisões 176-9
trabalho
    ambiente de trabalho com atenção plena 196-7
    autoimportância, perdê-la 197
    entrevistas de emprego 194-5
    manter-se ocupado 56-7, 101, 160
    organizações de negócios 206-7
    tomada de decisões 179
traços de personalidade, Big Five 38-9
treinar no local de trabalho 32-3

V

verdadeiro eu 72-3
verdades sobre a atenção plena 10
vergonha, passado, lidar com 46-7, 54
viagem 19, 148

W

Williams, Mark 197

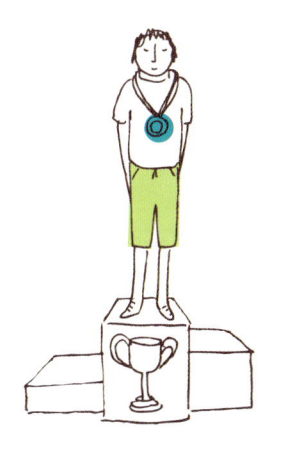

AGRADECIMENTOS

Gostaria de expressar minha imensa gratidão a todos os professores e sábios ao longo dos anos e das eras que têm compartilhado a sabedoria profunda e transformadora dessa prática, para o benefício de todos os seres. E também aos muitos participantes dos cursos e oficinas de atenção plena que ministro. Fico honrado pela coragem e pelo propósito que eles trazem, pelos insights que compartilham e pela resiliência e a amplitude de seus corações. Que todos os seres possam ver-se livres do sofrimento e que seu coração possa se abrir para eles mesmos e para os outros.

Ken A. Verni

Meus profundos agradecimentos a Peggy Vance por ter sugerido que eu escrevesse sobre esse assunto e por me inspirar de várias maneiras.

Mike Annesley

Os editores agradecem a Sarah Tomley pela revisão e a Margaret McCormack pela elaboração do índice.

SOBRE O AUTOR

O norte-americano Ken. A. Verni é psicólogo clínico, recebeu treinamento em atenção plena do renomado Jon Kabat-Zinn e vem praticando há mais de vinte anos. Ele é fundador e diretor do New Jersey Center for Mindful Awareness, nos Estados Unidos, e leciona Atenção Plena e Redução de Estresse Baseada em Atenção Plena (Mindfulness-Based Stress Reduction, MBSR).

Todas as imagens © Dorling Kindersley